D1235071

LAS ESPISTOLAS GENERALES

SANTIAGO – I y II PEDRO – I, II y III JUAN – JUDAS

Dedico cariñosamente esta obrita a los Obreros Evangélicos que trabajan por la evangelización de la América-Latina.

A. B. RUDD, D. D.

LAS ESPISTOLAS GENERALES

SANTIAGO – I y II PEDRO – I, II y III JUAN – JUDAS

Libros CLIE
Galvani, 113
TERRASSA (Barcelona)

LAS EPISTOLAS GENERALES

Depósito Legal: B. 8.455-1987
ISBN 84-7645-177-6

Impreso en los Talleres Gráficos de la M.C.E. Horeb,
E.R. nº 265 S.G.- Polígono Industrial Can Trias,
calles 5 y 8 - VILADECAVALLS (Barcelona)

Printed in Spain

INDICE

PREFACIO

Después de haber terminado 34 años de trabajos misioneros en América-Latina, he dedicado una gran parte del tiempo subsecuente a la preparación de unas notas sobre diez epístolas del Nuevo Testamento. Anteriormente se han publicado los dos tomos sobre "Las Epístolas a los Corintios," y "La Epístola a los Hebreos." En éste, que ahora ofrezco al indulgente público, trato de arrojar alguna luz sobre las siete "Epístolas Generales," escritas por Santiago, Pedro, Juan y Judas.

Como en los tomos anteriormente mencionados, "la versión sobre la cual está basada la obra, es la Antigua de Cipriano de Valera (Madrid) cotejada con la Versión Moderna, la Hispano-Americana y el Nuevo Pacto, y revisada con arreglo al Griego." (Westcott y Hort).

No pretendo haber aclarado todos los problemas presentados en estas siete epístolas. Más de una vez, en el curso del trabajo, me encontré seriamente perplejo ante alguna dificultad de interpretación, especialmente en las cartas de Pedro y la de Judas; y, en tal caso, he tratado de buscar y de presentar el sentido más probable y más lógico del pasaje.

Y, siendo este el último libro de notas sobre las epístolas novotestamentarias que he de publicar, desearía dar expresión a mi sincero agradecimiento a los dos ministros portorriqueños, el Revdo. Hipólito Cotto Reyes, y el Revdo. Abelardo Díaz Morales, por la inestimable ayuda que me prestaron, leyendo y corrigiendo el manuscrito de mis últimos dos libros. También soy deudor en grande escala a las obras de varios comentadores, de las que he hecho uso en mis estudios, y siempre, con debido reconocimiento.

Pido al Señor que los apreciables lectores de mi humilde libro puedan, por medio de él, penetrar más profundamente en el sentido verdadero de estas siete epístolas del Sagrado Volumen.

"Lámpara es a mis pies tu palabra, y lumbrera a mi camino."

EPISTOLA DE SANTIAGO

OBSERVACIONES PRELIMINARES

LA EPISTOLA de Santiago (de Jacobo, como también se titula) es una de siete que llevan la clasificación de "Epístolas Generales," y, a veces, "Epístolas Universales," también "Epístolas Católicas," donde la palabra, "Católicas" se refiere, no al elemento doctrinal, sino al hecho de que dichas cartas no se dirigen a especificada iglesia, como las de Pablo, sino a los creyentes en general. Estrictamente hablando, no es este el caso con todas las siete, pues la segunda y la tercera de Juan se dirigen a personas particulares; aquélla, "A la señora elegida y a sus hijos," y ésta, "Al muy amado Gaio." Las siete de referencia son la de Santiago, I y II de Pedro, I y II y III de Juan, y Judas. En algunos manuscritos y en varias versiones este grupo se encuentra después de los Hechos, y casi siempre en el orden ya indicado.

"Los cuatro Evangelios y las Epístolas de San Pablo eran los escritos cristianos mejor conocidos durante el primer siglo después de la Ascensión, y universalmente reconocidos como de absoluta autoridad; y fue costumbre hablar de ellos como 'El Evangelio' y 'El Apóstol,' de la misma manera que hablaban los judíos de 'la Ley' y 'los Profetas.' Pero cuando una tercera colección de documentos cristianos se hacía conocer, se necesitaba otro término colectivo para distinguirla de las colecciones ya bien conocidas, y el rasgo característico de estas siete epístolas que parece haber llamado más la atención de los recibidores de las mismas, fue la ausencia de una dirección a una iglesia local, y de allí recibieron el nombre de Epístolas Católicas o Generales, o Universales."—
El Reverendo Alfred Plummer, en *The Expositor's Bible*.

I. Autor de la Epístola.

El autor, como el apóstol Pablo, empieza su carta con su propio nombre: "Santiago, siervo de Dios, y del Señor Jesucristo" (1:1). Pero hay que tener presente que, en el Nuevo Testamento se mencionan tres Santiagos: Santiago, hijo de Zebedeo y hermano de Juan, apóstol, y el más prominente de los tres; Santiago, hijo de Alfeo, también uno de los Doce; y Santiago, hermano del Señor. ¿Cuál de los tres escribió nuestra epístola? El consenso de opinión entre los estudiantes de la Biblia está en favor de Santiago, el hermano del Señor, llamado "El Justo," en los escritos de los padres de la iglesia, como su autor. Los siguientes argumentos se pueden aducir en favor de esta idea: (1) Si el autor hubiera sido apóstol, sin duda lo hubiese anunciado al principiar su carta. (2) Santiago, hermano de Juan, sufrió martirio a manos de Herodes (Hch. 12:1), y esto pasó probablemente en el año 42, antes de la fecha de haberse escrito esta carta; y, parece que Santiago, hijo de Alfeo, había muerto antes, aunque de esto no tenemos pruebas convincentes. (3) Según testimonio del apóstol Pablo, el Santiago de referencia, "hermano del Señor," fue una de las columnas de la iglesia de Jerusalem (Gál. 1:19; 2:9), y así, persona de gran influencia entre los creyentes judaicos. Es generalmente admitido que fue el pastor de la iglesia de Jerusalem, y por su carácter, como también por su puesto oficial, bien capacitado para escribir a las doce tribus de la dispersión. (4) El hecho de que fue el "hermano del Señor," es prueba irrefutable de que no fue uno de los Doce, pues sabemos que los hermanos del Señor no creyeron en El hasta después de su resurrección (Juan 7:5; Hch. 1:14). Estas cuatro consideraciones, aunque no ponen fuera de toda duda la paternidad literaria de nuestra carta, hacen muy probable, cuando menos, que Santiago, hermano del Señor, haya sido su autor.

II. Rasgos característicos de la Epístola

Tanto el griego fácil y perspicuo, como también la

construcción de la epístola, indican que fue su autor persona de alguna cultura, y que estaba versado en la literatura canónica y apócrifa de los judíos. El Dr. Plummer, en su Comentario sobre esta epístola, descubre en los primeros capítulos, nueve puntos de similaridad con citas de Ecclesiástico, libro de la Apócrifa, y siete en la carta entera, con citas del libro de la Sabiduría de Salomón. En efecto, por su estilo literario, muchos escritores clasifican entre los "Libros de Sabiduría" nuestra epístola; y no se puede negar que hay mucho que justifica tal clasificación.

Otro eminente comentador bíblico, el Dr. Edwin T. Winkler, llama la atención a la similaridad entre Santiago, el autor, y Jesús, respecto a su modo de enseñar. Dice él: "En el espíritu, y en no pocas de las expresiones de su carta despliega una notable similaridad familiar con aquel gran predicador quien dio al mundo el Sermón del Monte. También Santiago emplea el estilo didáctico, sentencias precisamente proverbiales, y una variedad de ilustraciones y ejemplos, como el mejor modo de interesar e instruir la mente popular."

III. A Quien fue Dirigida la Epístola.

Una cuidadosa lectura de la epístola demuestra que, al escribirla, el autor se dirige, mayormente, a los judíos creyentes entre todas las tribus de la dispersión. Esto se nota en 1:18—ellos habían sido "engendrados por la palabra de verdad;" en 2:1, 14—habían creído en Cristo, y se les habla como "hermanos;" en 2:7—el nombre de Cristo había sido "invocado sobre" ellos (probablemente en su bautismo); en 5:7—esperaban ellos la venida del Señor. Sin embargo, hay otros pasajes que indican que el autor tenía presente en su pensamiento también a todos los judíos, y no exclusivamente a los creyentes, como por ejemplo, los que contienen tan fuertes reprensiones contra los ricos (2:5-7; 5:1-6). Lo mismo tenemos en el Sermón del Monte, que fue dirigido mayormente a los creyentes, pero que contiene también mucho de interés especial para todos los creyentes. Este rasgo de nuestra epístola ha dado origen, de parte de algunos comentadores, a la idea de que este escrito se asemeja más a un sermón que a una epístola, pues posee todos los rasgos de una perifonía del día de hoy.

De todo lo dicho deducimos que fue dirigida la carta *mayormente* a los judíos creyentes, pero que su autor no se olvidaba del bien espiritual y moral de sus nacionales en general.

IV. *Propósito Especial.*

Es evidente que el fin que persigue el autor fue el de corregir las malas costumbres en las cuales habían caído muchos de sus lectores, y el de encaminarlos en la práctica de los principios de su nueva fe. En efecto, es un ensayo sobre la cristiandad aplicada. Haciendo el autor punto omiso de doctrina, inculca el *bien vivir*, la vida práctica del Cristianismo. Y esto lo hace mayormente desde el punto de vista de la ley. Siendo pastor de una iglesia netamente judaica, y escribiendo antes de descubrir los judíos cristianos que el Cristianismo había de suplantar cuando menos en parte el sistema mosaico, Santiago mide, por decirlo así, la vida cristiana por los requisitos de la ley, más bien que por los del evangelio. Hasta su descripción de "la religión pura y sin mácula," se expresa en términos referentes a la vida exterior, y no en los que describen el estado del alma (1:27).

V. *Fecha de su Composición.*

Sobre este punto hay mucha variedad de opiniones. Sin entrar de lleno en la discusión de esta cuestión, basta decir que todas las indicaciones tienden a probar que esta carta es uno de los primeros escritos, en cuanto a la fecha de su composición, del Nuevo Testamento, disputando con la primera carta a los tesalonicenses la honra de absoluta prioridad. Algunos opinan que fue escrita tan temprano como por el año 40, otros, por el 50, y otros, por el 61. Los resultados de los estudios más recientes indican que antes del año 50 fue escrita nuestra carta, y que el lugar de su composición fue Jerusalem, donde fue pastor su autor.

VI. *Autenticidad de la Epístola.*

En la siguiente cita, el Dr. Winkler presenta de una manera clara y concreta la cuestión de la autenticidad de esta carta:

"La evidencia más importante de la autenticidad de esta epístola es que consta en la Peshito, la venerable Versión Siriaca del Nuevo Testamento, que fue compuesta en el siglo segundo, y en una región contigua a la Palestina. También el siriaco Efraím la cita, asignándola a Santiago, hermano del Señor. Hay referencia a ella en el antiguo documento cristiano, 'El Pastor,' de Hermas, y es citada por Clemente de Roma, Ireneo, Orígenes y otros de los primitivos escritores cristianos. Cuando las pretensiones de la epístola fueron consideradas en el Concilio de Nicea en el siglo cuarto, se disiparon todas las dudas respecto de su autoridad canónica, y fue recibida como un escrito inspirado tanto por las iglesias orientales como por las occidentales... El argumento principal en contra de la autenticidad de la epístola, es más bien teológico—a saber, la contradicción aparente entre la doctrina de Santiago y la de Pablo; pero esta dificultad pertenece sin duda al departamento de interpretación, más bien que al de evidencia histórica, y por lo tanto debería dejarse al intérprete para su ajuste ...La gran mayoría de intérpretes concuerdan en reconocer la paternidad literaria de Santiago y la integridad de la epístola en sus partes componentes..."

VII. *Análisis de la Epístola.*

No es fácil hacer un análisis de esta carta. El autor emplea un estilo medio retórico, presentando asuntos casi idénticos, y fundiendo unos con otros, haciendo bien difícil un análisis satisfactorio de su escrito. Con unos pequeños cambios, podemos adoptar en lo general las divisiones sugeridas en *The Twentieth Century New Testament,* como siguen:

Después de la Salutación (1:1), tenemos:

A. Consejos sobre varios asuntos. 1:2-27.

1. Pruebas (2-4). 2. Falta de sabiduría (5-8). 3. Los pobres y los ricos (9-11). 4. Tentación (12-18). 5. La religión verdadera (19-27.)

B. Diversas amonestaciones, 2:1-5:6.

1. Cómo tratar con ricos y pobres (2:1-13). 2. Relación entre la fe y las obras (2:14-26). 3. El gobierno de la lengua (3:1-12). 4. La sabiduría falsa (3:13-18). 5. Las contiendas partidarias (4:1-12). 6. La presunción (4:13-17). 7. La opresión de parte de los ricos (5:1-6).

C. Exhortaciones finales, 5:7-20.

1. La paciencia cristiana (7-11). 2. Contra juramentos (12). 3. Poder de la oración (13-18). 4. La bienaventuranza de convertir a una alma errante (19-20).

EPISTOLA GENERAL DE SANTIAGO

CAPITULO I.

1 Jacobo, siervo de Dios y del Señor Jesucristo, a las doce tribus que están esparcidas, salud.

Salutación, 1:1

Vs. 1. *Jacobo;* esta forma del nombre del autor corresponde más con el original que *Santiago,* aunque varias versiones castellanas tienen la última forma. *Siervo de Dios y del Señor Jesucristo;* esta designación es aplicable a los tres *Jacobo* del Nuevo Testamento, sin embargo, como se ha dicho en *Observaciones Preliminares,* la mayoría de la evidencia favorece la teoría de que el autor de esta carta fue el pastor de la iglesia de Jerusalem y hermano de Jesús (Véanse Hch. 12:17; 15:13; Gál. 1:19). Si hubiera sido apóstol, sin duda lo habría dicho en su salutación. Sólo dos veces en la epístola (aquí y en 2:1) tenemos el título, *el Señor Jesucristo,* tan común en las epístolas de Pablo. *A las doce tribus que están esparcidas; mejor,... que están en la dispersión.* La mayor parte de los judíos habían sido esparcidos entre los gentiles en distintas partes del mundo, y a ellos, mayormente, a los creyentes entre ellos, se dirige el autor. Pedro, apóstol de la circuncisión, dirige su primera carta a los esparcidos en tierras especificadas, "en Ponto, en Galacia, en Capadocia, en Asia, y en Bitinia;" mientras Santiago, encargado de la iglesia en Jerusalem, se dirige a los esparcidos en todo el mundo. Su puesto

2 Hermanos míos, tened por sumo gozo cuando cayereis en diversas tentaciones;
3 Sabiendo que la prueba de vuestra fe obra paciencia.

---

como pastor de la primera iglesia cristiana, compuesta probablemente toda de judíos, le daría inmensa influencia con los judíos cristianos entre todas las naciones. *Salud;* forma griega de salutación común entre los cristianos de aquel tiempo, y en el original, relacionada con la palabra "gozo," del versículo 2.

I. Consejos Sobre Diversos Asuntos, 1:2-27.

1. Las pruebas, Vrs. 2-4.

Vs. *Hermanos míos;* catorce veces en su breve carta el autor aplica a sus lectores este término de intimidad y afecto—*hermanos*— agregando tres veces la palabra, "amados," lo cual indica la índole de las relaciones que existían entre ellos. *Tened por sumo gozo cuando cayereis en diversas tentaciones;* mejor... *en diversas pruebas.* En el original las palabras traducidas, *sumo gozo,* siguen inmediatamente a la palabra "salud," que termina el versículo uno y forma, en efecto, una especie de "juego de palabras," pues las dos—*salud* y *gozo*— se derivan de la misma raíz. La exhortación de este versículo es a que los lectores encuentren en las mismas pruebas por las cuales al momento pasaban, motivo del gozo sugerido en la salutación. Quien pueda ver las pruebas de la vida desde este punto de vista, bendito sea. En *Sirac,* uno de los *Libros de Sabiduría,* tenemos una exhortación muy parecida a ésta: "Hijo mío, si pretendes servir al Señor Dios, prepárate para la prueba... pues el oro es probado en el fuego, y hombres aceptables a Dios, en el horno de adversidad."

Vs. 3. *Sabiendo que la prueba de vuestra fe, etc.;* he aquí el motivo de la exhortación del versículo 2. Las pruebas, si las aguantamos en buen espíritu, contribuyen al desarrollo de una de las más hermosas virtudes cristianas—*la paciencia.* "El verdadero concepto de la

4 Mas tenga la paciencia perfecta su obra, para que seáis perfectos y cabales, sin faltar en alguna cosa.

5 Y si alguno de vosotros tiene falta de sabiduría, demándela a Dios, el cual da a todos abundantemente, y no zahiere; y le será dada.

---

fe es que toda especie de prueba... sea trabajo, o contratiempo de cualquiera clase o grado, es una oportunidad para demostrar nuestro temple; el propósito de Dios en tal prueba es nuestra enseñanza en valor y paciencia."—*Moffat* (Véase Rom. 5:3).

Vs. 4. *Mas tenga la paciencia perfecta su obra;* el versículo 3 presenta "paciencia" como un efecto, como resultado, de la operación de la prueba; este versículo la presenta como una causa, obrando en favor de la perfección humana. Vemos, pues, que la paciencia es una virtud activa, y no solamente pasiva, y por lo tanto, todo obstáculo a su operación debe ser quitado dándole camino libre para su operación. *Para que seáis perfectos y cabales, etc.;* esta perfección es el blanco que el autor tiene delante desde el principio del versículo 2, siendo la prueba y la paciencia dos de los pasos que a ella conducen. Es de notarse el triple énfasis—*perfectos, cabales, sin faltar en alguna cosa*—que da el autor a la perfección del carácter cristiano. (Compárense las palabras de Cristo en el Sermón del Monte—Mat. 5:48). Probablemente las dos palabras traducidas, *perfectos y cabales,* fueron sugeridas por las víctimas sacrificadas bajo el sistema mosaico: el animal fue "perfecto" si no tenía enfermedad ninguna, y "cabal" si no le faltaba ningún miembro de su cuerpo.

2. *Falta de sabiduría, Vrs. 5-8.*

Vs. 5. *Si alguno de vosotros tiene falta de sabiduría;* esta "falta," muy seria por cierto, y sugerida sin duda por la frase anterior ("sin faltar en alguna cosa") da lugar a la idea presentada por varios escritores, de que el autor estuvo bien enterado de los "Libros de Sabiduría," a los cuales este escrito se asemeja en muchas

6 Pero pida en fe, no dudando nada: porque el que duda es semejante a la onda de la mar, que es movida del viento, y echada de una parte a otra.

---

cosas. Esta "sabiduría" se presenta más en detalle en 3:13-18. *Demándela a Dios el cual da, etc.;* el autor reconoce a Dios como fuente de la sabiduría de referencia, la que es esencial para discernir en las pruebas de la fe, el medio más eficaz para el perfeccionamiento del carácter cristiano. Las siguientes citas de *Ecclesiástico* demuestran la similaridad entre dicho libro y el escrito de Santiago:

"Yo demandaba expresamente la sabiduría en mi oración... El Señor me ha dado una lengua como remuneración."

"Tu deseo por la sabiduría te será concedido."

"Después de haber dado, no zahieras."

No podemos menos que notar lo más parecido que es este escrito a la epístola de Santiago, cuando menos en su modo de ver la sabiduría. Pero esto no es de extrañarse, pues ambos escritores son judíos y presentan el punto de vista judaico, en contraste con el de los filósofos griegos. Estos consideraban la sabiduría como una virtud alcanzable a los esfuerzos puramente humanos; aquéllos la veían como un don de Dios, quien gratuitamente la concede a sus hijos.

Vs. 6. *Pero pida en fe, no dudando nada;* habiendo declarado la buena voluntad de Dios para conceder la sabiduría, el autor se apresura a decir que la contestación depende de la actitud del que la pide: es necesario que éste tenga fe. En esto, como en otros muchos puntos, la enseñanza de Santiago se asemeja bastante a la de Jesús. Por ejemplo: "De cierto os digo, que si tuviereis fe, y no dudareis, no sólo haréis esto de la higuera; mas si a este monte dijereis: Quítate y échate en la mar, será hecho" (Mat. 21:21). La duda destruye por completo la eficacia de la oración, como se demuestra en la siguiente ilustración: *Porque el que duda es semejante a la*

7 No piense pues el tal hombre que recibirá ninguna cosa del Señor.

8 El hombre de doblado ánimo es inconstante en todos sus caminos.

9 El hermano que es de baja suerte, gloríese en su alteza:

---

onda de la mar, etc.; interesantísima comparación ésta —la inestabilidad de las ondas de la mar, movidas para allá y para acá por la fuerza de los vientos, siempre en movimiento, pero a cada instante por distintos rumbos. Así el hombre, bajo la influencia de la duda, ora creyendo, ora dudando, fracasa en la oración como también en lo demás de su vida cristiana, porque "Sin fe es imposible agradar a Dios" (Heb. 11:6).

Vrs. 7, 8. *No piense el tal hombre;* es decir, el hombre descrito en el versículo anterior. *Que recibirá ninguna cosa del Señor;* no sólo no recibirá la sabiduría que pide: "ninguna cosa" recibirá, y por lo tanto, le es en vano pedir. Luego da el autor motivo por qué no ha de esperar el "tal hombre" contestación a sus oraciones: él es *hombre de doblado ánimo, inconstante en todos sus caminos.* El verbo, *es,* no consta aquí en el griego y por lo mismo debe omitirse en la traducción. Las dos frases de este versículo 8 describen al "tal hombre," del versículo 7, la una, en cuanto a su estado anterior—"de doblado ánimo"—la otra, en cuanto a su conducta exterior—"inconstante en todos sus caminos;" y las dos cosas se siguen una a otra como causa y efecto.

3. Los pobres y los ricos, Vrs. 9-11.

No es fácil trazar la conexión de pensamiento entre este párrafo y el anterior; será tal vez simplemente uno de los "varios consejos" de esta sección, los cuales no se relacionan lógicamente unos con otros.

Vs. 9. *El hermano que es de baja suerte;* mejor ... *de clase humilde* (Versión Hispano-Americana). Esto quiere decir, en sentido económico, o en sentido social, pues las dos cosas por lo común van unidas. *Gloríese en su*

10 Mas el que es rico, en su bajeza; porque él se pasará como la flor de la hierba.

11 Porque salido el sol con ardor, la hierba se secó, y su flor se cayó, y pereció su hermosa apariencia: así también se marchitará el rico en todos sus caminos.

---

alteza; en el hecho de haber sido elevado a ser miembro de la familia de Dios. La elevación de que se trata es la moral y la espiritual, más bien que la económica o social (Compárese Mat. 23:12).

Vs. 10. *Mas el rico en su bajeza;* para que resalte más el contraste con el versículo 9, cuadra mejor aquí la palabra *humillación* que *bajeza,* entendiéndose quizás dicha *humillación* en sentido económico y social. El hermano rico, que antes de su conversión se jactaba de sus riquezas y de su puesto social, ahora debe contentarse al lado de su hermano humilde, adorando los dos al mismo Dios y olvidándose los dos de su anterior estado social. Cambiando un poco las palabras del Sabio (Prov. 22:2) podemos decir: "El rico y el pobre se encontraban: a ambos salvó Jehová;" y por lo tanto, son vistos en los ojos de Dios como enteramente iguales. El evangelio es el gran igualador de los hombres. *Porque él se pasará como la flor de la hierba;* he aquí el fin del rico que confía en sus riquezas: morirá y su memoria perecerá. Mas el rico que ha cambiado sus posesiones perecederas por las imperecederas, las eternas, es el que podrá gloriarse en su humillación. Empieza aquí el autor la sustancia de una cita de Isaías 40:6-8, en que pinta el profeta muy a lo vivo lo pasajera que es la vida humana, haciendo la aplicación mayormente al rico.

Vs. 11. *Porque salido el sol con ardor, etc.;* en el griego todos los verbos de este versículo —*salir, secarse, caerse, perecer*— son en el tiempo pasado, presentados así estos procedimientos como cosa pasada, y dándoles carácter altamente pintoresco. El autor tendría presente el formidable y destructivo simún que produce precisamente los resultados aquí descritos. *Así también se marchitará*

12 Bienaventurado el varón que sufre la tentación; porque cuando fuere probado, recibirá la corona de vida, que Dios ha prometido a los que le aman.

---

el rico en todos sus caminos; la aplicación es concreta y directa; con sobrada razón podrá gloriarse el rico convertido por haber trocado sus riquezas materiales por las celestiales, escapándose así de tan funesto fin. Hemos de entender la palabra traducida, "caminos," en el sentido de *empresas,* y no en su sentido literal y limitado. El verbo traducido, "se marchitará," consta solamente aquí en el Nuevo Testamento.

4. La tentación, Vrs. 12-18.

En este párrafo el autor vuelve al pensamiento de los versículos 2-4, sin que haya conexión alguna con el párrafo anterior. La palabra traducida, "prueba" en el versículo 2 es la misma traducida "tentación" en el 12, pero en éste parece ser empleada en sentido algo distinto, refiriéndose más bien a tentación a cometer pecado, según se ve en los demás versículos del párrafo, aunque la idea de prueba de aflicciones no sea por completo excluída.

Vs. 12. *Bienaventurado el varón que sufre la tentación;* es decir, que la sufre con paciencia, sin ceder a ella, sin darse por vencido. Sólo el hombre que resiste la tentación—que queda en pie bajo su golpe—experimenta la entera fuerza del mismo, y así es recipiente de la bienaventuranza de este versículo. La palabra, "bienaventurado" emite algo de la aroma del Sermón del Monte, donde el Maestro la emplea ocho veces. *Porque cuando fuere probado recibirá la corona de vida;* he aquí el galardón de quien salga triunfante de la prueba—galardón bien armonizado con la lucha. "Corona" es una figura predilecta de varios escritores del Nuevo Testamento. Así Pablo en Fil. 4:1; I Tes. 2:19; II Tim. 4:8; Pedro en I Ped. 5:4; Juan en Apo. 2:10; 3:11, etc. Esta "corona de vida" será para los que salen victoriosos en la prueba,

13 Cuando alguno es tentado, no diga que es tentado de Dios: porque Dios no puede ser tentado de los malos, ni él tienta a alguno:
14 Sino que cada uno es tentado, cuando de su propia concupiscencia es atraído, y cebado.

---

y para los que aman a Dios: luego, el amor es el poder dinámico con que podemos triunfar en medio de las pruebas y tentaciones de la vida. En este versículo las palabras, "corona" y "vida" están en oposición, siendo la idea del autor que la misma "vida" será la "corona" que recibirá el probado. (Compárese la "corona de justicia" de II Tim. 4:8).

Vs. 13. *Cuando alguno es tentado, no diga, etc.;* aquí se presenta la muy discutida cuestión teológica del origen del pecado. ¿De dónde viene la tentación—de Dios, o del hombre mismo? Sabemos por el libro de *Sirac* que en aquel entonces muchos echaban a Dios la responsabilidad de la tentación, tratando así de salir de la culpabilidad de sus propios pecados. Decían ellos: "Habiéndome hecho Dios tal como soy, capaz de ceder a la tentación, luego, si lo hago, Dios es quien tiene la culpa." Santiago rechaza con énfasis tal acusación con las palabras: *Dios no puede ser tentado de los malos (mejor, del mal), ni él tienta a alguno;* es decir, la naturaleza misma de Dios es tal que no es capaz de ser afectada por la tentación, ni para pecar, ni para inducir a pecar. Las palabras de Pablo (I Cor. 10:13) arrojan luz sobre la actitud de Dios hacia la tentación, y cuadran bien con las enseñanzas de Santiago: "Fiel es Dios, que no os dejará ser tentados más de lo que podéis llevar; antes dará también juntamente con la tentación la salida, para que podáis aguantar." Vemos, pues, que Dios no es accesible a la tentación, que no tienta a nadie, pero que permite que su pueblo sea tentado, a fin de probarlo, dejando el resultado al libre albedrío de ellos.

Vs. 14. *Sino que cada uno es tentado, etc.;* es preferible la siguiente traducción de este versículo: *sino que cada*

15 Y la concupiscencia, después que ha concebido,
pare el pecado: y el pecado, siendo cumplido, engendra
muerte.
16 Amados hermanos míos, no erréis.

---

*uno es tentado, cuando es atraído y halagado por su
propia concupiscencia.* Luego, según Santiago, la tentación tiene su origen en el corazón del hombre, y no con
Dios, dentro y no fuera de nosotros. Esto echa la
responsabilidad directamente al individuo, haciéndole
responsable por su propio pecado. "Porque del corazón
salen los malos pensamientos, muertes, adulterios, forni-
caciones, hurtos, falsos testimonios, blasfemias" (Mat.
15:19). Jesús y Santiago están de acuerdo en cuanto al
corazón humano. En este versículo y en el 15, nos da
el autor la triste genealogía del pecado—su origen, su
desarrollo, su fin.

Vs. 15. *La concupiscencia, después que ha concebido;*
es singular la personificación de este versículo; la concupiscencia *concibe,* el pecado *engendra.* Ambos son
activos y capaces de reproducirse en formas peores—capaces de proyectarse en una prole viciosa y destructiva.
La "muerte" engendrada por el pecado, es la eterna, como
en Rom. 6:23—"La paga del pecado es la muerte." En
este versículo Santiago supera a todos los demás escritores del Nuevo Testamento en su descripción de los horribles estragos del pecado. De veras, "El alma que peca-
re, morirá."

Vs. 16. *Amados hermanos míos;* como se ha dicho en
las notas sobre el versículo 2, el autor emplea tres veces
esta expresión de afecto—"amados hermanos" (véase 1:
19 y 2:5), lo cual indica dos cosas: su intenso interés en
sus lectores, y su deseo de suavizar el espíritu, y de intensificar el sentido de los consejos que siguen. *No erréis;*
esta admonición, sugerida sin duda por la del versículo
13, tiene íntima relación también con el contenido de
los versículos 17 y 18, asegurando a los lectores que la
tentación de pecar no viene de Dios, porque de él viene

17 Toda buena dádiva y todo don perfecto es de lo alto, que desciende del Padre de las luces, en el cual no hay mudanza, ni sombra de variación.

---

solamente lo bueno. El atribuir a Dios lo malo es denigrar el carácter divino, y así, caer en un serio error.

Vs. 17. *Toda buena dádiva y todo don perfecto;* dice el comentador, el Dr. Edwin T. Winkler, sobre las palabras "dádiva" y "don": "Los substantivos son diferentes en el original, aunque se derivan del mismo verbo: el primero es el acto de dar, en el cual reside la calidad moral, *buena;* el segundo indica más bien el regalo mismo—es un obsequio gratuito, el cual es *perfecto en* el sentido de ser apropiado a las necesidades del recipiente, sean éstas físicas o sean espirituales (Rom. 5:16)." *Es de lo alto;* favores de la índole descrita en las frases anteriores declaran de por sí su origen divino; y hemos de sobreentender que existe en la mente del autor la idea de que de tal origen, es imposible que venga cosa mala, como la tentación de pecar. *Que desciende del Padre de las luces;* el autor especifica la persona del "Padre" y no sólo "lo alto," como origen de todo lo bueno. El Padre se representa aquí como el sol que ilumina los demás cuerpos astronómicos. *En el cual no hay mudanza;* en esto, él es superior al sol que, por sus mudanzas, produce los cambios de las sazones, el día y la noche, etc. La palabra traducida, "mudanza," es un término astronómico que proporciona nuestra palabra, "paralaje," y significa: "Diferencia entre las posiciones aparentes que en la bóveda celeste tiene un astro, según el punto desde donde se supone observado." Hay que tomar en cuenta esta diferencia, al fijar el sitio de un astro. Pero el punto de la comparación de Santiago es que, en el carácter de Dios, no existe tal "diferencia," que es invariable su naturaleza, que El es siempre leal a la más alta norma moral. *Ni sombra de variación;* es decir, *sombra causada por revolución* (Thayer), como en el caso del sistema solar. Con esta expresión técnica adicional, Santiago intensifica su concepto de la firmeza del carácter de Dios.

18 El, de su voluntad nos ha engendrado por la palabra de verdad, para que seamos primicias de sus criaturas.

Siendo fiel a sí mismo, a su propia naturaleza, es inconcebible que sea El capaz de tentar al hombre a pecar.

Vs. 18: *El, de su voluntad nos ha engendrado;* he aquí otra razón por no poder echar a Dios la culpa de nuestros pecados: somos hechura de sus manos, y de su propia voluntad; ¿podrá él buscar la ruina de su propia obra? Pero más aun: *Nos engendró por la palabra de verdad.* El medio empleado para engendrarnos es otra prueba de lo falaz de la acusación del versículo 13. Siendo Dios verdadero, y habiéndonos engendrado por la palabra verdadera, es evidente que, si cedemos a la tentación y cometemos pecado, queda Dios libre de toda responsabilidad: la culpa es nuestra. *Para que seamos primicias de sus criaturas;* esto ha sido interpretado de distintas maneras. El Dr. Clarke da la siguiente interpretación: "Hemos de entender que *criaturas* se refiere a los gentiles, y *primicias,* a los judíos, es decir, los judíos a quienes fue enviado primero el evangelio; y los que de ellos creían, fueron las *primicias* de aquella asombrosa cosecha que después Dios ha segado en todo el mundo gentil." Dice el Dr. Oesterley, en *The Expositors Greek Testament:* "Como los nuevos frutos que se maduran primero anuncian la nueva sazón, así estos hombres que son engendrados por 'la palabra de verdad' proclaman un nuevo orden de cosas en el mundo del crecimiento espiritual; se adelantan a los demás de la misma manera que los primeros frutos se adelantan a los demás frutos de la sazón." Por otro lado, dice Moffatt: "No hay referencia aquí a estos cristianos como los primeros de los muchos que habían de seguir; es más bien el honor supremo de su posición, el rango superlativo de su relación para con Dios, y no una primacía de orden de sucesión, que se implica por la palabra *primicias.*" No es fácil determinar cuál de estas interpretaciones es la correcta. Es del todo posible que las tres tengan algo de verdad, es decir, que el escritor se haya referido a las

19 Por esto, mis amados hermanos, todo hombre sea pronto para oir, tardío para hablar, tardío para airarse: 20 Porque la ira del hombre no obra la justicia de Dios.

---

dos clases de "primicias," la cronológica, y la honorífica.

5. *Las manifestaciones de la religión verdadera.* Vrs. 19-27.

El punto de vista de Santiago en toda la carta es sumamente práctico. En vez de discutir la esencia intrínseca de la religión, trata más bien de indicar cómo se manifiesta en la vida exterior; y en este párrafo presenta, por decirlo así, una especie de proyecto que será desarrollado en los capítulos siguientes.

Vrs. 19, 20. *Por esto;* tal es la traducción en nuestra versión de un verbo griego que significa *saber,* y cuya forma es igual en el indicativo y el imperativo. Otras versiones son como siguen: *Así que* (Nuevo Pacto); *Sabéis esto* (Versión Moderna); *Esto ya lo sabéis* (Versión Hispano-Americana); y se puede darle otra traducción todavía; *Oíd,* que parece cuadrar mejor con el contexto, tomando el verbo como imperativo, y equivalente a una llamada a cosa muy importante, que inmediatamente sigue, introducida por la expresión de afecto empleada por primera vez en el versículo 16. *Todo hombre sea pronto para oir;* parece que el autor tiene presente más bien la conducta en la asamblea religiosa (2:2), y que ha hablado en el versículo 18 de "la palabra de verdad;" sin embargo, el consejo es capaz de más amplia aplicación. Nótese la similaridad con Ecc. 5:1-2—"Cuando fueres a la casa de Dios... acércate más para oír que para dar el sacrificio de los necios... No des priesa con tu boca... por tanto, sean pocas tus palabras." *Tardío para hablar;* se dice que en las iglesias primitivas eran muy prontos para hablar, a tal grado que el apóstol Pablo, en su primera carta a los corintios, tuvo necesidad de aconsejarles a los miembros que profetizaran "uno por uno," evitando así la confusión en los cultos públicos (I

21 Por lo cual, dejando toda inmundicia y superfluidad de malicia, recibid con mansedumbre la palabra ingerida, la cual puede hacer salvas vuestras almas.

Cor. 14:31). (Compárese Prov. 10:18). *Tardío para airarse;* el mucho hablar, tanto en lo público como en lo privado, tiende a veces a provocar la ira. ¿Quién no ha visto exhibiciones de impaciencia y hasta de ira, provocadas en reuniones religiosas, por la multiplicación de palabras de parte de miembros dados a verbosidad? De veras, "El silencio es áureo." En el versículo 26 el autor avanza aún más, aseverando que el que no guarda prudentemente el silencio, da el mentís a la sinceridad de su religión. *Porque la ira del hombre no obra... etc.;* tanto nuestra experiencia personal como nuestra observación confirman esta afirmación, la cual presenta el motivo más poderoso por qué debemos evitar la ira. El hombre bajo el dominio de la ira se presta a obrar las injusticias de Satanás, más bien que *la justicia de Dios.*

Vs. 21. *Por lo cual, dejando toda inmundicia;* incluyendo la ira ya mencionada, la multiplicación de palabras que a ella conduce, y además todo lo que sea capaz de estorbarnos en el desarrollo de nuestra vida cristiana (véase Efes. 4:22). *Y superfluidad de malicia;* es decir, todo residuo de "malicia" que les haya quedado de su vida anterior. *Recibid con mansedumbre la palabra ingerida;* mejor,... *la palabra implantada.* La referencia es al mensaje del evangelio que les había sido predicado, y que, en efecto, ellos habían recibido, como indica la palabra, "implantada;" y la exhortación es a que, con espíritu de "mansedumbre," permitan que este mensaje obre sus resultados legítimos en sus vidas, sin dudar nada en cuanto a su eficacia. *La cual puede hacer salvas vuestras almas;* he aquí la confirmación de la eficacia de la palabra; si se le da camino libre a ella en la vida, no habrá que temer el resultado. El apóstol Pablo da a los corintios la misma confirmación de la eficacia de la misma palabra: "Por el cual asimismo, si retenéis la palabra

22 Mas sed hacedores de la palabra, y no tan solamente oidores, engañándoos a vosotros mismos.

---

que os he predicado, sois salvos, si no creísteis en vano" (I Cor. 15:2).

Vs. 22. *Mas sed hacedores de la palabra, y no tan solamente oidores ... etc.;* se apresura el autor a explicar que el "recibir con mansedumbre la palabra," significa más que mera pasividad. Se ha dicho arriba que esta carta es, en su esencia, sobremanera práctica, y es el caso que, en ninguna parte es más evidente esto que en los versículos 22-25. El eminente comentador, el Dr. Plummer, en sus notas sobre este párrafo, dice lo siguiente: "Llegamos aquí a lo que parece ser sin duda el pensamiento principal de la epístola—*la suprema importancia de actividad y servicio cristianos.* La cosa esencial, sin la cual las demás cosas, por buenas que sean en sí mismas, llegan a ser insignificantes o inútiles, es la conducta. Todo lo demás, si no va acompañado por la práctica, evitando lo malo y practicando lo bueno, es vano." En los versículos anteriores el autor ha venido encomendando el oír con atención, con silencio; pero aquí presenta el peligro de oír, sin poner por obra lo que se oye. (Compárese Rom. 2:13, donde Pablo contrasta los "oidores" y los "hacedores" de la ley, en relación con la justificación). Sólo aquí y en Rom. 2:13 se encuentra en el Nuevo Testamento la palabra traducida, "oidores." *Engañándoos a vosotros mismos;* quien oye, sin practicar la palabra, cae imperceptiblemente en este sutil peligro. La "mansedumbre" recomendada en el versículo 21 no justifica, en la mente del autor, la inactividad de parte del oidor de la palabra. No podemos pasar desapercibida la notable semejanza entre la enseñanza de este versículo y la del gran Maestro en la ilustración con la cual termina él su Sermón del Monte: "Cualquiera, pues, que me oye estas palabras y las hace ... Y cualquiera que me oye estas palabras, y no las hace ..." (Mat. 7:24-27).

23 Porque si alguno oye la palabra, y no la pone por obra, este tal es semejante al hombre que considera en un espejo su rostro natural.

24 Porque él se consideró a sí mismo, y se fue, y luego se olvidó qué tal era.

25 Mas el que hubiere mirado atentamente en la per-

Vrs. 23, 24. *Porque si alguno oye la palabra, y no la pone por obra, etc.;* con el interesante ejemplo de este versículo, el autor explica el engaño de sí mencionado en el 22. Los espejos de aquellos tiempos eran de metal y así, mucho más imperfectos que los de vidrio del día de hoy; como dice Pablo: "Ahora vemos por espejo obscuramente" (I Cor. 13:12). La expresión —*su rostro natural*— es, en el original, *su rostro de nacimiento,* es decir, sin confección, el rostro con que nació. El verbo traducido, *considera,* significa *considerar con atención* consiguiendo así el mejor reflejo que el espejo puede dar. *Porque él se consideró a sí mismo... se fue... se olvidó... etc.;* es de notarse el tiempo de estos tres verbos. En nuestra versión todos parecen del mismo tiempo, pero no lo son en el griego, pues el primero y el último son en el aoristo, y el segundo en el perfecto *(se ha ido);* y este cambio da un aire pintoresco a la descripción, cosa que no es fácil conservar en la traducción. Tal vez sería mejor traducir los tres en el tiempo presente, como lo hacen las versiones del Nuevo Pacto, la Hispano-Americana y la Moderna: ... *se considera... se va... se olvida.* El adverbio traducido, *luego,* tiene cierto énfasis en la última frase de este versículo pues indica que la memoria de su imagen observada en el espejo fue del todo pasajera, que inmediatamente otras cosas ocuparon la mente del individuo, borrando por completo el pensamiento de "qué tal era." (Compárese la expresión... "luego viene Satanás..." etc., de Mar. 4:15). Tan dispuesto está el hombre a olvidarse de las cosas más importantes de la vida.

Vs. 25. *Mas el que hubiere mirado atentamente en la perfecta ley;* al caso dado en los versículos 23-24, el autor presenta un contraste muy notable. En primer lugar, la

fecta ley, que es la de la libertad, y perseverado en ella,
no siendo oidor olvidadizo, sino hacedor de la obra, este
tal será bienaventurado en su hecho.

---

palabra traducida, *hubiere mirado atentamente* (una
sola palabra en el griego) es mucho más fuerte que la
traducida, "considerar," en los versículos 23-24, pues
implica la idea de bajarse, a fin de mirar con toda atención, como en el caso de la llegada de Juan y Pedro al
sepulcro de Jesús en la mañana del día de la resurrección.
Dice Juan, "Y bajándose a mirar, vio los lienzos echados,
etc.," empleando la misma palabra que emplea Santiago
en este versículo. La *perfecta ley* es sencillamente el
evangelio, presentado bajo la figura de un espejo, y también como ley. Como espejo, el evangelio es perfecto,
pues en él se presenta la imagen del hombre tal cual
él es. Cierto intérprete africano, ayudando a un misionero a traducir la Biblia a la lengua de su país, exclamó
un día: "Quien hizo este libro, me hizo a mí." El había
llegado a ver su propia imagen en el espejo del evangelio.
También como ley, el evangelio es perfecto, ofreciendo
así un contraste con la ley de Moisés, que no dejó de
tener sus flaquezas, como dice Pablo en Rom. 8:2-3.
Que es la de la libertad; esta *libertad* constituye uno
de los atributos de la perfección de la nueva ley. El
Dr. Winkler, comentando este rasgo del evangelio, dice:
"esta nueva ley era 'perfecta' porque era espiritual; y
era una "ley de libertad', porque transformaba la naturaleza, sujetándola a la influencia de motivos exaltan-
tes y poderosos, produciendo así una ilimitada y gozosa
obediencia a Dios (Rom. 8:2). El sentimiento de la libertad espiritual es un impulso santo al servicio de Dios.
Aun bajo la Dispensación Antigua, aquellos que entraban
en el espíritu más profundo de la ley, experimentaban su
dulzura (Sal. 19:8-11)." *Y perseverando en ella;* he aquí
otro contraste con el que "se miraba en un espejo y se
fue:" además de empeñarse en *mirar atentamente* en la
ley (como lo indica el verbo), también *persevera* en ha-

26 Si alguno piensa ser religioso entre vosotros, y no refrena su lengua, sino engañando su corazón, la religión del tal es vana.

27 La religión pura y sin mácula delante de Dios y Padre es esta: Visitar los huérfanos y las viudas en sus tribulaciones, y guardarse sin mancha de este mundo.

---

cerlo, a fin de conseguir una idea exacta de sí mismo, y también de las perfecciones de la ley. *No siendo oidor olvidadizo, sino, etc.,* hay un mundo de diferencia entre esta descripción negativa y la positiva que tenemos aquí —entre el que oye y olvida, y el que oye y luego pone por obra lo que oye; y el resultado de los dos procedimientos se declara en la afirmación: *Este tal será bienaventurado en su hecho.* La bendición será para el que oye y practica; el que oye y se olvida será olvidado en la distribución de las bendiciones; su fin será tan triste como el del hombre que edificó su casa sobre arena (Mat. 7:27).

Vs. 26. *Si alguno piensa ser religioso entre vosotros...* etc.; el autor vuelve aquí a asuntos tocados en los versículos 19 y 22: "tardío para hablar," y "engañándoos a vosotros mismos," estableciendo entre los dos una relación algo sorprendente a sus lectores: Quien no refrena su lengua se engaña a sí mismo, creyéndose religioso pero en efecto, careciendo de toda religión. Este es un juicio harto severo contra la libertad no refrenada de la lengua, y demuestra que la religión fue designada como freno de la vida entera. Este versículo sirve como preparación para el ensayo exquisito y clásico sobre la lengua que tenemos en el capítulo 3.

Vs. 27. *Es religión pura y sin mácula delante de Dios,* etc.; en este versículo el autor condensa lo que ha venido diciendo respecto a la religión desde el versículo 19. No ha de entenderse esta afirmación como una definición de la religión espiritual, sino como una aclaración, de las manifestaciones de ella en la vida práctica. La religión en su esencia tiene que ver con las relaciones del hombre para con Dios, siendo por lo tanto, cosa espiritual; pero en sus manifestaciones abarca también todas las relaciones del hombre con sus semejantes. *Visitar los huérfanos y las viudas*; es decir, toda clase de los necesitados, de los cuales los huérfanos y las viudas son, y siempre han sido, los principales. En el Salmo 68:5 tenemos: "Padre de huérfanos y defensor de viudas, es Dios en la morada de su santuario." Necesitan ellos la caridad de parte de la sociedad, y entre los judíos y los primitivos cristianos eran objetos de la misma. Santiago hace mención de esto como costumbre común entre los creyentes de su tiempo, o sea, como manifestación acostumbrada entre hermanos. *En sus tribulaciones;* mejor, *tribulación*, singular. No sabemos si hay referencia a una tribulación especial de aquel entonces, o si el autor se refiere a la tribulación que siempre resulta de la pobreza —probablemente la última suposición. *Y guardarse sin mancha del mundo;* exhortación de primera importancia. El cristiano, al andar en el cumplimiento de sus deberes para con otros, necesita ver bien por la pureza de su propia vida, y es claro que en el trato con las dos clases aquí mencionadas, se presentan tentaciones peculiares y capaces de atrapar al incauto.

Despréndese de este versículo que la religión verdadera tiene dos miras: hacia afuera, y hacia adentro—hacia otros y hacia nosotros mismos. La primera proporciona la base para el llamado *"Social Service"* (servicio social) que en nuestros días está ocupando tanto la atención de la iglesia; la segunda acentúa la necesidad de cuidar bien por nuestra propia persona. Haciendo las dos cosas, seremos dignos exponentes de la "religión pura y sin mácula."

CAPITULO II.

2 Hermanos míos, no tengáis la fe de nuestro Señor Jesucristo glorioso en acepción de personas.

II. *Varias Amonestaciones, 2:1-5:6.*

Esta sección de la carta, que es, en efecto, el cuerpo de la misma, consiste en una serie de siete breves ensayos sobre asuntos eminentemente prácticos. Como se ha visto, el capítulo primero termina con una aclaración general en cuanto a la ejemplificación de "la religión pura y sin mácula" y es fácil que el autor haya tenido presente este mismo pensamiento al escribir estos ensayos, desarrollando de esta manera, más en detalles, las manifestaciones de la religión cristiana en la vida práctica. Habiendo hablado del evangelio como "ley" (1:25), trata él de señalar los puntos principales en que la vida del creyente ha de conformarse a esta "ley," aunque sea una "ley de libertad."

1. *Cómo tratar con ricos y pobres, Vrs. 1-13.*

Vs. 1. *No tengáis la fe de nuestro Señor Jesucristo, etc.;* la parte más importante de esta prohibición es la expresión: *en acepción de personas,* con la cual el autor empieza, en el original, su admonición, y que consta en nuestra versión al fin del versículo. Como buen judío, Santiago aplica a la fe cristiana el mismo principio de imparcialidad recomendado por Moisés en el ejercicio del juicio civil: "No tengáis respeto de personas en el juicio: así al pequeño como al grande oiréis: no tendréis temor de ninguno porque el juicio es de Dios" (Deut. 1:17). En los ·versículos siguientes se aclara el sentido de la inhibición y el modo de aplicarla en la vida de los

2 Porque si en vuestra congregación entra un hombre con anillo de oro, y de preciosa ropa, y también entra un pobre con vestidura vil,

3 Y tuviereis respeto al que trae la vestidura preciosa, y le dijereis: Siéntate tú aquí en buen lugar: y dijereis al pobre: Estáte tú allí en pie; o siéntante aquí debajo de mi estrado:

4 ¿No juzgáis en vosotros mismos, y venís a ser jueces de pensamientos malos?

---

creyentes. La perfecta democracia ha de reinar en el trato cristiano; ni las riquezas, ni el rango social ni civil, ha de influir en la conducta de los hermanos en sus cultos públicos. Es de notarse la expresión: *Nuestro Señor Jesucristo glorioso;* mejor, *de gloria,* que *glorioso,* pues esta *gloria* le pertenecía antes de su encarnación, y la había de tener después de su ministerio sobre la tierra (Juan 17:5). En este versículo Santiago emplea por segunda, y última vez (la primera es en 1:1) el título, *Señor Jesucristo*—título tan común en los escritos del apóstol Pablo.

Vrs. 2, 3, 4. En estos versículos el escritor nos explica, por medio de un ejemplo práctico, el significado de tener la fe "en acepción de personas." Gráficamente presenta el cuadro de dos asistentes al servicio público, el uno, rico, vestido a la moda de su rango económico; el otro, "pobre, con vestidura vil;" a aquél se le asigna un asiento de honor; a éste, se le da la elección de quedarse en pie, o de ocupar un asiento bien humilde. Luego, con una pregunta que les descubre la parcialidad de su conducta, apela al buen juicio y a la conciencia de sus lectores: *¿No juzgáis en vosotros mismos, y venís a ser jueces de pensamientos malos?* Podemos parafrasear esta pregunta de la manera siguiente: "Si tratáis así, ¿no juzgáis con parcialidad, llegando de esta manera a ser jueces poseídos de malos pensamientos?" Es obvio que Santiago trata de dirigir la atención no tanto al acto descrito en el cuadro que acaba de presentar, como a los "pensamientos malos" que motivan este acto; y en esto

5 Hermanos míos amados, oid: ¿No ha elegido Dios los pobres de este mundo, ricos en fe, y herederos del reino que ha prometido a los que le aman?

---

se nota un paralelismo con las palabras de Cristo en Mat. 5:27-28, respecto al adulterio.

La palabra traducida, *congregación*, en el versículo 2 significa *sinagoga*, aunque no es fácil conjeturar por qué se haya empleado aquí este término judaico, a menos que sea en deferencia a sus lectores. Otros piensan que la palabra indica más bien la asamblea de los creyentes, y no el sitio donde se celebra la reunión y así emplea el Nuevo Pacto la palabra, "congregación," y la versión Hispano-Americana, "asamblea," en vez de "sinagoga." En todo caso, estos versículos contienen una lección importante para las iglesias de hoy día, como para las de aquel tiempo: las almas humanas son todas iguales ante los ojos de Dios; las riquezas materiales no aumentan, ni la pobreza merma su valor intrínseco; y en todo nuestro trato unos con otros, este principio fundamental merece debida consideración.

Vs. 5. *Hermanos míos amados;* por segunda y última vez el autor emplea esta expresión de afecto (véase 1:16), y en los dos casos está para llamar la atención de sus lectores a algo de suma importancia. *No ha elegido Dios los pobres de este mundo, etc.;* Santiago es por excelencia el defensor de los pobres, y en esto, como en otros muchos puntos, se asemeja a Jesús, quien, en su mensaje a Juan Bautista, le dice: "Y a los pobres es predicado el evangelio;" y también al apóstol Pablo como se expresa en su primera carta a los corintios (I Cor. 1:27, 28). Pero él aclara el hecho de que no alaba los pobres por su pobreza: los pobres de que se trata son *ricos en la fe, herederos del reino, etc.* Lo que se quiere acentuar es que los pobres, de los cuales es representante el "pobre con vestidura vil" del versículo 2, son hijos elegidos de Dios, con título al reino prometido a los amantes de Dios; y este hecho hace resaltar lo vergonzoso, lo bochornoso, el

6 Mas vosotros habéis afrentado al pobre. ¿No os oprimen los ricos, y no son ellos los mismos que os arrastran a los juzgados?

7 ¿No blasfeman ellos el buen nombre que fue invocado sobre vosotros?

8 Si en verdad cumplís vosotros la ley real, conforme a la Escritura: Amarás a tu prójimo como a ti mismo, bien hacéis:

---

humillarlos en las reuniones públicas. El Rey no dejará pasar desaparecido tal tratamiento a sus reales hijos.

Vs. 6. *Mas vosotros habéis afrentado al pobre;* plena acusación de haber cometido el pecado de honrar al rico y de señalar al hermano pobre el bajo puesto mencionado en el versículo 3; y al hacer esto, habían afrentado al elegido de Dios y al heredero del reino, fuerte acusación por cierto. *¿No os oprimen los ricos?;* luego el autor procede a señalar varias razones por qué los ricos no merecían consideración especial de parte de los hermanos. La conducta de los ricos mencionada aquí, se refiere probablemente a la persecución que infligían a los creyentes, *arrastrándolos a los juzgados,* a fin de sujetarlos a las penalidades de la ley, pues las persecuciones de los primitivos cristianos generalmente se originaban de parte de los saduceos, quienes formaron la aristocracia del país, las clases más acomodadas de la sociedad.

Vs. 7. *¿No blasfeman ellos el buen nombre, etc.?;* este nombre sería sin duda el de Cristo, del cual se deriva el título de "cristianos," que les fue dado a los discípulos en Antioquía (Hch. 11:26). Algunos encuentran aquí una referencia al acto del bautismo, cuando el nombre de Cristo fue invocado sobre el candidato.

Vs. 8. *La ley real* de este versículo fue anunciada primero por Moisés en Lev. 19:18, y Cristo la citó en contestación a la pregunta del escriba en Mar. 12:28-31, calificándola de segunda importancia sólo al mandamiento de amar a Dios sobre todo lo demás. La expresión la *Escritura,* se refiere al Antiguo Testamento. El fiel cum-

9 Mas si hacéis acepción de personas, cometéis pecado, y sois reconvenidos de la ley como transgresores.
10 Porque cualquiera que hubiere guardado toda la ley, y ofendiere en un punto, es hecho culpado de todos.
11 Porque el que dijo: No cometerás adulterio, también ha dicho: No matarás. Ahora bien, si no hubieres cometido adulterio, pero hubieres matado, ya eres hecho transgresor de la ley.

---

plimiento de esta ley serviría para asegurar una conducta asaz ejemplar en el trato con ricos y pobres.

Vs. 9. *Mas si hacéis acepción de personas, cometéis pecado;* y esto precisamente es lo que ellos habían hecho, según la afirmación del versículo 6. *Y sois reconvenidos* (mejor, *convictos) de la ley como transgresores;* esta es "la ley real" del versículo 8, y no "la ley de libertad" de 1:25. Santiago insiste en medir la conducta por la ley antigua, pero la interpreta en términos de amor.

Vs. 10. *Porque cualquiera que hubiere guardado toda la ley ... etc.;* en este versículo el autor trata de justificar la afirmación del versículo 9. El argumento parece ser como sigue: La ley es una unidad, dominada en todas sus partes por el amor, de manera que cualquiera violación del espíritu de amor, sea la aceptación de personas, el adulterio, el asesinato, etc., anula el espíritu dominante de la ley y en este sentido llega a ser violación de la ley en todas sus partes. La fuerza de una cadena es exactamente igual a la de su eslabón más débil; roto éste, la cadena se inutiliza por completo. Los distintos preceptos de la ley son, por decirlo así, los eslabones de la ley: violado uno, queda anulado la eficacia de la ley entera. Es lógico, pues, que *el que ofendiere en un punto,* habiendo anulado la eficacia de la ley entera, sea *hecho culpado de todos.*

Vs. 11. *Porque el que dijo: No cometerás adulterio, etc.;* en este versículo trata el autor de ilustrar, con el uso de dos violaciones de la ley, el principio anunciado en el anterior. Matando o adulterando, llega uno a ser *trans-*

12 Así hablad, y así obrad, como los que habéis de ser juzgados por la ley de libertad.

13 Porque juicio sin misericordia será hecho con aquel que no hiciere misericordia: y la misericordia se gloría contra el juicio.

---

gresor de la ley; y habiendo violado el espíritu de amor que constituye la ley en una unidad, se ha hecho, en cierto sentido, culpable de toda la ley. El apóstol Pablo, en su carta a los gálatas (Gál. 3:10) demuestra que, para escapar de la maldición de la ley, es preciso guardarla en todas sus partes, y a esté fin cita las palabras de Deut. 27:26—"Maldito todo aquel que no permaneciese en todas las cosas que están escritas en el libro de la ley, para hacerlas."

Vs. 12. *Así hablad, y así obrad, como los que habéis de ser juzgados, etc.;* según se ha dicho ya (1:25), *la ley de libertad* es el evangelio de nuestro Señor Jesucristo; y el evangelio demanda que amemos al prójimo "como a nosotros mismos," y esto, sea rico o sea pobre el prójimo. Si recordamos esto, no es posible que hagamos la "acepción de personas," de la cual se ha venido tratando desde el versículo 1; de allí la importancia de sujetar nuestra conducta entera, tanto el hablar, como el obrar, a este principio.

Vs. 13. *Porque juicio sin misericordia será hecho con aquel que no hiciere misericordia;* el juicio y la *misericordia*—ambos—son elementos de "la ley de libertad;" el pecado pide aquél, el amor pide ésta. El trato de Dios con el hombre se ajustará al trato del hombre con el hombre, según dice el Maestro: "Bienaventurados los misericordiosos: porque ellos alcanzarán misericordia." Otra vez: "Mas si no perdonareis a los hombres sus ofensas, tampoco vuestro Padre os perdonará vuestras ofensas (Mat. 5:7; 6:15). *La misericordia se gloría contra el juicio;* Thayer interpreta esta frase de la manera siguiente: "La misericordia se gloría como superior al juicio, es decir, llena de una confianza gozosa, no tiene temor al juicio." Gloriosa verdad ésta, pues en ella hay esperanza para el hombre que haya pecado: el juicio pide su condenación—la misericordia, consciente de su propia superioridad, se presenta y demanda su perdón.

2. *Relación entre la fe y las obras*, Vrs. 14-26.

Esta parte de la carta ha dado lugar a muchas y acaloradas discusiones. Malamente interpretada, parece contradecir la doctrina de la justificación por la fe, presentada por el apóstol Pablo en sus cartas a los romanos y a los gálatas; pero bien entendido el punto de vista del escritor, desaparece tal contradicción. Martín Lutero, movido por esta falsa interpretación, calificó de "paja" la epístola entera, negándole la inspiración divina, y así rechazándola como parte del sagrado canon. Un estudio detenido de ella no justifica tal procedimiento.

El autor no trata de desacreditar la fe verdadera, sino de demostrar que la fe que no se finaliza en obras, "es muerta," y que una fe muerta es incapaz de salvar. Todos los ejemplos que emplea en los versículos 15, 16, 19, 21 y 25, como también el desafío del 18, tienden a comprobar esto. Esta tesis de Santiago está de acuerdo con las palabras de Cristo en Mat. 7:21 ("No todo el que me dice Señor, Señor entrará, etc."). También hay que recordar que los judíos tenían la idea de que la fe en la unidad de Dios, que ellos expresaban diariamente en sus oraciones con las palabras: "Oye, Israel: Jehová nuestro Dios, Jehová uno es" (Deut. 6:4), fue suficiente para su salvación—error llamado el Antinomianismo; y que el autor está combatiendo dicho error, como se ve en el caso de los demonios (19).^ Dice Santiago que la fe que no conduce a las obras no es verdadera, es muerta; y con esto concuerdan las palabras de Pablo: "Porque somos hechura suya, creados en Cristo Jesús para buenas obras... para que anduviésemos en ellas" (Efes. 2:10). Los dos escritores citan el caso de Abraham, el uno con el fin de probar que la circuncisión no tenía nada que ver con su fe que "le fue imputada a justicia;" el otro, para probar la sinceridad de su fe por su obediencia

14 Hermanos míos, ¿qué aprovechará si alguno dice que tiene fe, y no tiene obras? ¿Podrá la fe salvarle?

15 Y si el hermano o la hermana están desnudos, y tienen necesidad del mantenimiento de cada día,

16 Y alguno de vosotros les dice: Id en paz, calentaos y hartaos; pero no les diereis las cosas que son necesarias para el cuerpo: ¿qué aprovechará?

17 Así también la fe, si no tuviere obras, es muerta en sí misma.

---

al ofrecer su hijo a Dios; y aunque miran ambos el caso desde distintos puntos de vista, los dos confirman lo dicho en Gén. 15:6—"Y creyó a Dios y contósele por justicia."

Vs. 14. *¿Qué aprovechará si alguno dice que tiene fe, etc.?;* acentuando la palabra, "dice," no es difícil entender el significado de esta pregunta, pues tenemos aquí el mismo contraste presentado por Jesús en el dicho: "No todo aquel que me *dice*... mas el que *hiciere* ... etc. (Mat. 7:21), la fe no es cosa de palabras sino de hechos, y la ausencia de obras demuestra la ausencia de la fe verdadera y capaz de salvar. *¿Podrá la fe salvarle?;* es decir, esta clase de fe, que no va acompañada por obras. La forma de esta pregunta en el original anticipa una contestación negativa.

Vrs. 15, 16. Con el jemplo concreto de estos versículos el autor ilustra lógicamente la impotencia de la clase de fe aludida en el anterior, es decir, una fe estéril, una fe meramente de palabras. *¿Qué aprovechará?;* ni al que pronuncia las palabras, ni al necesitado a quien hipócritamente se le dirigen, vendrá provecho alguno. El procedimiento entero aquí descrito sería una exhibición de la más crasa insinceridad.

Vs. 17. *Así también la fe, si no tuviere obras, etc.;* la aplicación del ejemplo anterior es precisa y directa, decretando la sentencia de muerte sobre la fe sin obras. Dice el Dr. Winkler, comentando este versículo: "Aquí es aplicada la ilustración: una estéril aquiescencia a un

18 Pero alguno dirá: Tú tienes fe, y yo tengo obras: muéstrame tu fe sin tus obras, y yo te mostraré mi fe por mis obras.

---

dogma es tan inútil como la caridad de labios. Esto es también la enseñanza de Pablo en Rom. 2:13: 'Porque no los oidores de la ley son justos para con Dios, mas los hacedores de la ley serán justificados.' Un mero nombre cristiano sin obras de piedad posee tan poca substancia y vitalidad como una hermandad sin obras de caridad. Las obras mencionadas no son agregadas a la fe, sino que salen de ella como retoños de un germen viviente. Una fe sin obras es muerta en sí misma; hasta sus raíces son muertas. Guarda la misma relación con la fe salvadora que demanda el evangelio, que guarda un cadáver con un hombre; y como un cuerpo sin vida no puede aprovechar nada, así una fe sin obras no puede aprovechar nada—su propia esterilidad basta para demostrar que no tiene ni vida ni poder."

Vs. 18. *Pero alguno dirá: Tú tienes fe;* en este supuesto caso, el individuo representado por *alguno,* parece ser un indiferente— una tercera persona—que se dirige al judío creyente cuya confianza completa está basada en su fe. *Y yo tengo obras;* aquí el mismo individuo representa la actitud de Santiago en toda esta discusión sobre las obras; y así el caso abre el camino para que el autor presente dramáticamente el desafío: *Muéstrame tu fe sin tus obras;* claro es, por lo que se ha dicho en el versículo 17, que el desafío es a que se haga lo imposible—una cosa "muerta" no puede "mostrarse." *Yo te mostraré mi fe por mis obras;* oferta cuyo contraste con el desafío anterior depende de la antítesis entre las preposiciones "sin" y "por" en las dos cláusulas. Es de notarse que, al ofrecer 'mostrar su fe por sus obras,' se admite la posesión de fe y la implicación de ella como origen y motivo de las obras (Winkler). En esto tenemos evidencia de identidad, y no de contradicción, entre las enseñanzas de Santiago y las de Pablo respecto a la fe y las obras.

19 Tú crees que Dios es uno; bien haces: también los demonios creen, y tiemblan.

20 ¿Mas quieres saber, hombre vano, que la fe sin obras es muerta?

21 ¿No fue justificado por las obras Abraham nuestro padre, cuando ofreció a su hijo Isaac sobre el altar?

22 ¿No ves que la fe obró con sus obras, y que la fe fue perfecta por las obras?

Vs. 19. *Tú crees que Dios es uno;* el monoteísmo, a que se refiere aquí, fue el dogma predilecto de los judíos, y, como se ha dicho en las notas sobre el versículo 14, basaban ellos sobre él sus esperanzas de salvación. El autor aplaude, en las palabras, *bien haces,* la creencia de ellos en este dogma—él también lo cree—pero se apresura a asegurarles que es vana su esperanza de salvarse por esta creencia, pues *los demonios creen y tiemblan.* La mera confianza abstracta en este dogma, es capaz de aterrorizar, mas no de salvar—verdad no muy agradable a los judíos, pero enteramente de acuerdo con lo dicho en los evangelios (véanse Mat. 8:28, 29; Lu. 4:33, 34).

Vs. 20. *¿Mas quieres saber, hombre vano, etc.?;* con dos ejemplos del Antiguo Testamento, el autor trata de convencer al judío de la vanidad de su creencia de que la fe sola, que no va acompañada por obras, es suficiente para su salvación, a saber, la de Abraham y de Rahab, ambos bien conocidos a sus lectores. La palabra traducida, "vano," quiere decir, *vacío,* y aquí, tal vez en sentido moral, más bien que espiritual. La palabra traducida, *muerta* en este versículo es diferente de la traducida, *muerta* en el 17, y significa más bien "estéril," como capital que no gana intereses—"capital helado," y así *muerta* en el sentido de no producir obras.

Vrs. 21, 22. *¿No fue justificado por obras Abraham nuestro padre, etc.?;* esta historia conmovedora consta en Gén. 22:9-12, y más que ningún otro caso del Antiguo Testamento llamaría la atención de los lectores, por ser Abraham "padre" de ellos (Mat. 3:9; Juan 8:56). En estos dos versículos, más que en ningún otro de la carta,

23 Y fue cumplida la Escritura que dice: Abraham creyó a Dios, y le fue imputado a justicia, y fue llamado amigo de Dios.

24 Vosotros veis, pues, que el hombre es justificado por las obras, y no solamente por la fe.

aclara el autor la relación entre la fe y las obras, y los dos deben de tomarse juntos para entender con claridad su punto de vista. Si se considera solo el 21, parece que la justificación de Abraham se debió exclusivamente a sus obras; pero el 22 demuestra que, detrás de sus obras está su fe, obrando eficazmente para producir las obras y siendo así la causa eficiente de las mismas; mientras las obras llegan a ser el perfeccionamiento, el fin lógico, el fruto maduro, de su fe. Si Abraham no hubiera ofrecido a su hijo sobre el altar, no habría sido justificado; si no hubiera tenido fe en la palabra de Dios, no habría ofrecido a su hijo; pero teniendo fe, y practicando la obra, llenó los requisitos para su justificación. Aquí, pues, como en el desafío del versículo 18, vemos que el autor no trata de desacreditar la fe; su propósito es el de colocar las obras, que muchos de sus lectores habían despreciado—los Antinomianos—en su debido lugar, y de acentuar el hecho de que una mera profesión de fe, sin la demostración de ella en obras, no servía para nada.

Vs. 23. *Y fue cumplida la Escritura que dice: Abraham creyó a Dios, etc.;* la prueba más patente de que Santiago no intenta desacreditar la fe verdadera es que cita el pasaje de Gén. 15:6, que trata de la fe y no de las obras de Abraham, en testimonio de su tesis,—el mismo pasaje que cita Pablo en Rom. 6:4, en su discusión de la justificación por la fe. Pablo presenta la fe como causa eficiente de la justificación: Santiago admite esto, pero insiste en que ha de ser una fe capaz de producir obras. Aquél presenta el asunto desde el punto de vista teológico: éste, desde el punto de vista práctico.

Vs. 24. *Vosotros veis, pues, que el hombre es justificado,*

25 Asimismo también Rahab la ramera, ¿no fue justificada por obras, cuando recibió los mensajeros, y los echó fuera por otro camino?

26 Porque como el cuerpo sin espíritu está muerto, así también la fe sin obras es muerta.

---

etc.; con estas palabras el escritor trata de generalizar la conclusión aducida del caso de Abraham, en el versículo 23. Las palabras que merecen énfasis especial aquí son *no solamente,* pues ellas arrojan luz sobre toda la discusión desde el versículo 14. Con ellas Santiago admite la eficacia de la fe en el asunto de la justificación, pero insiste en que ha de ser *fe, más obras,* o sea una fe que produzca obras.

Vs. 25. Aun después de haber concluido su argumento, Santiago vuelve a reforzarlo con otro ejemplo de la historia bíblica—el de Rahab, quien creyó la palabra de los espías enviados a Jericó por Josué, y demostró su fe protegiéndolos y despachándolos con los importantes informes que buscaban (Jos. 2:1-21). El autor de la carta a los hebreos conmemora la fe de esta mujer (Heb. 11:21); Santiago la encomienda por sus obras que demuestran la sinceridad de su fe y así le hacen acreedora a las bendiciones con que fue coronada.

Vs. 26. *Porque como el cuerpo sin espíritu está muerto;* este ejemplo tomado de la naturaleza representa muy a lo vivo la aserción tantas veces repetida en esta discusión, a saber, que *la fe sin obras es muerta.* La palabra traducida, *muerta,* aquí es más fuerte que la que tiene la traducción en el versículo 17—*muerta* en lo absoluto, a tal grado que no merece ni el nombre de *fe.*

CAPITULO III

3 Hermanos míos, no os hagáis muchos maestros, sabiendo que recibiremos mayor condenación.

---

3. *El gobierno de la lengua, 3:1-12.*

En toda la vasta extensión de la literatura, no se
encuentra otro escrito, sobre la lengua, más franco, más
incisivo, que el que nos presenta Santiago en este pasaje.
Es obvio que se refiere él al uso de la lengua en el discurso público, pero sus descripciones del poder y de los
peligros de este miembro tienen aplicación en sentido
más amplio, o sea, al uso general de la lengua.

La discusión que tenemos en esta sección es una am-
plificación del pensamiento expresado en 1:26 y no
carece de relación lógica con la discusión de la relación
entre la fe y las obras, del capítulo 2, pues el buen
uso de la lengua debe considerarse como una de las obras
que muestran la fe de uno. Quizás el autor tenía presente
dicha relación al escribir este notable ensayo sobre la
necesidad del gobierno de la lengua.

Vs. 1. *No os hagáis muchos maestros;* esto concuerda
con lo que se ha dicho en 1:19: "Todo hombre sea pronto
para oír, tardío para hablar." En las sinagogas y también en las reuniones religiosas de los cristianos del primer siglo, todos los asistentes tenían derecho de hablar
públicamente, como vemos en Hechos 13:15, y en I Cor.
14:26-33; y, haciendo esto, hasta cierto punto se hicieron
"maestros." El consejo de Santiago es que no todos ha-
gan uso de este derecho, pues no todos serían capaces de
hacerlo con provecho a los oyentes. Hay indicaciones

2 Porque todos ofendemos en muchas cosas. Si alguno no ofende en palabra, éste es varón perfecto, que también puede con freno gobernar todo el cuerpo.

3 He aquí nosotros ponemos frenos en las bocas de los caballos para que nos obedezcan, y gobernamos todo su cuerpo.

---

de que a veces se abusaba de este privilegio en las asambleas. El ignorante, el mal instruido, presumiendo a hacer papel de maestro, haría más mal que bien además, como dice el autor, así *recibiremos mayor condenación;* es decir, el que enseña lleva más responsabilidad que el que oye, y si él se equivoca en sus enseñanzas, descarría a sus oyentes, trayendo sobre sí la *mayor condenación* del texto. Es de notarse que Santiago se incluye a sí mismo en el grupo de los "maestros," pues emplea la primera persona del verbo—"recibiremos."

Vs. 2. *Porque todos ofendemos en muchas cosas;* mejor, *Porque en muchas cosas tropezamos todos* (Nuevo Pacto). Esta admisión de tropiezos de parte de todos—incluyendo al mismo escritor—no se refiere sólo a palabra, sino a la conducta en general. *Si alguno no ofende (tropieza) en palabra, este es varón perfecto, etc.;* la palabra traducida, "perfecto," es muy usada en el Nuevo Testamento, y no significa la perfección en el sentido absoluto, sino se limita a la integridad de la cosa de que se trata. "Con la palabra *perfecta* quiere él decir que ha alcanzado cabal desarrollo espiritual y moral, quien es 'perfecto y cabal, sin faltar en alguna cosa' (1:4). Ya no es niño, sino adulto; y ya no es discípulo, sino perito. Es hombre cabal y perfecto, con gobierno de todas las facultades de alma y cuerpo... El hombre que puede refrenar la parte más rebelde de su naturaleza, guardándola en perfecta sujeción, puede también refrenarla en su totalidad."— *Plummer.*

Vs. 3. *He aquí ponemos frenos en las bocas de los caballos... y gobernamos todo su cuerpo;* empezando con este versículo tenemos una serie de ejemplos que ilustran la

4 Mirad también las naves: aunque tan grandes, y llevadas de impetuosos vientos, son gobernadas con un muy pequeño timón por donde quisiere el que las gobierna.
5 Así también, la lengua es un miembro pequeño y se gloría de grandes cosas. He aquí, un pequeño fuego ¡cuán grande bosque enciende!

fuerza dinámica, el peligro potencial, de la lengua, y por lo propio, la imperiosa necesidad de su debido gobierno. Anticipando un poco, vemos por lo dicho en el versículo 8 de la fuerza de estos ejemplos—el caballo, la nave, el fuego—es por vía de contraste, más bien que por analogía: el caballo puede ser dominado con el freno, la nave con el timón, etc., pero la lengua... con el freno, cosa pequeña, podemos gobernar, y así, aprovechar la inmensa fuerza de este animal doméstico. ¡Qué mal no se podría evitar—qué bien no se podría hacer—si pudiéramos encontrar el freno adecuado para la lengua!

Vs. 4. *Mirad también las naves;* los ejemplos van ganando en la esfera de las maravillas: la nave, con su inmenso tamaño, y su imponderable peso, responde exactamente al movimiento del "muy pequeño timón." En los dos casos tenemos la obediencia de parte de una cosa grande a otra relativamente pequeña, pero poderosa, preparándose así el camino para la aplicación de los dos al caso de la lengua que viene en el versículo siguiente.

Vs. 5. *Así también la lengua es un miembro pequeño;* y en esto es semejante al freno y al timón de los versículos anteriores; más o menos la misma relación obtiene en los tres casos. *Y se gloría de grandes cosas;* mejor, *Se jacta de grandes cosas (Versión Moderna).* ¿Cuáles sean algunas de estas "grandes cosas," nos lo dice el autor en los versículos 6-10, introduciendo su ennumeración de ellas con la exclamación: *¡He aquí, un pequeño fuego! ¡Cuán grande bosque enciende!* Después de esta retórica introducción, el lector está preparado para la funesta

6 Y la lengua es un fuego, un mundo de maldad. Así la lengua está puesta entre nuestros miembros, la cual contamina todo el cuerpo, e inflama la rueda de la creación, y es inflamada del infierno.

lista de cosas malas que sigue—lista mitigada por mención de una sola cosa buena, a saber, "bendecimos al Dios y Padre" (versículo 9). Téngase presente que Santiago, en esta discusión de la lengua, está hablando con especialidad acerca de la influencia de la lengua en el discurso público; que se refiere él al principio del ensayo a los "maestros," los que ocupan el puesto influyente de instructores del pueblo. Un orador mal enseñado y mal intencionado, puede fácilmente inflamar las mentes de su audiencia al grado descrito en el versículo 6.

Vs. 6. *La lengua es un fuego;* después de haber dicho en el versículo anterior que una chispa de fuego es capaz de encender un grande bosque, luego afirma que la lengua es la tal chispa; y la inferencia es que se debe guardar con todo cuidado. El autor, al escribir este versículo tendría presente las palabras del Sabio: "El hombre perverso cava el mal; y en sus labios hay como llama de fuego" (Prov. 16:27). *Un mundo de maldad;* se cambia aquí la metáfora, sin que se pierda nada de la fuerza dinámica del pensamiento. *Así la lengua está puesta entre nuestros miembros;* es decir, como "un fuego" y como "un mundo de maldad;" y en este sentido, *contamina todo el cuerpo;* en aquel sentido, *inflama la rueda de la creación;* y es capaz de hacer esto, porque ella misma *es inflamada del infierno;* o sea, *por el Gehena* (Versión Hispano-Americana). Este "Gehena" era un valle cerca de la ciudad de Jerusalem, donde los que servían a Moloc tiraban los niños para ser quemados vivos en adoración de este dios pagano, y donde se echaba toda la basura de la ciudad para su cremación. Constantemente ardían las llamas en este valle, que llegó a ser símbolo del infierno. La palabra, "Gehena" se encuentra también en Mateo (5:22 y 29; 10:28; 18:9; 23:15, 33); en Marcos (9:43-

7 Porque toda naturaleza de bestias, y de aves, y de
serpientes, y de seres de la mar, se doma y es domada
de la naturaleza humana:
8 Pero ningún hombre puede domar la lengua, que es
un mal que no puede ser refrenado; llena de veneno
mortal.

_____

47); y en Lucas (12:5). Dice el Dr. Winkler, comentando
la última parte de este versículo: "Como las lenguas de
fuego de Pentecostés vinieron de arriba, estas lenguas,
ardiendo con fuego impío, se encienden de abajo...
Así es que la idea de Santiago en nuestro texto es que
la mala lengua es inflamada por el infierno, está bajo
el dominio del diablo, haciendo la obra de él, y preparando (uno) para el destino del mismo.

Vs. 7. *Porque toda naturaleza de bestias... es domada
de la naturaleza humana;* es bastante comprensiva esta
lista de "naturaleza" que el hombre ha podido domar—
bestias, aves, serpientes, peces—pues abarca toda especie de seres vivientes, correspondiendo casi por completo
a la promesa de Dios a Noé en Gén. 9:2. "La naturaleza
humana"—el hombre—se ha enseñoreado sobre todo ser
viviente del campo, del aire, de las aguas, mostrándose
superior a todos ellos, y sujetándolos a su propio uso.
Este hecho hace resaltar más todavía su desgraciado
fiasco mencionado en el versículo siguiente.

Vs. 8. *Pero ningún hombre puede domar la lengua;* he
aquí el "desgraciado fiasco": el hombre, que ha domado
bestias, aves, serpientes, peces, se ve obligado a confesar
su derrota en la lucha con su propia lengua—humillante
confesión por cierto. *Que es un mal que no puede ser
refrenado;* mejor... *es un mal veleidoso* (Versión Moderna). La palabra traducida, *veleidoso,* es la misma
traducida "inconstante" en 1:18, hablando de un hombre
de "doblado ánimo;" pero aplicada a una cosa más
bien que a un hombre: *veleidoso* parece la mejor traducción. *Llena de veneno mortal;* tanto para el que la
maneja como para contra quien se dirige. El Salmista,

9 Con ella bendecimos al Dios y Padre, y con ella
maldecimos a los hombres, los cuales son hecho a la
semejanza de Dios.
10 De una misma boca proceden bendición y maldición.
Hermanos míos, no conviene que estas cosas sean así hechas.
11 ¿Echa alguna fuente por una misma abertura agua
dulce y amarga?
12 Hermanos míos, ¿puede la higuera producir aceitu-
nas, o la vid higos? Así ninguna fuente puede hacer
agua salada y dulce.

---

en su clasificación de los malos y violentos, dice: "Agu-
zaron su lengua como la serpiente; veneno de áspid
debajo de sus labios" (Sal. 140:3). Nótese desde luego la
similaridad entre las dos descripciones.

Vs. 9. *Con ella bendecimos al Dios y Padre, y con ella,
etc.;* el "veneno mortal" es el que se usa para maldecir
al hombre. La palabra, *Padre,* sugiere la idea de familia; luego, al maldecir al hombre, maldecimos a nuestro
hermano, hijo del mismo Padre, hecho, como nosotros,
a la semejanza de este Padre. Esto magnifica la enor-
midad de nuestro pecado (Gén. 1:26).

Vs. 10. El autor, en este versículo, acentúa con otras
palabras la inconsecuencia, y así lo ridículo, de la conducta aludida en el 9. Luego, presenta una suave, y
a la vez, enérgica admonición contra tal conducta: *No
conviene que estas cosas sean así hechas.* Mejor es su-
primir, con el Nuevo Pacto, la palabra *hechas,* terminando la sentencia con la palabra, *así.*

Vrs. 11, 12. Con dos ejemplos tomados de la naturaleza
el autor demuestra la inconsecuencia de que salgan de
la misma boca, bendición y maldición. ¡Cuántas lecciones morales nos enseñaría la misma naturaleza, si tuviésemos oídos para oírlas! Una fuente nos dice: "Apren-
ded de mí;" la higuera y la vid dicen lo mismo; sin embargo el hombre persiste en emplear su lengua para usos
completamente contrarios y hasta contradictorios—para

13 ¿Quién es sabio y avisado entre vosotros? muestre por buena conversación sus obras en mansedumbre de sabiduría.

---

bendecir y para maldecir—sin fijarse en lo inconveniente, lo absurdo de tal procedimiento. Estos ejemplos ilustran con toda claridad el "no conviene" del versículo 10. La lengua que maldice al hombre hecho a la semejanza de Dios no es capaz de bendecir de una manera aceptable a este mismo Dios. Tal es, sin duda, la enseñanza de la afirmación; *Así ninguna fuente puede hacer* (mejor, *dar) agua salada y dulce.* Con la referencia a la higuera y a la vid, compárense las palabras de Jesús en Mat. 7:16, 17. "En esta declaración *(Así ninguna fuente, etc.)* se quiere decir más que la mera incongruidad de la unión de bendición con maldición, la que se ha indicado en el versículo anterior. La unión es imposible; bendición y maldición no pueden salir de los mismos labios. Los que maldicen a los hombres no pueden bendecir a Dios. La bendición sería hipócrita, y, por lo tanto, enfadosa a Aquel a quien se rinde; sería sazonada y viciada con la amargura de la maldición; en fin, dejaría por completo de ser bendición."—*Winkler.*

4. *La sabiduría falsa y la verdadera,* Vrs. 13-18.

Hay indicaciones en este párrafo de que Santiago tiene presente todavía a los maestros que enseñan públicamente al pueblo. Por los escritos de algunos rabíes de aquellos tiempos, sabemos que los maestros entre los judíos a veces manifestaban un espíritu soberbio, altanero y hasta arrogante en sus enseñanzas públicas necesitando, por lo tanto, las recomendaciones que, con tanto acierto, les da el autor en estos versículos, quien, con su discernimiento característico les presenta el contraste entre la falsa y la verdadera sabiduría. Los oradores religiosos de todo tiempo harían bien en atender a sus sabias y sanas admoniciones.

Vs. 13. *¿Quién es sabio y avisado entre vosotros?;* la

14 Pero si tenéis envidia amarga y contención en vuestros corazones, no os gloriéis, ni seáis mentirosos contra la verdad:

---

palabra traducida "avisado," se encuentra sólo aquí en el Nuevo Testamento y significa más bien "entendido," en el sentido de un perito en cierta cosa. En esta pregunta apela el autor a los que se tenían por muy superiores en inteligencia y habilidad entre los maestros, quienes, al parecer, abundaban entre ellos. *Muestre por buena conversación sus obras, etc.;* mejor, *conducta,* que *conversación;* pues la palabra griega se refiere a la conducta en general y no sólo a la palabra. La mención de obras nos trae a la memoria lo dicho acerca de ellas en 2:18; y la expresión, *mansedumbre de sabiduría* con que termina la recomendación del versículo, contrasta admirablemente con el espíritu de arrogancia de aquel que se tiene por "sabio y entendido." La idea del versículo parece ser como sigue: "Si alguno entre vosotros, los maestros, se tiene por muy instruido y capaz, que el tal ponga cuidado en su conducta general, y vea que sus obras sean dignas de su puesto; también que su modo de enseñar no sea arrogante, sino con la debida humildad."

Vs. 14. *Pero si tenéis envidia amarga y contención en vuestros corazones;* el original tiene el singular: *corazón;* y la Versión Moderna tiene *espíritu faccioso,* en vez de *contención,* que, sin duda, es la clase de *contención* a que se refiere el autor. Santiago no les acusa abiertamente de tener entre sí las cosas aquí mencionadas, pero la inferencia lógica del texto es que sí, existían estas entre los mismos maestros religiosos, y tal sospecha justificaba las fuertes amonestaciones: *No os gloriéis, ni seáis mentirosos contra la verdad;* el gloriarse bajo la influencia de tal espíritu sería el colmo de hipocresía—sería ser "mentirosos contra la verdad," siendo una cosa y pretendiendo ser todo lo contrario. ¡Funesto el cuadro que nos presenta el autor de algunos de los

15 Que esta sabiduría no es la que desciende de lo alto,
sino terrena, animal, diabólica.
16 Porque donde hay envidia y contención, allí hay
perturbación y toda obra perversa.

maestros de aquel entonces! Y, ¿no ha habido tales
después de "aquel entonces?" ¿Qué diría Santiago del
espíritu que dio origen a la Santa Inquisición, a la
Noche de San Bartolomé? ¿Qué diría él del espíritu de
amor propio, de presunción, de "envidia amarga" que hoy
día abrigan algunos maestros religiosos que desean subir
sobre sus compañeros en el ministerio? Por desgracia
no ha desaparecido todavía el espíritu de envidia, contra
el cual lanza nuestro autor su notable filípica.

Vs. 15. *Esta sabiduría no es la que desciende de lo alto;*
Se ha dicho ya que "Toda buena dádiva... es don de
lo alto" (1:17); pero esta llamada sabiduría de que se
jacta el "sabio" del versículo 13, no puede reclamar lugar
entre las "buenas dádivas" de referencia, y por lo tanto,
no es de arriba. *Sino terrena;* y, de consiguiente, participa de las imperfecciones de todo lo terreno. *Animal;*
es probable que *sensual* sea la idea implícita en la palabra traducida, *animal,* pues así es traducida en varios
pasajes. Si esta es la correcta interpretación, vemos
que los epítetos empleados aquí para describir la sabiduría que "no es de lo alto," van caminando hacia abajo
en la escala moral, pues, "sensual" es inferior a "terrena." *Diabólica;* con esta palabra que constituye el climax
de la escala descendiente, llega la descripción a lo ínfimo
de la degeneración: más allá de esto, no hay nada.
"Terrena, sensual, diabólica"—¿qué más podría añadirse?
¡Y todo esto fue la jactada "sabiduría" de algunos maestros religiosos de aquellos tiempos! Pero antes de con-
denarlos a ellos con demasiada severidad, examinémonos
a nosotros mismos a la luz de la exhortación del Gran
Maestro: "¡Hipócrita! Echa primero la viga de tu ojo
... etc."

Vs. 16. *Porque donde hay envidia y contención (espí-*

17 Mas la sabiduría que es de lo alto, primeramente es pura, después pacífica, modesta, benigna, llena de misericordia y de buenos frutos, no juzgadora, no fingida.

---

ritu faccioso) etc.; con esta afirmación el autor justifica la funesta descripción de la falsa sabiduría del versículo 15. *Perturbación y toda obra perversa,* son los frutos legítimos de "envidia y espíritu faccioso." Y todo esto es prueba irrefutable de que la tal sabiduría no viene del cielo, sino del mismo infierno. "Porque Dios no es Dios de disensión, sino de paz" (I Cor. 14:33).

Vs. 17. *Mas la sabiduría que es de lo alto... etc.;* he aquí un cuadro multicolor y sublime de la sabiduría "de lo alto," que contrasta notablemente con la de abajo, y a pesar de su brevedad, es digno de colocarse al lado del cuadro del amor que nos da el apóstol Pablo en I Cor. 13. Con la mención de siete cualidades características de la sabiduría verdadera, cinco positivas y dos negativas—Santiago nos presenta una vista calidoscópica de la misma, que en esencia corresponde a su descripción de la "religión pura y sin mancha," de 1:27. *Pura;* libre de toda mezcla de elementos dañinos, como el oro refinado. Este rasgo consta al principio de la lista, quizás como el más importante de todos. *Pacífica;* en contraste con la "perturbación" del versículo 16, y tendiendo siempre a fomentar la paz. *Modesta;* mejor, *amable* (Versión Hispano - Americana), o *blanda* (Nuevo Pacto). (Compárese "mansedumbre de sabiduría," del versículo 13). *Benigna;* o sea, *fácil de persuadir* (Versión Hispano-Americana); dispuesta a atender a la persuasión, rasgo sumamente fino. *Llena de misericordia y de buenos frutos;* no sólo posee estas dos cosas, sino las posee hasta la plenitud saturada de ellas. Recuérdense en esta conexión las palabras de Cristo en Mat. 5:9; 7:16. *No juzgadora;* refiriéndose al pensamiento de 2:4, donde se acusa a los lectores de ser "jueces de pensamientos malos." La sabiduría sana y buena no admite esto; sus procedimientos serán marcados por una perfecta impar-

18 Y el fruto de justicia se siembra en paz para aquellos que hacen paz.

---

cialidad. *No fingida;* nada de hipocresía cabe en sus actuaciones; la sinceridad es el mismo corazón de ella. Compárese el dicho de Pablo: "El amor sea sin fingimiento" (Rom. 12:9). Todos estos siete atributos de la sabiduría aquí descritos, presentan una semejanza bien interesante de los frutos del espíritu enumerados en Gál. 5:22-23.

Vs. 18. *Y el fruto de justicia se siembra en paz, etc.;* Se ha dicho en el versículo 17 que la sabiduría de lo alto es "pacífica" y que está "llena de... buenos frutos." Uno de estos "buenos frutos" es la justicia; y esta "justicia" será la cosecha de los que siembran en paz. El autor parece conservar en la memoria la "perturbación" y "toda obra perversa," del versículo 16, pues la "paz," y la "justicia" son precisamente cosas contrarias a ellas; "paz," en vez de "turbación;" "justicia," en vez de "toda obra perversa." Téngase presente que en todo este capítulo Santiago se dirige a los maestros, y en este último versículo se esfuerza para hacerles comprender que los pacificadores, y no los perturbadores de la paz tendrían éxito en su obra (Mat. 5:9). Empéñase él en calmar el espíritu violento de los controversistas cuyas violentas actividades públicas servían sólo para perturbar los ánimos de sus oyentes. Caben aquí las palabras del sabio acerca de la sabiduría: "Sus caminos son caminos deleitosos y todas sus veredas, paz" (Prov. 3:17).

CAPITULO IV.

4 ¿De dónde vienen las guerras y los pleitos entre vosotros? ¿No son de vuestras concupiscencias, las cuales combaten en vuestros miembros?

---

5. Las contiendas partidarias—Vrs. 1-12.

(1) El origen de estas contiendas—Vrs. 1-6.

Con una marcada franqueza, unida con una severidad agudísima, el autor les descubre a sus lectores el hecho sorprendente de que la causa de sus "guerras" y "pleitos" está dentro de ellos mismos, lanzándoles a semejanza de los profetas de la antigüedad, acusaciones y reprensiones fortísimas, seguidas, desde luego, de indicaciones de remedio divino, condicionado en un cambio de actitud de parte de ellos mismos.

Vs. 1. ¿De dónde vienen las guerras y los pleitos entre vosotros?; la existencia de estas "guerras" y "pleitos" se ha admitido en el capítulo anterior, aunque no se han empleado estas mismas palabras. La sabiduría "terrena, sensual, diabólica" no podía menos que producir tales cosas. El autor, como hábil diagnóstico, trata de descubrir el sitio del mal; y la pregunta de este versículo sirve para despertar la inteligencia y también la conciencia de sus lectores. Y esta pregunta la contesta Santiago con otra: ¿No son de vuestras concupiscencias, etc.? la palabra traducida, "concupiscencias," aquí, no es la misma que tenemos en 1:14 y 15, y significa "placeres," más bien que "concupiscencias." Otras versiones tienen "apetitos" y "pasiones." En Luc. 8:14 nuestra versión traduce la misma palabra griega por "pasatiempos," donde Cristo da la explicación de la Parábola del Sembrador. El sentido es casi igual en todos los casos. Los cuales combaten

2 Codiciáis, y no tenéis; matáis y ardéis de envidia,
y no podéis alcanzar; combatís y guerreáis, y no tenéis
lo que deseáis, porque no pedís.
3 Pedís, y no recibís, porque pedís mal, para gastar en
vuestros deleites.

---

en vuestros miembros; estos "placeres" se representan
como haciendo guerra entre sí, en los miembros del cuerpo, y así dando origen a las "guerras y pleitos" de la primera pregunta del versículo. La forma de la segunda
pregunta anticipa contestación positiva.

Vr. 2. *Codiciáis y no tenéis;* he aquí el primero de cuatro fiascos que sufren los maestros dominados por su
falsa sabiduría, en sus esfuerzos para la satisfacción de
sus ilegítimos deseos. *Matáis y ardéis de envidia, y no
podéis alcanzar;* otro fracaso debido también al mal
espíritu que los domina. Quizás la palabra "matáis" no
ha de entenderse aquí en sentido literal, sino en el de
abrigar odio contra otros, como dice Juan: "Cualquiera
que aborrece a su hermano, es homicida" (I Juan 3:15.
Véase también Mat. 5:21-22). *Combatís y guerreáis, y no
tenéis... etc.;* fracaso número 3, debido al hecho de
que, tan ocupados estaban con sus guerras que se les
olvidó la oración—olvido fatal, pero natural para el hombre dado a la pelea.

Vs. 3. *Pedís y no recibís;* fracaso número 4; no todo
pedir es orar. Sencillamente expresa el autor la causa
de este fiasco: *porque pedís mal.* Hay muchas maneras
de "pedir mal:" pedir sin fe, pedir sin humildad, pedir
sin sumisión a la voluntad de Dios, etc.; pero en este
caso había otra todavía: *para gastar en vuestros deleites.*
La palabra traducida "deleites" es la misma del versículo
primero traducida, "concupiscencias," y no hay razón
por no traducirla aquí, como allí, por "placeres." Luego,
el motivo que nos impulsa a pedir, determina si recibiremos lo que pedimos. Si el motivo no fuere digno, y tal
que el Espíritu Santo no pudiera aprobar (Rom. 8:26), no
hemos de esperar contestación favorable. Indudable-

4 Adúlteros y adúlteras, ¿no sabéis que la amistad del mundo es enemistad con Diòs? Cualquiera pues que quisiere ser amigo del mundo, se constituye enemigo de Dios.

5 ¿Pensáis que la Escritura dice sin causa: El espíritu que mora en nosotros codicia para envidia?

---

mente muchas de nuestras oraciones quedan en el olvido por esta misma razón.

Vs. 4. *Adúlteros y adúlteras;* estas palabras, como "matar," del versículo 2, no han de ser entendidas aquí en sentido literal, lo mismo que en Mat. 12:39: "La generación mala y adulterina... etc." donde la palabra "adulterina" quiere decir "infiel." Así es que se puede traducir la palabra griega (es una sola en el original) por *pueblo infiel. ¿No sabéis que la amistad del mundo es enemistad con Dios?;* las dos clases de amistades son mutuamente exclusivas: podemos cultivar uno u otra, pero no las dos, pues, como dice el Maestro: "Ninguno puede servir a dos señores" (Mat. 6:24). *Cualquiera pues que quisiere ser amigo del mundo, se constituye... etc.;* claro, porque los principios de la una amistad son completamente contrarios a los de la otra. Nada en común tienen estos dos "señores." "Si fuerais del mundo, el mundo amaría lo suyo; mas porque no sois del mundo... por eso os aborrece el mundo" (Juan 15:19). La absoluta incompatibilidad entre Dios y el mundo es cosa que la generación actual necesita comprender. La peligrosa similaridad entre el mundo y la iglesia hoy día es cosa que amenaza la misma vida del cristianismo. La palabra "mundo" en este versículo quiere decir, el mundo incrédulo, pecaminoso, o sea, el conjunto de personas dadas a la incredulidad.

Vs. 5. En toda la epístola este versículo es el más difícil de interpretar con acierto. De las varias traducciones que se ha hecho de él, la Versión Moderna parece aproximarse más al sentido exacto del original: *¿Pensáis acaso que la Escritura dice en vano que el espíritu que Dios hizo ha-*

bitar en nosotros suspira por nosotros con celos envidio-
sos? La primera dificultad que se nos presenta es que
no se encuentra la cita en esta forma en la Escritura
Antigua; por lo tanto se supone que Santiago trata de
dar la enseñanza general del Antiguo Testamento sobre
el asunto de referencia, sin citar palabras exactas de ningún pasaje en particular. Un ejemplo notable de este
sentimiento de compasión y de "celos envidiosos" de
parte de Dios por su pueblo, lo tenemos en Oseas 11:8-9.
Otra dificultad es en cuanto a la palabra "espíritu:"
¿Se refiere al espíritu humano, o al Espíritu Santo?
Nuestra versión adopta la primera interpretación; la Moderna, la segunda, que parece la correcta. La tercera
dificultad: la interpretación correcta del verbo de la
pregunta—¿Será "codicia" en sentido malo, o "suspirar"
en sentido de "desear ardientemente"? Si es que se trata
del Espíritu Santo, luego la última es la correcta traducción. En este caso la idea sería que el Espíritu Santo,
que Dios ha puesto en el corazón del creyente, se interesa
por nosotros a tal grado que su interés, sus ardientes
deseos por nuestro bien, llegan hasta el grado de intensos
celos. La traducción de la Versión Hispano-Americana
también favorece esta interpretación: *El Espíritu que él*
ha hecho habitar en nosotros nos ama hasta sentir celos.

Otra interpretación de esta pregunta es la de *The*
Twentieth Century New Testament: "¿Ha de resultar
envidia de los deseos ardientes del Espíritu que Dios ha
puesto en vosotros?"

Otros intérpretes creen encontrar en estas palabras
una referencia a Gén. 6:5: "Y vio Jehová que la malicia
de los hombres era mucha en la tierra, y que los pensamientos del corazón de ellos eran de continuo solamente
el mal." Esta interpretación supone que la palabra "Espíritu" del texto se refiere al espíritu humano, y no al
Espíritu Santo. Esta, sin duda, sería la idea de los traductores de nuestra versión, pues escriben la palabra,
"Espíritu," con minúscula.

De las tres interpretaciones la primera parece la más
acertada; sin embargo, caben bien aquí las palabras del

6 Mas él da mayor gracia. Por esto dice: Dios resiste a los soberbios, y da gracia a los humildes.

7 Someteos pues a Dios; resistid al diablo, y de vosotros huirá.

Dr. Pratt, autor de la Versión Moderna: "El pasaje es difícil, y el sentido dudoso."

Vs. 6. *Mas él da mayor gracia;* a primera vista no es fácil descubrir la conexión de este versículo con el pensamiento del anterior; sin embargo, mirando debajo de la superficie, la encontraremos. Según la preferida interpretación del versículo 5, el Espíritu Santo "suspira" por posesionarnos por completo—*in toto*—sin que haya división alguna de nuestra lealtad entre Dios y el mundo; y para esto, necesitamos abandonar lo del mundo. ¿Podemos hacer esto? Sí, porque él mismo nos ayuda, dándonos "mayor gracia," pues él nos ha prometido esta gracia en las palabras del sabio (Prov. 3:34), con tal que abandonemos la actitud de los "soberbios," haciéndonos humildes ante su presencia. La completa rendición de nosotros mismos al Espíritu Santo implica este espíritu de humildad que nos garantiza la "mayor gracia" de referencia. De modo que el hecho de que *Dios resiste a los soberbios, y da gracia a los humildes,* es la base de la primera aserción del versículo: *El da mayor gracia.*

(2) Remedio de las contiendas partidarias—Vrs. 7-12.

Vs. 7. *Someteos pues a Dios;* es decir, haced la completa rendición que tan ardientemente desea el Espíritu Santo. *Resistid al diablo;* la absoluta sumisión a Dios requiere, demanda, exige, esta actitud hacia el diablo; completa sumisión, en el primer caso: determinada resistencia en el segundo, y la promesa—*Y de vosotros huirá;* al fin, a pesar de sus amenazas y promesas, el diablo es cobarde ante la firmeza y la voluntad resuelta del siervo de Dios. (Véase el caso de la tentación de Jesús: Mat. 4:10-11). Santiago creyó firmemente en la personalidad del diablo.

8 Allegaos a Dios, y él se allegará a vosotros. Pecadores, limpiad las manos; y vosotros de doblado ánimo, purificad los corazones.

9 Afligíos y lamentad, y llorad. Vuestra risa se convierte en lloro, y vuestro gozo en tristeza.

10 Humillaos delante del Señor, y él os ensalzará.

Vs. 8 *Allegaos a Dios;* habiendo corrido al diablo con nuestra resistencia, nuestra seguridad está en acercarnos a Dios. Otra promesa: *Y él se allegará a vosotros;* no serán defraudadas las esperanzas de quien vuelve del mundo la cara, y dé el primer paso hacia Dios. "Y en cuanto a mí, el acercarme a Dios es el bien" (Sal. 73:28; véase también el caso del Hijo Pródigo, Luc. 15:20). *Pecadores, limpiad las manos;* el que vive en el pecado no se puede acercar a Dios, como dice David en el Sal. 15, donde contesta la pregunta: "¿Quién residirá en el monte de tu santidad?" *Vosotros de doblado ánimo, etc.;* vuelve el autor al hombre de "doblado ánimo," descrito en 1:8. No ha de haber vacilación ninguna de parte de quien se acerque a Dios; tal condición se considera un mal harto serio, que necesita purificación. "Manos" —la vida exterior—"corazón"—la fuente de la vida necesita ser purificada (Mat. 5:8).

Vs. 9. Las cinco exhortaciones de este versículo se pueden concentrar en una sola: *¡Arrepentíos!*—Con esta palabra empezaron Juan Bautista y Jesús sus prédicas. La última parte del versículo presenta un paralelismo con la primera, y el todo trae a la memoria las palabras del Predicador: "Para todas las cosas hay sazón... tiempo de llorar... etc." (Ecc. 3:1-3). En el juicio del autor, aquel fue tiempo que requería lágrimas, más bien que jactancias, de parte de los orgullosos maestros a quienes se dirige con especialidad este párrafo. (Véase Luc. 6:21, 25).

Vs. 10. *Humillaos delante del Señor, etc.;* es de notarse con cuánta frecuencia las exhortaciones de Santiago coinciden con las enseñanzas de Jesús. "El que se ensalzare,

11 Hermanos, no murmuréis los unos de los otros. El que murmura del hermano, y juzga a su hermano este tal murmura de la ley, y juzga la ley; pero si tú juzgas a la ley, no eres guardador de la ley, sino juez.

12 Uno es el dador de la ley, que puede salvar y perder: ¿quién eres tú que juzgas a otro?

---

será humillado; y el que se humillare, será ensalzado, (Mat. 23:12) dice Jesús. Es más notable esta similaridad al recordar que, como se ha dicho en la Introducción, nuestra epístola fue escrita probablemente antes de los Evangelios. Claro es, pues, que Santiago tenía buenos conocimientos de los dichos de su Hermano Mayor antes de la producción de los escritos de los cuatro Evangelistas.

Vs. 11. *No murmuréis los unos de los otros;* mejor, *no infaméis... etc.* (Nuevo Pacto). El verbo en el original es de la misma raíz que el substantivo traducido, "detracciones," en I Ped. 2:1. Esta malísima costumbre de "infamarnos" unos a otros, por desgracia, existe todavía, ni ha sido abandonado por completo en el círculo de los religiosos—confesión que da vergüenza admitir, pero que se hace en virtud de la verdad misma. El buen nombre de uno es posesión del más alto precio, y quien tratare de robárnoslo, es, por decir así, culpado del delito de lesa majestad. Este parece ser el pensamiento del autor en la última parte del versículo, en la cual aclara la relación de tal acto a la ley—es decir, a "la ley de libertad," "la ley real," la de "amor a tu prójimo como a ti mismo" (2:8). El hacerlo es hacerse *juez,* más bien que *guardador de la ley,* haciéndose así superior a ella.

Vs. 12. *Uno es el dador de la ley, etc.;* mejor, *uno solo es el legislador y juez, el cual puede salvar y perder; mas tú, ¿quién eres que juzgas a tu prójimo?* (Versión Hispano-Americana). Con estas palabras el autor demuestra la alta presunción de quien presuma a hacer papel de juez, juzgando a su prójimo. Sólo Dios, quien tiene autoridad y poder para ejecutar la sentencia de la ley,

13 Ea ahora, los que decís: Hoy y mañana iremos a tal ciudad, y estaremos allá un año, y compraremos mercadería, y ganaremos:

14 Y no sabéis lo que será mañana. Porque ¿qué es vuestra vida? Ciertamente es un vapor que se aparece por un poco de tiempo, y luego se desvanece.

---

posee tal prerrogativa. En el original se destaca el contraste entre el "Uno" (Dios) y "tú" (el hombre), que viene a acentuar lo absurdo de la pretensión de que el hombre ocupe el puesto de juez. El versículo presenta una represión bien aguda, pero harto merecida, al hombre que se constituye juez de su prójimo.

Debida atención a las exhortaciones de este párrafo (versículos 7-12) serviría para remediar las contiendas partidarias de parte de los lectores de la epístola.

6. El pecado de la presunción—Vrs. 13-17.

El párrafo anterior termina con una pregunta que demuestra la absoluta impotencia del hombre en lo de "salvar y perder," sea en la esfera de lo físico, o en la de lo espiritual; y, a pesar de esta reconocida importancia, había, entre los lectores, quienes proyectaban sus planes de negocios sin referencia ninguna al hecho de que todo lo de mañana está en manos de Dios. Tal conducta la califica el autor de presunción, que no le conviene al siervo de Dios: "Toda jactancia semejante es mala" (16).

Vrs. 13, 14. *Ea ahora;* Santiago introduce el pensamiento de esta sección con una palabra (interjección), la traducida, *ea,* muy rara en el griego clásico, cuando menos en la prosa, y más rara todavía en los escritos del Nuevo Testamento. Otra vez la emplea en 5:1, al introducir su fuerte filípica contra los ricos. *Hoy y mañana iremos a tal ciudad, etc.;* Nótese desde luego la semejanza entre estas palabras y las del Necio Rico de la parábola en Luc. 12:18-20. En los dos casos, no se toma en consideración lo incierto de la vida, como se dice en el versículo siguiente: *Y no sabéis lo que será mañana;* tal ignorancia de parte del hombre respecto al futuro debería inducirlo a poner

15 En lugar de lo cual deberíais decir: Si el Señor quisiere, y si viviéremos, haremos esto o aquello.
16 Mas ahora os jactáis en vuestras soberbias. Toda jactancia semejante es mala.

---

especial cuidado en sus planes para mañana. *Porque, ¿qué es vuestra vida?;* esta pregunta es capaz de varias contestaciones, según el ángulo desde el cual consideramos la vida; pero es claro que el autor la está considerando desde el punto de vista de su duración. Apresúrase él a contestar su propia pregunta mediante un ejemplo tomado de la naturaleza, que demuestra que, cuando más, es sumamente breve e incierta la vida, como la de *un vapor que aparece por un poco de tiempo y luego se desvanece;* tal es la vida humana, y este hecho nos aconseja a que andemos constantemente aparejados para toda eventualidad. Esta misma metáfora se encuentra con frecuencia en el Antiguo Testamento, por ejemplo, Sal. 102:11; I Crón. 29:15; Job. 8:9.

Vs. 15. *En lugar de lo cual deberías decir, etc.;* el pensamiento de este versículo tiene que ver no sólo con nuestras palabras; tenemos aquí un principio que se puede aplicar a la vida en general. El Dr. Plummer, comentando este pasaje, dice lo siguiente: "Santiago quiere decir que habitualmente deberíamos reconocer que de momento a momento dependemos absolutamente de Dios, no sólo en cuanto al modo en que hemos de pasar nuestras vidas, sino por la prolongación de ellas. A cualquier momento puede ser que nos venga el llamamiento de entregar no sólo todos los materiales que nos proporcionan placer, materiales recibidos de Dios, sino hasta la vida misma, que es igualmente un don divino, y cuando El nos dé tal mandamiento, no tenemos ni el poder ni el derecho de resistir. '¿No hará El lo que quisiere con lo suyo?' 'Jehová dio, y Jehová quitó: sea el nombre de Jehová bendito.'"

Vs. 16. *Mas ahora os jactáis en vuestras soberbias;* en sus proyectos y planes, no habían ni reconocido a Dios

17 El pecado, pues, está en aquel que sabe hacer lo bueno, y no lo hace.

---

ni su dependencia de él. Como el Necio Rico de la parábola, decían: "Esto haré: derribaré mis alfolíes, y los edificaré mayores... Y diré a mi alma: Alma, muchos bienes tienes... etc." *Toda jactancia semejante es mala;* porque indica una actitud falsa hacia Dios, y una superabundancia de amor propio y confianza en sí mismo. Nos conviene una moderación en el hablar, y una humilde sumisión a la voluntad de Dios en toda nuestra conducta; y esto excluye el espíritu de arrogancia que está combatiendo el autor.

Vs. 17. *El pecado, pues, está en aquel que sabe, etc.;* mejor, *Por tanto, el que sabe hacer el bien y no lo hace tiene pecado.* (Versión Hispano-Americana). Esta expresión abarca todo el pecado de omisión—el no hacer el bien —pero abarca más. El autor está combatiendo el pecado de presunción; ha explicado la forma de presunción existente entre sus lectores, y ahora, para terminar, les dice: "Ya estáis avisados, ya sabéis lo que os conviene, y si persistís en esta conducta, vuestro pecado que habéis venido cometiendo, se agrava más, porque estaréis pecando contra la luz." Así la afirmación del versículo abarca no sólo el 'no hacer el bien' (pecado de omisión), sino también la continuación del pecado de presunción (pecado de comisión), de modo que se puede decir que el pecado, en este caso, se eleva a la segunda potencia. Caben aquí las palabras de Jesús a los fariseos: "Si fuerais ciegos, no tuvierais pecado: mas ahora porque decís, Vemos, por tanto vuestro pecado permanece" (Juan 9:41).

CAPITULO V.

5 Ea ya ahora, oh ricos, llorad aullando por vuestras miserias que os vendrán.

---

7. *La opresión de los pobres de parte de los ricos*, Vrs. 1-6.

En este párrafo el autor vuelve al asunto de ricos, ya tocado ligeramente en el capítulo 2, pero esta vez, con una denuncia severísima, que nos recuerda las pronunciadas contra los "escribas, fariseos, hipócritas," por el Maestro en el capítulo 23 de Mateo. No mide palabras al lanzar contra ellos sus dardos formidables por haber detenido, criminalmente, "el jornal de los obreros" que habían segado sus tierras. Es admirable, heroica, su defensa del obrero.

V. 1. *Ea ya ahora;* mejor, *Ea ahora,* omitiendo la palabra, ya, que no consta en el original. *Llorad aullando por vuestras miserias que os vendrán;* los "ricos a quienes se dirige el autor, serán los incrédulos, pues la conducta de ellos descrita en los versículos 4 y 5 no corresponde a los cristianos. Este llamamiento a lágrimas trae a la memoria las palabras de Isaías (Isa. 13:6), y también las de Jesús: "Ay de vosotros, ricos" (Lu. 6:24). Algunos opinan que las "miserias" mencionadas aquí se refieren a las que vendrían con la destrucción de Jerusalem y en la venida del Señor, notables eventos futuros descritos por Jesús en Mateo 24. Santiago, en el versículo 8 hace mención del advenimiento.

2 Vuestras riquezas están podridas: vuestras ropas están comidas de polilla.

3 Vuestro oro y plata están corrompidos de orín; y su orín os será en testimonio, y comerá del todo vuestras carnes como fuego. Os habéis allegado tesoro para en los postreros días.

Vs. 2. *Vuestras riquezas están podridas;* tan clara visión tiene el escritor de las futuras "miserias" de los ricos, que la sdescribe como cosa presente, y en esto se asemeja a los profetas del Antiguo Testamento. *Vuestras ropas están comidas de polilla;* qué parecidas son estas palabras a las de Cristo: "...donde la polilla y el orín corrompe... etc." (Mat. 6:19). Son numerosos los paralelismos entre las enseñanzas de Santiago y las de Jesús en el Sermón del Monte.

Vs. 3. *Vuestro oro y plata están corrompidos de orín;* sigue la funesta descripción de las "riquezas podridas" de los ricos—no sólo sus ropas, sino hasta sus tesoros de "oro y plata" han llegado al estado de podredumbre; y sigue también la similaridad entre las enseñanzas de Jesús y las de nuestro autor (véase Mat. 6:19-20). *Su orín os será en testimonio;* mejor, *Su moho será testimonio contra vosotros* (Versión Hispano-Americana). No el metal, sino el *moho* de la plata testificará en su contra, pues este (el mismo moho) será evidencia de que el dinero ha sido atesorado, y no pagado a los obreros a quienes por derecho pertenecía (4). *Y comerá del todo vuestras carnes como fuego;* como el moho come el metal, así comerá los cuerpos de los que han detenido el pago de los pobres. *Os habéis allegado tesoro para en los postreros días;* estas palabras han sido interpretadas de distintas maneras, siendo la sugerida por la traducción del Nuevo Pacto la más verosímil, y que interpone las palabras "ira que ha de venir" luego después del verbo, "habéis atesorado." La traducción de la frase entera en dicha versión es como sigue: *Habéis atesorado ira que ha de venir en los últimos días,* en la que está indicado que las palabras—"ira que ha de venir"—no constan en el

4 He aquí el jornal de los obreros que han segado vuestras tierras, el cual por engaño no les ha sido pagado de vosotros, clama; los clamores de los que habían segado, han entrado en los oídos del Señor de los ejércitos.

5 Habéis vivido en deleites sobre la tierra, y sido di-

---

original, pero que se suplen por vía de explicación. La frase—"en los postreros días"—tiene su explicación en los versículos 8 y 9.

Vs. 4. *He aquí, el jornal de los obreros ... clama;* empieza aquí la explicación de cómo los ricos habían "atesorado ira para sí:" habían detenido sin causa el pago de los obreros que les habían servido en sus labores, violando así una demanda de la ley: "No se detendrá el trabajo del jornalero en tu casa hasta la mañana" (Lev. 19:13). Véase también Jer. 22:13. Esta injusticia grosera no guarda silencio: *clama,* da voces de indignación, a fin de anunciar tal conducta a todo el mundo. Esta es la primera de tres fuertes acusaciones que Santiago hace contra los ricos. *Los clamores de los que habían segado han entrado en los oídos, etc.;* los oídos de los ricos, tapados, pero hay otros que oyen—los del "Señor de los ejércitos"—estos, sí, están abiertos al clamor del necesitado. Sin duda tendría presente Santiago el antiguo mandato: "En su día le darás su jornal, y no se pondrá el sol sin dárselo: ... porque no clame contra ti a Jehová, y sea en ti pecado" (Deut. 24:15). Claro es, de las palabras del autor en los versículos 3 y 4, que *"frozen assets"* (fondos helados) no son cosa peculiar a nuestros días, sino que, en el primer siglo del Cristianismo, existía el mismo mal, y que entonces, como ahora, se originaban cuando menos, en gran parte, en las injusticias de parte de las clases acomodadas. La lucha entre el capital y el trabajo no es de hoy o de ayer: ha existido desde el principio de la raza, y continuará hasta el día en que los principios del Reino de Dios hayan tomado posesión de los corazones y las vidas de los hombres.

Vs. 5. *Habéis vivido en deleites sobre la tierra y sido*

solutos; habéis cebado vuestros corazones como en el
día de sacrificios.
6 Habéis condenado y muerto al justo; y él no os resiste.

---

disolutos; he aquí la segunda acusación contra los ricos:
habían vivido en medio de la más lujosa extravagancia,
indiferentes a los sufrimientos de los pobres a quienes habían ellos robado; y, como el rico de la parábola, "vis-
tiéndose de púrpura y de lino fino y haciendo cada día
banquete con esplendidez" (Lu. 16:19). La expresión—
como en el día de sacrificios—se refiere a las grandes
fiestas que se celebraban, bajo el sistema antiguo, en
los días de ofrecer en sacrificio numerosas víctimas. La
naturaleza humana es la misma en el siglo veinte que
en el primero: este cuadro del *modus vivendi* de los ricos en aquel entonces ha venido repitiéndose constantemente hasta el día de hoy.

Vs. 6. *Habéis condenado y muerto al justo;* esto forma
el climax de sus acusaciones—toda la lujosa y pecami-
nosa extravagancia del versículo 5, había sido a expen-
sas del pobre, quien se titula aquí, "el justo," y a quien
los ricos habían "condenado y muerto" con las injusticias y opresiones que le habían infligido. Es fácil que el
término, "el justo," aquí no se limite al pobre de referencia; el contexto parece indicar que el autor se refiere a él con especialidad. La última cláusula del versículo
favorece esta idea: *él no os resiste;* el pobre de aquellos
tiempos se veía desamparado ante las injusticias y opresiones del rico, haciendo inútil toda resistencia. Al paso
que los principios del evangelio han venido haciéndose
sentir en el mundo, la clase obrera va reclamando sus derechos. Hoy día no se puede decir del pobre que no resiste,
pues se ha organizado y presenta una resistencia formidable a las opresiones de aquellos cuyas "tierras él ha segado."

III. Exhortaciones Finales. Vrs. 7-20.

Habiéndose dirigido mayormente el autor en el capí-

7 Pues, hermanos, tened paciencia hasta la venida del Señor. Mirad *cómo* el labrador espera el precioso fruto de la tierra, aguardando con paciencia, hasta que reciba la lluvia temprana y tardía.

8 Tened también vosotros paciencia; confirmad vuestros corazones: porque la venida del Señor se acerca.

---

tulo 4 y en los primeros versículos del 5 a los incrédulos, vuelve ahora, en sus exhortaciones finales, a los mismos hermanos, dándoles consejos sobre varios asuntos prácticos.

1. *La paciencia cristiana.* Vrs. 7-11.

Vs. 7. *Pues, hermanos, tened paciencia hasta la venida del Señor;* esta exhortación, que está en consonancia con las primeras palabras de la epístola (1:2, 3), viene muy al caso después de la fuerte denuncia de los ricos y de su opresión del pobre, que tenemos al principio de este capítulo. Como se ha dicho, "el justo," del versículo 6 parece ser el creyente pobre y desamparado quien necesita la paciencia aquí encomendada. El autor, esperando pronto la venida del Señor, tenía la confianza de que entonces recibirían los oprimidos hermanos su glorioso galardón. Citando el ejemplo del labrador, quien espera con paciencia *hasta que la tierra reciba la lluvia temprana y tardía*, trata de animarlos a que aguanten en el espíritu cristiano las injusticias de la vida. El Señor había prometido al labrador enviarle "la lluvia temprana y tardía" (Deut. 11:14), y por lo tanto le convenía esperarla con toda paciencia. La referencia es a las lluvias del otoño y de la primavera, pues se necesitaban las dos para la perfección de su fruto.

Vs. 8. Se repite en este versículo la exhortación a la paciencia, basada la repetición en el ejemplo del labrador. *Confirmad vuestros corazones, porque la venida del Señor se acerca;* la convicción de la proximidad de la venida del Señor serviría para confirmar sus corazones, animándolos a aguantar con más paciencia el alivio de las injusticias y asperezas de la vida.

9 Hermanos, no os quejéis unos contra otros, porque no seáis condenados; he aquí, el juez está delante de la puerta.

10 Hermanos míos, tomad por ejemplo de aflicción y de paciencia, a los profetas que hablaron en nombre del Señor.

11 He aquí, tenemos por bienaventurados a los que sufren. Habéis oído la paciencia de Job, y habéis visto el

Vs. 9. *No os quejéis unos contra otros, para que no seáis condenados;* esta exhortación es casi igual a la que se ha dado ya en 4:11, aunque el motivo es algo diferente en los dos casos: en aquél es para que uno no se constituya en juez, más bien que guardador de la ley; en éste, para que uno no sea condenado por el juez que está *delante de la puerta.* La referencia es al Juez Supremo quien, como se ha dicho ya, vendrá pronto. El sí tiene derecho de juzgar, y juzgará a nosotros; y puede ser que su fallo no sea favorable. (. . . *porque no seáis condenados).*

Vs. 10. *Tomad por ejemplo de aflicción . . . etc.;* la referencia es a los profetas del Antiguo Testamento, quienes sufrieron crueles persecuciones, las cuales aguantaron con admirable paciencia—Elías, Jeremías, Daniel, y otros muchos. El ejemplo heroico de éstos serviría de estímulo a los "hermanos" a quienes Santiago dirige su exhortación. Jesús, en el sermón del monte (Mat. 5:12), presenta el mismo ejemplo a sus oyentes. Bajo el peso de sufrimientos, el noble y heroico ejemplo de otros influye poderosamente en nosotros, impartiéndonos valor para llevar con paciencia nuestras cargas. Los sufrimientos de los profetas de referencia vinieron porque ellos *hablaron en nombre del Señor;* fueron perseguidos, como dice Jesús, "por causa de la justicia," lo mismo que los lectores de esta epístola.

Vs. 11. *He aquí tenemos por bienaventurados a los que sufren:* el autor emplea aquí la palabra predilecta de Jesús—"bienaventurados"—pronunciada nueve veces por él en el exordio notable de su discurso del monte

fin del Señor, que el Señor es muy misericordioso y piadoso.

12 Mas sobre todo, hermanos míos, no juréis, ni por
el cielo, ni por la tierra, ni por otro cualquier juramento;
sino vuestro sí sea sí, y vuestro no sea no; porque no
caigáis en condenación.

(Mat. 5:3-11). *Han sufrido* es mejor traducción del tiempo del verbo que *sufren,* pues se refiere a los que sufrieron en tiempos pasados. *Habéis oído la paciencia de Job,
etc.;* mejor, *Habéis oído de la paciencia de Job.* Esta es
la única referencia a la historia de Job en el Nuevo Testamento, aunque el apóstol Pablo hace una citación del
libro de su nombre en 1 Cor. 5:13 (Kendrick); sin embargo, vemos que los lectores de la epístola tenían conocimientos de la historia, de su paciencia y de cómo el
Señor al fin le manifestó su misericordia.

Este párrafo (7-11) se puede considerar como un pequeño ensayo sobre la paciencia, pues esta palabra consta
cinco veces en estos cinco versículos, y tres veces en ellos
el autor emplea la palabra "hermanos"—título de afecto.
De esto podemos deducir que esta virtud cristiana—la paciencia—la misma antítesis del espíritu de arrogancia y
rebelión que algunos de los judíos creyentes habían manifestado—fue vista por el autor como una *sine qua non* para el mejoramiento de la vida práctica de sus lectores, y
que, para conseguirla, emplea repetidas veces este término de íntima relación cristiana—"hermanos"—a fin de
hacerlos comprender la importancia de su exhortación.
Sin duda, es una perla preciosa, sin la cual el carácter
del individuo deja mucho de asemejarse al carácter de
Aquel de quien dice el profeta: "Angustiado él, y afligido,
no abrió su boca: como cordero fue llevado al matadero,
y como oveja delante de sus trasquiladores, enmudeció,
y no abrió su boca" (Isa. 53:7).

2. *Contra juramentos,* Vs. 12.

Vs. 12. *Más sobre todo… no juréis, ni por el cielo…
etc.;* esta inhibición, aunque más breve, es en espíritu,

13 ¿Está alguno entre vosotros afligido? haga oración. ¿Está alguno alegre? cante salmos.

---

idéntica con la de Cristo en Mat. 5:34-37, y como ella, no se refiere a juramentos judiciales, sino a la costumbre mala y común de usarlos en el habla corriente. El Dr. Kendrick comenta este versículo en parte de la manera siguiente: "Que los solemnes juramentos judiciales no se les prohiben a los cristianos, es evidente en la respuesta de nuestro Señor a Caifás, cuando fue puesto bajo juramento según la forma acostumbrada (Mat. 26: 63, 64; y también del uso por Pablo, en sus escritos inspirados, de expresiones que tienen carácter de juramento (Rom. 1:9; 2 Cor. 1:23; Gál. 1:20; Fil. 1:8) ... Es el uso inconsiderado y familiar de juramentos que Santiago condena. El tal juramento es criminal, porque cada juramento envuelve una súplica a Dios (Mat. 23:16-22). Un juramento habitual es criminal porque desacredita la simple palabra, y manifiesta una indiferencia a la verdad 'que presenta un contraste notable con la sinceridad del Espíritu Cristiano.' "

3. *Poder de la oración*, Vrs. 13-18.

Vs. 13. *¿Está alguno entre vosotros afligido?;* el verbo de esta sentencia incluye toda clase de aflicciones, ya sean de cuerpo o de espíritu; y el remedio es el mismo en los dos casos: *Haga oración*. Esta es la primera mención de oración en la epístola, pero en éste, como en los siguientes versículos de este párrafo, el autor la coloca en su debido lugar. *¿Está alguno alegre?* Esto parece todo lo contrario al "estar afligido;" y para el de buen ánimo, también hace Santiago su adecuada recomendación: *Cante salmos;* de esta manera puede dar expresión de sentimiento de alegría. El canto no sólo expresa la alegría, también la aumenta. La religión cristiana corre la gama entera de las experiencias humanas, desde el más deprimido, quien encuentra su consuelo en la oración, hasta el más alegre, quien en el canto puede dar expresión a los sentimientos de la más sublime alegría.

14 ¿Está alguno enfermo entre vosotros? llame a los ancianos de la iglesia, y oren por él, ungiéndole con aceite en el nombre del Señor.

15 Y la oración de fe salvará al enfermo, y el Señor lo levantará; y si estuviere en pecados, le serán perdonados.

Vrs. 14, 15. *¿Está alguno enfermo entre vosotros?;* el verbo aquí traducido, "está enfermo," indica que la alusión es a una enfermedad física. Esta clase de experiencia también tiene su remedio: *Llame a los ancianos... oren por él, ungiéndole con aceite... etc.;* la palabra traducida, "ancianos," se refiere a los mismos oficiales como los "obispos," pues en el Nuevo Testamento los dos títulos se emplean recíprocamente, aquél derivado del hebreo, indicando la dignidad, y éste, derivado del griego, las funciones del oficio—según el Dr. Joseph Henry Thayer, el gran lexicógrafo del griego del Nuevo Testamento. Los ancianos, u obispos, o pastores, pues estos tres términos se refieren al mismo oficial—presidían las asambleas públicas, y en cierto sentido, representaban la iglesia, al ser llamados a la recámara del enfermo. Dos cosas habían ellos de hacer: *orar y ungir con aceite.* ¿Cuál de los dos actos afecta la curación? Ni uno, ni otro solo, sino la combinación de los dos. La oración, sin duda, es el más eficaz de los dos, el orar es echar mano a la ayuda divina, el ungir con aceite es hacer uso del mejor medio humano conocido en aquel tiempo, y seguir el ejemplo de los Doce cuando Jesús los despachó en su primera misión (Mat. 6:13). ¿Tendrá alguna aplicación a nuestros tiempos esta recomendación de Santiago? Traducida en términos del siglo veinte, sería probablemente como sigue: "En Espíritu de ferviente oración, haced uso de la mejor ayuda médica que se puede conseguir, pidiendo que el Señor bendiga el uso de estos medios humanos para la curación del enfermo." Es de notarse que el acto de ungir ha de ser hecho *en el nombre del Señor,* indicando que todo el procedimiento ha de ser un acto religioso. Esta interpretación no desacredita ni

16 Confesaos vuestras faltas unos a otros, y rogad los unos por los otros, para que seáis sanos; la oración del justo, obrando eficazmente, puede mucho.

la oración, ni el uso de medios humanos: Al contrario, trata de colocar las dos cosas en su debido lugar. *Y la oración de fe salvará al enfermo*; al hacer mención del resultado del procedimiento recomendado en el versículo 14, el autor acentúa el hecho de que la oración es el factor principal en la curación—"*la oración de fe.*" La afirmación: *y el Señor lo levantará*, no desvirtúa en nada el uso del aceite, pues en la oración se ha pedido que el Señor bendiga tal uso para la curación del enfermo. *Y si estuviere en pecados;* mejor, *Si hubiese cometido pecados* (Versión Hispano-Americana). Opinan algunos que esto quiere decir que, si la enfermedad de que se trata fuere resultado del pecado del mismo enfermo, etc. *Le serán perdonados;* este resultado es superior a la curación corporal y presupone fe y arrepentimiento de parte del enfermo.

En este pasaje los Romanistas basan en parte su dogma de la Extrema Unción; pero basta una sola consideración para hacer ver lo descabellado de esto: Santiago recomienda la oración y la unción para que el enfermo se sane; la Extrema Unción sólo se administra al enfermo cuando ya no hay esperanza de su alivio, cuando ya está *in extremis,* bajo otras circunstancias no se administra nunca.

Vs. 16. *Confesaos vuestras faltas* (mejor, *pecados) unos a otros;* esto se refiere al enfermo confesando sus pecados a los ancianos, pero no se limita a esto; parece una exhortación a los hermanos enfermos en general, lo cual podía hacerse en privado o públicamente. El punto principal es que el pecado abrigado en el corazón, forma un obstáculo insuperable a la posibilidad de conseguir la curación del cuerpo o del alma. *La oración del justo obrando eficazmente, puede mucho;* una declaración positiva e inequívoca de la eficacia de la oración, y digna

17 Elías era hombre sujeto a semejantes pasiones que nosotros, y rogó con oración que no lloviese, y no llovió sobre la tierra en tres años y seis meses.

18 Y otra vez oró, y el cielo dio lluvia, y la tierra produjo su fruto.

19 Hermanos, si alguno de entre vosotros ha errado de la verdad, y alguno le convirtiere,

---

de ser colocada al lado de las palabras de Jesús: "Pedid, y se os dará,... etc." (Mat. 6:7) Obsérvese que la afirmación tiene aplicación sólo a la oración del "justo," a saber, el hombre cuya vida se ajusta al modelo cristiano.

Vrs. 17, 18. De los muchos casos de la oración contestada en la pasada historia de Israel, el autor selecciona el de Elías y la lluvia, que consta de 1 Reyes 17 y 18. En la historia de este acontecimiento, no se hace mención de la oración, pero sin duda el profeta, quien era hombre de oración, no cometería la presunción de lanzar a Achab el reto que tenemos en 1 Rey. 17:1, sin haberse comunicado con Dios en oración. Tenemos un ejemplo de sus oraciones en 1 Rey. 18:36-37; y en el mismo capítulo, versículo 42, vemos que, "postrándose en tierra, puso su rostro entre las rodillas, actitud que indica que oró porque el Señor pusiera fin al hambre que había durado más de tres años. La interesante aserción: *Elías era hombre sujeto a semejantes pasiones que nosotros,* fue escrita sin duda como aliciente a la oración: si Elías, humano como nosotros, consiguió tan notable contestación a sus oraciones, hay esperanzas de que nosotros podremos lograr igual éxito en nuestras peticiones. Que nuestra petición constante sea: "Señor, enséñanos a orar." He aquí la suprema lección de la vida. Si no aprendemos a orar, las demás lecciones nos aprovecharán bien poco.

3. *La bienaventuranza de convertir a un alma errante,* Vrs. 19-20.

Vs. 19. *Hermanos, si alguno de entre vosotros ha errado, etc.;* al llegar el autor al último pensamiento de su

20 Sepa que el que hubiere hecho convertir al pecador del error de su camino, salvará un alma de muerte, y cubrirá multitud de pecados.

---

carta, emplea por décima-cuarta vez el término de afecto cristiano—"hermanos"—que ha caracterizado la hermandad hasta la fecha, y que demuestra el vínculo que nos une en una solidaridad perpetua. De esta manera se identifica él con sus lectores en todo lo que les concierne. La expresión—*alguno de entre vosotros*— parece incluir a todos los lectores, y no sólo a los ancianos de la iglesia. Es obvio, del tono general de la carta, que algunos habían "errado de la verdad," y, por lo tanto necesitaban que alguien se interesara en su condición espiritual. Tal interés es expresión de la caridad cristiana que corresponde a la hermandad.

Vs. 20. *Sepa que el que hubiere hecho convertir al pecador, etc.;* Santiago quiere que se entienda bien el valor intrínseco de la obra descrita en el versículo 19, a saber, la de encaminar por el sendero de la salud espiritual, los pies de uno que "ha errado de la verdad." La debida comprensión de esto servirá de estímulo a tan digna obra. *Salvará un alma de muerte;* he aquí el fin fundamental que persigue el evangelio: la salvación del alma de la muerte eterna. *Y cubrirá multitud de pecados;* es decir, los pecados del pecador que se salva; aunque algunos opinan que se refiere a los pecados del autor de esta buena obra. La primera parece la más razonable interpretación, y más en conformidad con las enseñanzas bíblicas en general. Sobre la interpretación de esta frase, dice el Dr. Clarke: "Muchos opinan que la expresión, 'cubrirá multitud de pecados,' ha de entenderse de la persona que convierte al extraviado: ésta es una doctrina peligrosa, y una que el Espíritu Santo jamás enseñó al hombre. Si fuera cierto esto, induciría a muchos pecadores a buscar la reformación de su prójimo a fin de que pudieran ellos mismos continuar bajo la influencia de sus propios pecados predilectos... Además, es completamente anti-evangélico; pues, en efecto, enseña que algo que no sea la sangre del Concierto podrá hacer que sea Dios propicio al hombre; y que, el efectuar un acto piadoso causará que la injusticia de Dios sea más indulgente a la persona que haya sido autor de dicho acto, y que sea menos severa en su evaluación de sus propios pecados. Sobre esta interpretación, sería lógico creer que, si tuviésemos suficientes actos piadosos a nuestra cuenta, podríamos con ellos obtener el perdón de todos nuestros pecados, aparte del sacrificio de Cristo; porque si un solo acto piadoso es capaz de procurar el perdón de una multitud de pecados, ¿qué no podrían conseguir una multitud de tales actos?"

En vista de todo esto, y cotejando la cláusula de referencia con las palabras del Salmista en Sal. 32:1, donde la palabra traducida, "borrados," quiere decir, "cubiertos," concluimos que la persona cuyos pecados serán "cubiertos," es la que haya sido convertida—"cubiertos" en la sangre de Jesucristo.

Así es que Santiago termina su epístola —un escrito breve, práctico, instructivo—con la importantísima nota del *Evangelismo Personal: un hermano,* movido por los principios de la "ley real," trabajando en favor de la salvación de su prójimo—he aquí el programa para la salvación del mundo.

PRIMERA EPISTOLA DEL APOSTOL PEDRO

OBSERVACIONES PRELIMINARES

I. *El Autor.*

Esta epístola, como las del apóstol Pablo, empieza con
el nombre del autor: "Pedro, Apóstol de Jesucristo;"
y en esto los apóstoles siguieron la costumbre de aquellos
tiempos. Su nombre propio fue Simón, pero cuando
Andrés, su hermano, le presentó a Jesús (Jn. 1:42), éste
le dio el nombre de Pedro (Piedra), y después llevaba
los dos—Simón Pedro. Era hijo de Jonás, de la ciudad
de Betsaida, casado, pescador de oficio, y de consiguiente,
hombre "sin letras," es decir, no había sido educado en
las mejores escuelas del día como el apóstol Pablo; pero
sin duda, había recibido la instrucción que correspondía
a los de su clase social. Durante el ministerio público
de Jesús, Pedro tenía su residencia en Capernaum (Mat.
8:5, 14), ciudad comercial, en la cual Jesús fijó su residencia también al principio de su largo ministerio en
Galilea (Mat. 4:13). Como se ha indicado ya, por conducto de su hermano Andrés llegó él a relacionarse con
Jesús luego después del bautismo de éste (Jn. 1:40-42),
y más tarde, fue llamado a dejar su red en el mar de
Galilea y a hacerse "pescador de hombres" (Mat. 4:18-
22; Mar. 1:16-20; Lu. 5:1-11). Después fue llamado a ser
uno de los doce apóstoles (Mar. 3:13-19; Lu. 6:12-16), y
en este sagrado círculo alcanzó el honor de entrar en
el pequeño grupo de los tres que parecían estar más cerca del Maestro, compartiendo con Juan y Santiago este
honroso puesto. En las cuatro listas de los nombres
de los Doce (Mat. 10, Mar. 3, Lu. 6, Hch. 1), el de Pedro
principia cada una aun cuando hay variación considera-
ble en el orden de los demás, lo cual parece indicar que

poseía cierta prominencia en este grupo. No obstante, no hay nada que indique una prominencia oficial; por su edad—era probablemente el mayor de todos—y por sus dotes personales, llegaría a ejercer una influencia superior a la de sus compañeros. Era de temperamento impulsivo—por no decir explosivo—dispuesto siempre a decir y hacer lo primero que se le venía a la mente. Esta debilidad fue, por cierto, un defecto bien serio en su carácter, y le causó no pocas lágrimas; pero después de la resurrección de Jesús se nota en Pedro un cambio muy notable; ya no era el Pedro de antes.

Haciendo caso omiso, por falta de espacio, de mucho de su historia subsecuente, basta recordar su servicio el día de Pentecostés, su heroísmo bajo las persecuciones narradas en los primeros captítulos de Los Hechos, sus milagros, su obra en abrir la puerta al Evangelio entre los gentiles en Cesarea, su prominencia en el concilio de Jerusalem, para convencernos de que nuestro autor, "el apóstol de la circuncisión," merece un puesto alto entre los fundadores del cristianismo; y de que su experiencia le había capacitado para escribir las dos cartas que llevan su nombre. Según la tradición, sufrió el martirio en Roma como por el año 67 a 68. Que él haya fundado la iglesia de Roma, o que haya sido el primer papa de esta iglesia, no hay ni sombra de prueba. Su referencia a "Marcos, mi hijo," en 5:13 cotejada con Hch. 12:12, ha dado origen a la teoría de que Marcos le sirvió de amanuense al escribir esta carta; y también está generalmente aceptada la idea de que Pedro cooperó con Marcos en la producción del Evangelio que lleva el nombre de éste.

II. *El Propósito Especial de la Epístola.*

En 5:12 el escritor afirma lo siguiente: "... os he escrito brevemente, amonestándoos, y testificándoos que ésta es la verdadera gracia de Dios, en la cual estáis." Un examen del contenido de la carta confirma esta aserción; el autor trata de exhortar a sus lectores en cuanto a la vida cristiana y de asegurarles que no se han equivocado al aceptar la fe cristiana. Sus exhortaciones tienden a prepararlos para sufrir con paciencia las persecuciones de sus enemigos y demostrar en su conducta el espíritu cristiano.

III. Rasgos Característicos de la Epístola.

Aunque la epístola es intensamente práctica, se ve que el autor está al tanto de las doctrinas fundamentales del cristianismo. Pocos versículos del Nuevo Testamento están más repletos de doctrina que el segundo del primer capítulo: la Trinidad (mención de las tres Personas), la presencia de Dios, la santificación del Espíritu, la salvación mediante la sangre de Cristo; y todo esto introducido con una referencia a la doctrina de la elección. Como la carta de Santiago, ésta también se relaciona íntimamente con el Antiguo Testamento, en lo que se asemeja al Evangelio de Mateo. Muchos han llamado la atención también a la similaridad entre varias expresiones de Pedro y de Pablo, mayormente en las cartas a los Romanos y a los Efesios. Los siguientes ejemplos son tomados de The New Century Bible, editada por el Dr. W. H. Bennett: 1 Ped. 1:14 y Rom. 12:2; I Ped. 1:22 y Rom. 12:10; I Ped. 2:5 y Rom. 12:1; I Ped. 3:8, 9 y Rom. 12:14-17; I Ped. 1:20 y Efes. 1:4, 5; I Ped. 3:21, 22 y Efes. 1:21, 22; I Ped. 3:18, 19 y Efes. 4:9. También entre Pedro y Santiago hay abundante paralelismo, tanto en el fondo como en la forma. En todas estas citas es obvio que los escritores perseguían el doble fin de amonestar a sus lectores y de confirmarlos en la fe.

IV. Tiempo y Lugar de su Composición.

Las evidencias internas favorecen una fecha posterior en la vida de Pedro—probablemente por el año 66. La cuestión del lugar es muy dudosa. La mención de Babilonia en 5:13 no determina el sitio, pues había cuatro Babilonias en aquel tiempo; dos en Asiria, una en Egipto y otra en Italia (Roma, figuradamente así llamada). Dado que Pedro probablemente pasara sus últimos años en Roma, y que la referencia a Babilonia en Apoc. 17:5

es, sin duda, a la ciudad de Roma, parece más acertada la opinión de que Pedro emplee el nombre en el mismo sentido refiriéndose a la capital del imperio romano.

V. *Autenticidad de la Epístola.*

Es reconocida su autenticidad por la gran mayoría de los escritores eclesiásticos de los primeros siglos, por las primeras versiones, y hasta por un hereje—Basílides—que pertenecía a los años tempranos del segundo siglo. Dice *The International Critical Commentary*: "Su vocabulario se caracteriza por cierta dignidad y elevación," y esto, unido al hecho de que la carta contiene 62 palabras griegas que no se encuentran en otro libro del Nuevo Testamento, ha levantado alguna duda en cuanto a la paternidad literaria petrina; sin embargo, tan abundante es la prueba de su autenticidad, que dice el mismo comentador: "No hay ningún otro libro en el Nuevo Testamento que presente evidencia más temprana, ni mejor, ni más convincente."

VI. *Análisis.*

Salutación introductoria, 1:1-2.
1. La sublime suerte de los hijos de Dios, 1:3-12.
2. Exhortaciones a la santidad personal, 1:13-2:12.
3. Relación del cristianismo con el gobierno civil, 2:13-17.
4. Exhortaciones a los miembros de la familia, 2:18-3:7.
5. Exhortaciones a todos, 3:8-12.
6. Sufrir por hacer el bien, 3:13-22.
7. Los resultados lógicos del sufrir por hacer el bien, 4:1-6.
8. Varias recomendaciones en cuanto a la nueva vida en Cristo, 4:7-11.
9. La debida actitud del cristiano frente a la persecución, 4:12-19.
10 Recomendaciones concluyentes, 5:1-14.
    (1) A ancianos y jóvenes, Vrs. 1-5.
    (2) A todos en cuanto a la humildad y la vigilancia, Vrs. 6-11.
    (3) Cariñosa despedida, Vrs. 12-14.

LA PRIMERA EPISTOLA UNIVERSAL DEL APOSTOL PEDRO

CAPITULO I

1 Pedro, apóstol de Jesucristo, a los extranjeros esparcidos en Ponto, en Galacia, en Capadocia, en Asia, y en Bithinia,

---

Salutación Introductoria, 1:1, 2.

Vs. 1. *Pedro;* era de esperarse que el autor empleara, al empezar su epístola, el nombre que Jesús le dio (Juan 1:41), más bien que su propio nombre Simón, puesto que fue así conocido mayormente por sus compañeros. El significado del nombre *(piedra)* es otra explicación de la preferencia por este nombre. Es de notarse que en Mateo 6:18, después de la confesión de Simón: "Tú eres el Cristo, el Hijo del Dios viviente," Cristo emplea el nombre de *Pedro;* pero en Lu. 22:31, al amonestarle en cuanto a la tentación a que había de sujetarse, repite dos veces el nombre de *Simón. Apóstol de Jesucristo;* no sólo era apóstol, sino, como se ha dicho en las "Observaciones Preliminares," ocupó una posición de superior influencia en este grupo. En 5:1 Pedro se presenta como "anciano," y en su segunda carta (1:1) como "siervo y apóstol de Jesucristo." *A los extranjeros esparcidos en Ponto . . . etc.;* la palabra *extranjeros* parece referirse en primer término a los judíos que vivían en los lugares aquí mencionados, pues la Palestina fue considerada la patria de ellos, y los que vivían en otros países se consideraban como *extranjeros* o *forasteros.*

2 Elegidos según la presciencia de Dios Padre en santificación del Espíritu, para obedecer y ser rociados con la sangre de Jesucristo: Gracia y paz os sea multiplicada.

Algunos opinan que hemos de entender esta palabra en sentido figurado, refiriéndose a todos los cristianos como *extranjeros* en la tierra, siendo ellos ciudadanos del cielo. Aunque esto es cierto, es dudoso que Pedro aludiera a esta verdad al escribir estas palabras. Es de notarse que tres de los cinco países aquí mencionados constan en la lista de países representados en Jerusalem el día de Pentecostés *(Ponto, Capadocia, Asia)*, de modo que es probable que muchos de los lectores escucharan el sermón de Pedro en dicha ocasión. Estos cinco países abarcan la mayor parte del territorio que más tarde se denominó Asia Menor, y que había sido evangelizado en gran parte por Pablo, o por sus conversos. "Así es que la carta está dirigida a iglesias esparcidas sobre un territorio que tenía dos o cuatro veces el tamaño de las Islas Británicas, incluyendo algunas de las ciudades más ricas y más cultas del imperio, ocupadas por varias razas distintas, entre las cuales eran las más importantes los griegos y los judíos de habla griega."—*The Century Bible*.

Vs. 2. Este versículo abarca cinco de las cosas fundamentales del cristianismo: la elección, la presciencia de Dios, la santificación, la obediencia y la salvación mediante la sangre de Jesucristo; además, contiene los nombres de las tres personas de la Trinidad, cosa que no consta en ninguna de las salutaciones del apóstol Pablo, pues él se limita en todas ellas a la mención del Padre y del Hijo.

Elegidos según la presciencia de Dios Padre; la elección se le asigna al Padre, basándola en la *presciencia* de éste. Como dice el Dr. Nathaniel Marshman Williams, en su comentario sobre esta epístola ("An American Commentary"), aunque la elección y la presciencia ambas son eternas, el concepto humano de ellas es que ésta antecede a aquélla, toda vez que ésta se presenta como base de aquélla. No cabe aquí una discusión de la abstrusa y mal entendida doctrina de la elección. Basta decir que las palabras de Jesús sobre este asunto (Juan 10:28, 29), como las de Pablo (Rom. 8:28-30) y las de Pedro—todas a una parecen tener por fin especial el asegurar al creyente que su eterna salvación está en manos superiores a las del hombre. La salvación se ofrece libremente, "sin dinero y sin precio," a todo el mundo; y una vez aceptada esta oferta, el creyente puede contar con la potencia divina para perfeccionar "hasta el día de Jesucristo" la buena obra comenzada en él.

En santificación del Espíritu; el Espíritu Santo es el agente por medio del cual el creyente es *santificado,* es decir, *apartado,* en primer término, para usos santos, y luego reformado, purificado en carácter. *Para obedecer;* la obediencia es resultado de la elección y prueba inequívoca de la misma (Véase II Ped. 1:10). *Y ser rociados con la sangre de Jesucristo;* resultado supremo de la elección, sin el cual todo lo demás—la santificación y la obediencia—sería imposible; y sugerido probablemente por el incidente narrado en Ex. 24:7, 8, cuando fue confirmado el pacto entre Dios y el pueblo. *Gracia y paz;* es de notarse que Pedro emplea estas dos palabras también en la salutación de su segunda carta (II Ped. 1:2). *Gracia* significa favor no merecido; *paz,* que es el fruto de la gracia, no necesita explicación, y es vocablo predilecto de Jesús, como también de los escritores de las epístolas del Nuevo Testamento. *Os sean multiplicadas;* es interesante saber que estas gracias fundamentales son capaces de ser multiplicadas en la vida del cristiano; en efecto, todas las gracias cristianas son capaces de multiplicarse hasta lo infinito.

Después de haber comentado esta salutación, dice el Dr. Williams: "Una epístola en la mera salutación de la cual el escritor se lanza desde el amor eternal y elector de Dios, y de repente mira a hombres subiendo, hechos nuevos por el Espíritu Santo, y regocijándose en la sangre reconciliadora de Cristo, no puede menos que ser digna de nuestro estudio más profundo y piadoso."

3 Bendito el Dios y Padre de nuestro Señor Jesucristo,
que según su grande misericordia nos ha regenerado en
esperanza viva, por la resurrección de Jesucristo de los
muertos,

---

1. La Sublime Suerte de los Hijos de Dios—1:3-12.

La esencia de esta "sublime suerte" es "la salud de
vuestras almas" (9), y los pasos que conducen a ella son
la regeneración por la resurrección de Jesucristo (3), la
conservación del creyente de parte de Dios (5) y la
prueba de la fe del creyente que, aunque severa, proporciona un "gozo inefable y glorificado" (6-8). Lo sublime de esta suerte se ve en el hecho de que profetas
y ángeles "desean mirar en ella" (10-12).

Vs. 3. *Bendito el Dios y Padre del Señor Jesucristo;* el
apóstol se apresura a atribuir a Dios, en su carácter de
Padre de Jesús, el honor y la gloria de haber obrado en
favor del creyente lo que en seguida se describe. *Que
según su grande misericordia;* reconócese en esta frase
que Dios, en su trato con el hombre, ha ajustado su conducta, no a la carencia de méritos de parte de éste, sino
a la infinita misericordia de su propio corazón. *Nos ha
regenerado;* mejor, *nos ha engendrado de nuevo.* Habiéndose hecho mención, en el versículo 2, de la presciencia y la elección de Dios, el apóstol aquí se refiere al
acto en que el Padre establece contacto, por decirlo así,
con el hombre, reengendrándole en sentido espiritual, y
así haciéndole una nueva creación (II Cor. 5:17). *En
esperanza viva por la resurrección, etc.;* la expresión
esperanza viva, en conexión con la resurrección de Jesús,
trae a la memoria la experiencia de los apóstoles de
Jerusalem durante el tiempo que quedó Jesús en el sepulcro, período de *esperanza muerta* para ellos. Pero cuando
Pedro y Juan encontraron el sepulcro vacío, revivió su
esperanza; y el recuerdo de esta experiencia lleva al autor,
años después, a emplear la frase *esperanza viva—viva*
porque está basada sobre un Cristo vivo, y porque la resurrección de El es prenda de nuestra resurrección.

4 Para una herencia incorruptible, y que no puede contaminarse, ni marchitarse, reservada en los cielos
5 Para nosotros que somos guardados en la virtud de Dios por fe, para alcanzar la salud que está aparejada para ser manifestada en el postrimero tiempo.

Vs. 4. *Para una herencia incorruptible, etc.;* he aquí el blanco que tiene delante el Padre al reengendrarnos—el de hacernos herederos de bienes celestiales. La excelente gloria de esta *herencia* excede a la posibilidad de descripción en términos positivos; el autor se limita a registrar tres rasgos negativos que caracterizan las herencias materiales: incorruptibles, no teniendo en sí elemento ninguno de corrupción; *incapaz de contaminarse,* es decir, por influencia de afuera; *inmarcesible,* que jamás perecerá. Es más notable esta triple negativa en el original que en el castellano, pues cada negativa se expresa por una sola palabra, cosa a que no se presta el castellano. *Reservada en los cielos;* he aquí la idea positiva en cuanto a la seguridad de la herencia. Compárense las palabras de Cristo: ... "donde polilla ni orín corrompe, y donde ladrones no minan ni hurtan" (Mat. 6:20).

Vs. 5. *Para nosotros que somos guardados, etc.;* a la seguridad presentada en el versículo 4 se le añade otra: la que resulta del cuidado de Dios por los suyos, y así dicha seguridad se eleva a la segunda potencia. La herencia está "reservada en los cielos," y los herederos son *guardados en la virtud de Dios por fe.* Es mejor la traducción de la Versión Hispano-Americana de este versículo: *Que por el poder de Dios y mediante la fe sois guardados, etc.* Nótese la triple seguridad contenida en estas palabras del apóstol: la herencia reservada en los cielos, el heredero guardado por el poder de Dios, luego la seguridad garantizada por estos dos hechos, de que no saldrán fallidas las esperanzas del heredero. *Para alcanzar la salud que está aparejada, etc.;* Pedro revela que es el propósito divino que la esperanza del creyente tenga su perfecta fruición. El Dios que nos ha elegido

6 En lo cual vosotros os alegráis, estando al presente
un poco de tiempo afligidos en diversas tentaciones, si es
necesario,

7 Para que la prueba de vuestra fe, mucho más preciosa que el oro, el cual perece, bien que sea probado
con fuego, sea hallada en alabanza, gloria y honra, cuando Jesucristo fuere manifestado:

---

desde la eternidad no pierde de vista ni por un momento
el fin que desde el principio ha perseguido. Caben aquí
las palabras del Dr. J. Rayson Lumby, en *The Expositor's Bible*: "Así es que, para el fiel peregrino, la victoria
es segura. Y a esta seguridad se refiere San Pedro
cuando a continuación llama la herencia celestial una
salud. Esto será la consumación. '*Sursum Corda*' es la
contraseña del creyente. La felicidad perfecta no se
alcanzará aquí; pero cuando fuere corrido el velo que
separa esta vida de la otra, será ella manifestada des-
lumbrando la vista con su gloria. El sentido (convicción)
de esta salud, lista para ser revelada, fortalece el corazón
para todo conflicto."

Vs. 6. *En lo cual vosotros os alegráis; la expresión en lo
cual* se refiere a las consideraciones presentadas en los
versículos 3-5. Dichas consideraciones proporcionan la
base para su alegría. *Estando al presente un poco de
tiempo* ... *etc.;* mejor, *Aunque ahora por poco tiempo,
si es preciso, hayáis sido entristecidos en pruebas diversas* (Versión Hispano-Americana). La alegría de la cláusula anterior se experimenta a pesar de las pruebas por
las cuales están ellos pasando. Es significativa la frase
si es preciso, en relación con las pruebas. La necesidad
de las pruebas se ve en el resultado de ellos. Sirven para
demostrar la sinceridad de nuestra fe, y a la vez para
refinar nuestro carácter, como el fuego refina el oro,
como dice el autor en el versículo siguiente.

Vs. 7. *Para que la prueba de vuestra fe* ... *sea hallada
en alabanza* ... *etc.;* este versículo explica la frase "si es
preciso" del 6. Son necesarias las "pruebas diversas"

8 Al cual, no habiendo visto, le amáis; en el cual creyendo, aunque al presente no lo veáis, os alegráis con gozo inefable y glorificado;

---

para demostrar la naturaleza de nuestra fe. La comparación contenida en la frase *mucho más preciosa que el oro* se refiere a la *prueba* de la fe, más bien que a la misma fe. También la referencia es a la *prueba* del oro, y no al oro mismo. En sentido general, tenemos aquí un parangón entre la fe y el oro, pero la construcción gramatical en el original indica una comparación especial entre la *prueba* de las dos cosas. La fe es probada con *pruebas;* el oro, con *fuego,* pero de las dos cosas, aquélla es la más importante. El resultado final de la prueba de la fe se verá *cuando Jesucristo fuere manifestado,* y entonces recibirá el creyente su galardón en forma de *alabanza, gloria y honra.*

Vs. 8. *Al cual, no habiendo visto, le amáis;* habiendo hecho mención de Jesús en el versículo anterior, Pedro ahora procede a enumerar las relaciones que sus lectores sostienen con él, sin haberlo visto, y la primera es la de amor: *le amáis.* Tendría presente el apóstol las tres veces repetida pregunta de Cristo al lado del mar de Galilea: "Simón, hijo de Jonás, ¿me amas?" (Juan 21:15-17). Pedro, sí, le había visto, y no es extraño su amor, pero sus lectores cuando menos la mayoría de ellos nunca le habían visto y, sin embargo, le amaban—¡He aquí la maravilla! *En el cual creyendo;* este es otro lazo que les une al Maestro—*la fe,* tantas veces mencionada en los versículos anteriores, y esta fe es independiente de la vista: *Aunque al presente no lo veáis.* Las palabras *al presente* envuelven la esperanza de verlo más tarde, es decir, cuando El "fuere manifestado" (versículo 7). Sin duda, tendría presente Pedro, al escribir las palabras de este versículo, la bienaventuranza de Cristo en Juan 20:29—"Porque me has visto, Tomás, creíste: bienaventurados los que no vieron y creyeron." *Os alegráis con gozo inefable y glorificado;* este *gozo,* que no se puede

9 Obteniendo el fin de vuestra fe, que es la salud de vuestras almas.

10 De la cual salud los profetas que profetizaron de la gracia que había de venir a vosotros, han inquirido y diligentemente buscado.

11 Escudriñando cuándo y en qué punto de tiempo significaba el Espíritu de Cristo que estaba en ellos, el cual pronunciaba las aflicciones que habían de venir a Cristo, y las glorias después de ellas.

---

expresar con palabras humanas, representa la *esperanza* que resulta de la fe y el amor mencionados ya en el versículo, completando así las tres gracias cristianas de I Cor. 13:13—la fe, la esperanza y el amor—aunque no en el mismo orden en que constan en dicho pasaje.

Vs. 9. *Obteniendo el fin de vuestra fe, etc.;* el tiempo presente de este verbo *(obtener)* parece indicar que, en medio de todas las pruebas a que se ven sujetos los lectores, se está efectuando, mediante su fe, la obra salvadora de sus almas. Hacia este fin tienden todas las experiencias por las cuales ellos están pasando, y en medio de las cuales experimentan tanto gozo. Esta obra salvadora tendrá su perfección "cuando Jesucristo fuere manifestado."

Vrs. 10, 11. *De la cual salud los profetas ... han inquirido ... buscando, escudriñando... etc.;* estos versículos presentan un interesante aspecto de los profetas del Antiguo Testamento: No comprendieron siempre el profundo significado de sus propias comunicaciones; y, convencidos de que estas comunicaciones tenían una profundidad de significado más allá de su propia inteligencia, ellos *inquirieron e indagaron con diligencia* (Versión Hispano-Americana), a fin de descubrir dicho significado. Los profetas tenían el oficio de recibir y comunicar al pueblo las comunicaciones divinas; eran las intérpretes de Dios. Algunas de sus comunicaciones eran para instruir; otras, para predecir acontecimientos futuros; y al parecer, las que más excitaron la curiosidad de ellos, fueron las

12 A los cuales fue revelado, que no para sí mismos, sino para nosotros administraban las cosas que ahora os son anunciadas de los que os han predicado el evangelio por el Espíritu Santo enviado del cielo; en las cuales desean mirar los ángeles.

---

que tenían que ver con *la gracia que había de venir* al pueblo en relación con las predicciones acerca del Cristo —*las aflicciones* de él, *y las glorias después de ellas*. Estos dos versículos demuestran que, a juicio del autor, las enseñanzas del Antiguo Testamento giran al rededor de Cristo: el tiempo de su venida (cuándo y en qué punto de tiempo, etc.). *El espíritu de Cristo;* que motivaba los escritos de los profetas, *las aflicciones* de Cristo, y *las glorias* subsecuentes. (Véanse Isa. 53; 9:6, 7; 11:1; también Mat. 8:17 y I Ped. 2:22-24, que indican la interpretación que dan Cristo y Pedro a estas profecías). En relación con esto vienen muy al caso las palabras de Cristo a sus discípulos en Lu. 10:24: "Porque os digo que muchos profetas y reyes desearon ver lo que vosotros veis, y no lo vieron, y oír lo que oís, y no lo oyeron."

Vs. 12. *A los cuales fue revelado que no para sí mismos, etc.;* al parecer, las indagaciones de los profetas fueron premiadas sólo en parte, es decir, llegaron a saber que sus profecías de "la gracia que había de venir" eran para las generaciones futuras, y no para la de entonces. "Al anunciar la venida del Mesías y las bendiciones que El había de conferir, no se beneficiaron ellos mismos, porque estas predicciones no se cumplieron en sus días; pero beneficiaban a los que vivieran en el tiempo de encarnación y después de ella, porque los escritos proféticos ayudaron a los que vieron y oyeron hablar de Cristo, a entender su mensaje y a creer en El." —*The Century Bible. Las cosas que ahora os son anunciadas;* el autor interpreta las verdades anunciadas por los predicadores de su tiempo como el cumplimiento exacto de lo predicho por los profetas. *Por el Espíritu Santo enviado del cielo:* comparando esta frase con "el espíritu de Cristo" del versículo 11, vemos que el apóstol identifica el Espíritu

13 Por lo cual, teniendo los lomos de vuestro entendimiento ceñidos, con templanza, esperad perfectamente
en la gracia que os es presentada cuando Jesucristo os es
manifestado:

Santo con el de Cristo, por el cual escribieron los profetas. Así es que Pedro presenta la íntima relación que
existe entre el Antiguo y el Nuevo Testamento. *En las
cuales desean mirar los ángeles;* la palabra traducida
mirar quiere decir *mirar con atención.* Ni profetas antes
de la venida de Cristo, ni ángeles después de su venida,
han podido comprender en toda su extensión la sublimidad de la salvación obrada en favor del hombre. Tanto
éstos como aquéllos han tomado parte importante en esta
obra magna; y por qué Dios no les haya querido revelar
en su totalidad dicha obra, no lo podemos decir; sin
embargo, esto está de acuerdo con lo que dice Cristo acerca de su segunda venida, el tiempo de la cual no se ha
revelado ni a ángeles ni al Hijo; sólo el Padre lo sabe
(Mat. 24:36).

II. Exhortaciones a la Santidad Personal, 1:13-2:12.

1. *La santidad del Padre demanda la santidad en los
   hijos*—Vrs. 13-16.

Vs. 13. *Por lo cual;* estas tres palabras que representan
una sola en el original, presentan el conjunto del párrafo
anterior como base de la exhortación de este versículo.
Teniendo los lomos, etc.; es preferible la traducción del
Nuevo Pacto del resto de este versículo: *Ceñid los lomos
de vuestra mente, sed sobrios, y tened perfecta esperanza
en la gracia que se ha de traer en la manifestación de
Jesucristo.* El *ceñir los lomos* es cosa necesaria para que
uno pueda andar sin que le estorbe el vestido, y figuradamente quiere decir prepararse para emprender cualquiera cosa. Lo notable es que el apóstol habla de los
lomos *de vuestra mente* pero como comenta *The Century
Bible:* "La Biblia constantemente requiere que el intelecto coopere con las facultades morales y espirituales."

14 Como hijos obedientes, no conformándoos con los
deseos que antes teníais estando en vuestra ignorancia;

La religión apela a todo lo que constituye el hombre—
cuerpo, mente, alma—y para el completo desarrollo de
ella, se necesita la cooperación de todas sus partes componentes. *Sed sobrios;* es decir, *templados en todo,* ejer-
ciendo siempre la debida moderación en los impulsos,
palabras y actos. *Tened perfecta esperanza en la gracia
que se os ha de traer, etc.;* la esperanza del cristiano ha
de tener su perfecta fruición en la segunda venida de
Cristo, y esta perfecta fruición se llama aquí *gracia,* indicando así que no será una cosa ganada o merecida, sino
un favor conferido gratuitamente, sin mérito alguno
de parte de quien la reciba. El propósito del apóstol, al
hacer esta recomendación, es afirmar y fortalecer a
sus lectores en medio de los contratiempos y persecuciones por los cuales estaban pasando. Una profunda
convicción en cuanto a la feliz salida de todas sus aflicciones en la venida de Cristo serviría para obtener este
fin. Débese advertir que el participio en el original
traducido aquí *que se ha de traer,* está en el tiempo presente, indicando que no toda la *gracia* de referencia
está reservada para cuando fuere manifestado Cristo.
Gózase ahora en parte esta gracia, y se gozará en su
perfección más tarde. (Williams).

Vs. 14. *Como hijos obedientes;* el original dice, al pie
de la letra: *como hijos de obediencia,* que es una construcción muy usada en el Nuevo Testamento para dar
énfasis especial al pensamiento. *No conformándoos con
los deseos que antes teníais, etc.; mejor no amoldándoos
a las pasadas concupiscencias del tiempo de vuestra ignorancia* (Versión Hispano-Americana). La futura vida de
ellos ha de ser amoldada en otro molde muy distinto del
en que se había formado su vida pasada. Su vida anterior
se había amoldado en el molde de sus *pasadas concupiscencias,* abarcando todos los deseos pecaminosos de los
cuales eran ellos víctimas. *El tiempo de vuestra igno-*

15 Sino como aquel que os ha llamado es santo, sed también vosotros santos en toda conversación:
16 Porque escrito está: Sed santos, porque yo soy santo.

---

rancia; antes de su conversión. Esta *ignorancia* no dejaba de ser criminal; sin embargo, vivir en los mismos pecados, después de haber recibido el conocimiento del Evangelio, sería mucho más criminal todavía. El apóstol Pablo, en su discurso en Atenas, se refiere a "los tiempos de esta ignorancia" (Hch. 17:30). En Efes. 4:18, hablando de la condición moral de los gentiles, atribuye su inmoralidad a "la ignorancia que en ellos hay;" y en I Tim. 1:13, hablando de su propia vida antes de conocer a Cristo, dice: "Mas fuí recibido a misericordia, porque lo hice con ignorancia en incredulidad."

Vs. 15. *Sino como aquel que os ha llamado es santo;* la santidad de Dios, por causa de la relación que el creyente sostiene con El, presenta el motivo más poderoso en favor de la santidad. *Sed también vosotros santos en toda conversación;* mejor, *conducta* que *conversación,* pues la referencia es a la manera de vivir en general, y no sólo a las palabras. La palabra traducida *santo* en este versículo significa, en primer término, separado y dedicado a algún uso especial, pero usada en relación a Dios encierra el elemento moral, y conviene que este mismo elemento se desarrolle en el carácter del creyente. El carácter del llamado debería corresponder al de quien le llama.

Vs. 16. *Porque escrito está;* el apóstol basa su recomendación en las palabras de Dios a Moisés en Lev. 11:44. La santidad ceremonial del antiguo sistema es típica de la santidad moral que es inherente al carácter de Dios y que debe formar parte del carácter del creyente. *Sed santos porque yo soy santo;* Pedro cita el contenido de varios pasajes en Levítico, pues en tres versículos, cuando menos, se repite en este libro la misma amonestación. (Véanse Lev. 11:44; 19:2; 20:7).

17 Y si invocáis por Padre a aquel que sin acepción de personas juzga según la obra de cada uno, conversad en temor todo el tiempo de vuestra peregrinación:

18 Sabiendo que habéis sido rescatados de vuestra vana conversación, la cual recibisteis de vuestros padres, no con cosas corruptibles, como oro o plata;

---

2. *El precio pagado por su salvación demanda la santidad personal*—Vrs. 17-21.

Vs. 17. *Y si invocáis por Padre;* en el versículo 15 el autor habla del llamamiento del Padre, presentando así el lado divino del asunto; y aquí el hecho de que los llamados invocan a Dios por Padre, indica que ellos han respondido voluntariamente a este llamamiento, llegando así a ser hijos verdaderos. En esto presenta el apóstol el lado humano de la transacción. *Aquel que sin acepción de personas;* el adverbio en el original, traducido aquí por las cuatro palabras *sin acepción de personas,* no consta en otro versículo del Nuevo Testamento y significa *con absoluta imparcialidad. Juzga según la obra de cada uno;* sin prestarse nunca a influencias ajenas, ajustando su fallo siempre al mérito o demérito del caso. *Conversad en temor;* mejor, *conducíos en temor* (Versión Hispano-Americana). El temor reverente representa la debida actitud del hombre, aunque sea hijo, que ha de ser juzgado por un juez incapaz de ser movido de la línea de la justicia perfecta. *Todo el tiempo de vuestra peregrinación,* la actitud de "temor reverente" ha de ser conservada hasta el fin de esta vida, que se considera aquí como un período de *peregrinación,* o sea, como "viaje por tierras extrañas," siendo el cielo nuestra patria.

Vs. 18. *Sabiendo que habéis sido rescatados;* el verbo en el griego así traducido, se encuentra también en Lu. 24:21 ("Mas nosotros esperábamos que él era el que había de redimir (rescatar) a Israel") y en Tito 2:14 ("Que se dio a sí mismo... para redimirnos (rescatarnos) de toda iniquidad"). También el sustantivo "res-

19 Sino con la sangre preciosa de Cristo, como de un cordero sin mancha y sin contaminación:

20 Ya ordenado de antes de la fundación del mundo, pero manifestado en los postrimeros tiempos por amor de vosotros,

---

cate" de Mat. 20:28 es de la misma raíz, que significa: librar por precio una cosa que ha sido empeñada, y representa al pie de la letra la obra de Cristo en favor del pecador. *De vuestra vana conversación;* mejor,.... *vana manera de vivir* (Versión Hispano-Americana). Véase la nota sobre *conversad* en el versículo 15. *La cual recibisteis de vuestros padres;* estas seis palabras son la traducción de una sola en el original, que sólo en este versículo se encuentra en el Nuevo Testamento. *La tal manera de vivir* había sido la desgraciada herencia de los lectores, de la cual habían sido *rescatados,* y el precio pagado por su rescate no había sido *cosas corruptibles como oro o plata,* como en el ordinario comercio del día. Aun en este caso el precio pagado como rescate había de guardar cierta relación con el valor de la cosa rescatada.

Vs. 19. *Sino con la sangre preciosa de Cristo;* he aquí el precio pagado por el rescate del pecador—precio que excedía con mucho al valor de la cosa rescatada. La sangre representa la vida; de modo que el rescate del hombre costó *la vida* de Cristo, como dice El mismo, en Mat. 20:28— "... para dar su vida en rescate de muchos." Los siguientes pasajes todos se prestan a la idea fundamental de las Escrituras acerca de la propiciación por el pecado efectuada mediante el sacrificio de Cristo. Is. 53:10; Mat. 20:28; Jn. 11:51, 52; I Tim. 2:6; Tit. 2:14; I Ped. 1:19. *Como de un cordero sin mancha, etc.;* el cordero era el animal predilecto, bajo el sistema mosaico, como sacrificio por el pecado, y siempre había de ser animal sin defecto de ninguna especie. Este requisito tipificaba la perfección moral y espiritual del "Cordero de Dios que quita el pecado del mundo" (Jn. 1:29).

Vrs. 20, 21. *Ya ordenado de antes de la fundación del*

21 Que por él creéis a Dios, el cual le resucitó de los muertos, y le ha dado gloria, para que vuestra fe y esperanza sea en Dios.

---

mundo, mejor, *conocido en verdad en la presciencia de Dios...* etc. (Versión Moderna). Las palabras *de Dios,* no constan en el original, pero se suplen con el fin de completar el sentido. El autor aquí, como en el versículo 2, les recuerda a sus lectores la *presciencia divina;* como la elección había sido "según la presciencia de Dios," así también la designación de su Hijo como sacrificio por medio del cual este propósito eterno había de ser llevado a efecto, constaba como elemento de la misma *presciencia.* Pedro, en su sermón del Pentecostés, habla de la crucifixión de Cristo como cosa determinada desde la eternidad (Hch. 2:23), y Juan, en El Apocalipsis, 13:18, hablando del Cordero dice: "El cual fue muerto desde el principio del mundo." Abundan en las cartas de Pablo referencias a los propósitos eternos concernientes a la salvación del hombre por la obra de Cristo. (Efes. 1:4, 5; Rom. 8:29, 30 y otros muchos); y todos estos pasajes sirven para asegurar al creyente el hecho de que su salvación está en la poderosa mano de Dios. (Juan 10:28, 29). *Pero manifestado en los postrimeros tiempos;* el original de esta expresión dice, al pie de la letra: *en el último de los tiempos,* es decir, desde la primera hasta la segunda venida (Williams). *Por amor de vosotros;* la palabra *vosotros* no se limita a los lectores, como se ve en el versículo 21, sino abarca a todos los que, como ellos, creen en Dios por Cristo. *Que por él creéis en Dios;* es decir por Cristo, de quien tratan los versículos 19, 20 y 21. Esta expresión de Pedro nos recuerda las palabras de Cristo: "Nadie viene al Padre sin por mí" (Jn. 14:6). *El cual le resucitó de los muertos;* esta es la segunda (1:3) y la última referencia a la resurrección de Cristo en la epístola. Compárense las palabras del apóstol en Hch. 2:24. *Le ha dado gloria;* refiriéndose a la exaltación de Jesús, después de su resurrección—la ascensión, su entronización a la diestra del Padre, etc. (Véase

22 Habiendo purificado vuestras almas en la obediencia de la verdad, por el Espíritu, en caridad hermanable sin fingimiento, amaos unos a otros entrañablemente de corazón puro:

Fil. 2:9-11). *Para que vuestra fe y esperanza sean en Dios;* esta mención de *fe* y *esperanza,* tomada en relación con el versículo 8, donde tenemos mención del amor, demuestra que estas tres gracias cristianas ocupan un lugar prominente en la mente de Pedro, como en la de Pablo (I Cor. 13). Todo lo que se ha dicho de Cristo en este párrafo (17-21), el apóstol lo atribuye a Dios, para que en El crean y esperen sus lectores; y el fin que se propone el autor, al contar las glorias de Cristo, es proporcionar una base adecuada para su recomendación en cuanto a la santidad personal: "Recordad," dice el escritor, "el costo de vuestra salvación, y recordándolo, veréis la importancia de conformar la vida a los principios de ella."

3. *La "simiente incorruptible" a la cual deben los lectores su renacimiento, demanda la santidad personal*—Vrs. 22-25.

Vs. 22. *Habiendo purificado vuestras almas;* esta referencia es al principio de esta purificación, es decir, cuando empezaron a obedecer la verdad; pero en la vida cristiana es un proceso continuo en relación con la práctica de la obediencia. Véanse las palabras de Pedro en el concilio de Jerusalem: "Y ninguna diferencia hizo entre nosotros (judíos) y ellos (gentiles), purificando con la fe sus corazones." *La fe* mencionada aquí conduce a la *obediencia* de nuestro texto, armonizando así la aparente discrepancia entre las dos expresiones del mismo apóstol. *En la obediencia de la verdad;* mejor, *por la obediencia de la verdad.* La palabra *verdad* se emplea en el sentido general, abarcando todo lo comprendido en el Evangelio. La frase *por el Espíritu* no consta en los mejores manuscritos, y por lo tanto, se omite en varias versiones. *En caridad hermanable, etc.,* mejor, *para amor no fingido*

23 Siendo renacidos, no de simiente corruptible, sino de incorruptible, por la palabra de Dios, que vive y permanece para siempre.
24 Porque
Toda carne es como la hierba,

---

de los hermanos (Versión Moderna). *Amor de los hermanos* es la trąducción de una sola palabra en el original, palabra empleada por Pablo en Rom. 12:10 y 1 Tim. 4:9; también por Pedro en forma sustantiva, en esta epístola, 3:8 y en II Ped. 1:7. *Amaos unos a otros entrañablemente, etc.;* esta cariñosa recomendación se parece mucho a algunas del apóstol Juan—"El apóstol de amor" —en su primera epístola: 4:7, 11, 20, 21. Es interesante notar que el fogoso apóstol no se ha olvidado del "mandamiento nuevo" del Maestro (Jn. 13:34).

Vs. 23. *Siendo renacidos ... por la palabra de Dios;* mejor, *Siendo engendrados de nuevo, etc.,* como en el versículo tres. Apresúrase el autor a afirmar la índole de la simiente por la cual se ha efectuado esta transformación en la vida de sus lectores: *No de simiente corruptible, sino de incorruptible.* Para describir esta simiente emplea el apóstol la misma palabra empleada en el versículo 4, en su descripción de la herencia del creyente—"Para una herencia incorruptible." En vez de: *Por la palabra de Dios que vive y permanece para siempre,* es preferible la traducción de la Versión Hispano-Americana: *Por la palabra viva y permanente de Dios,* en la cual no aparecen las palabras *para siempre,* que, en efecto, no constan en el original. Es cierto que la palabra de Dios *permanece para siempre,* pero no lo dice Pedro en este versículo. Cual es la simiente, tal es el fruto. Habiendo sido reengendrados por una simiente *incorruptible, viva, permanente,* por lo tanto, había de esperarse de parte de ellos una vida santa, rica y firmemente arraigada.

Vrs. 24, 25. *Porque toda carne es como la hierba, etc.;* el autor justifica su afirmación del versículo anterior

Y toda la gloria del hombre
como la flor de la hierba:
Secóse la hierba, y la flor se cayó;
25 Mas la palabra del Señor permanece perpetuamente.
Y esta es la palabra que por el evangelio os ha sido
anunciada.

---

haciendo una cita de Isaías (40:6-8), no al pie de la
letra, sino libremente, atendiendo más al sentido que a
las palabras del profeta. Los escritores del Nuevo Testamento en sus citas del Antiguo, siguen a veces el texto
hebreo, y otras veces el griego (el de los Setenta), y de vez
en cuando, parecen citar libremente de memoria, como
en el presente caso. Los cristianos del primer siglo tendrían más familiaridad con la de los Setenta que con
el original hebreo, siendo aquélla una traducción de éste
al griego, la lengua más generalizada en aquel entonces
en el Imperio romano. Es muy apropiada la comparación
del apóstol: *Toda carne,* es decir, la humanidad, con
la hierba, que pronto pasa; *la gloria del hombre,* "todo
aquello que el hombre en su estado no regenerado considera conveniente para promover su propia honra, tal
como la sabiduría, el poder, las riquezas;" como *la flor
de la hierba,* que es más delicada que la misma hierba.
Y, de repente, sin darse cuenta: *Secóse la hierba* (tiempo
pasado), *la flor se cayó* (también tiempo pasado). El
escritor deja a la imaginación del lector el correspondiente resultado de parte del hombre, y procede de una
vez a presentar su contraste notable: *Mas la palabra del
Señor permanece perpetuamente;* el hombre pasa ins-
tantáneamente, pero no así la palabra divina. "Para
siempre, ¡oh! Jehová, permanece tu palabra en los cielos" (Sal. 119:89). "El cielo y la tierra pasarán, mas mis
palabras no pasarán" (Mat. 24:35). *Y esta es la palabra
que por el Evangelio...* etc.; el vocablo traducido *palabra,* dos veces en este versículo, es distinto del que tiene
la misma traducción en el 23, siendo este vocablo más
comprensivo que aquél. Pedro recuerda a sus lectores
que esta palabra eterna, concreta—el mensaje del Evan-

gelio—la simiente incorruptible por medio de la cual ellos han sido reengendrados—es idéntica a las buenas nuevas que Pablo y otros les habían anunciado. Este hecho debiera servir de inspiración al amor fraternal recomendado en el versículo 22, y a la práctica de la santidad que desde el versículo 13 el autor ha venido recomendando.

CAPITULO II

2 Dejando pues toda malicia, y todo engaño, y fingimientos, y envidias, y todas las detracciones,

2 Desead, como niños recién nacidos, la leche espiritual,
sin engaño, para que por ella crezcáis en salud:

---

4. Detalles negativos y positivos que conducen a la santidad personal—Vrs. 1-5.

Vs. 1. *Dejando, pues;* la palabra *pues* indica que las
exhortaciones que siguen se basan en las observaciones
anteriores—el hecho de haber sido ellos reengendrados
por la simiente incorruptible del Evangelio, etc. *Dejando*
no expresa con tanta precisión la idea del verbo en el
original como *desechando* (Versión Hispano-Americana)
o *desnudándoos de* (Nuevo Pacto), que es el mismo empleado por Pablo en Col. 3:8, donde el pensamiento es
muy parecido al de este versículo. *Toda malicia y todo
engaño, etc.;* es de notarse la idea de *totalidad* que
expresa el apóstol aquí: los cinco vicios mencionados en
el versículo, tan comunes entonces como ahora, han de
ser *desechados* en su totalidad, por ser todos y cada uno
de ellos completamente ajenos a la santidad personal.
Con la simple sustitución de *hipocresías* por *fingimientos,*
y *maledicencias* por *detracciones,* el sentido del versículo
no necesita más aclaración. Echados a un lado estos
cinco vicios, queda abierto el camino para la exhortación
que sigue.

Vs. 2. Es preferible la traducción del Nuevo Pacto de
este versículo: *Como creaturas recién nacidas, desead
ardientemente la leche no adulterada de la palabra, a fin
de que por ella crezcáis para la salvación.* Esta traducción presenta con sencillez y claridad el sentido del versículo. La figura tomada de la naturaleza—*creaturas*

3 Si empero habéis gustado que el Señor es benigno;
4 Al cual allegándoos, piedra viva, reprobada cierto
de los hombres, empero elegida de Dios, preciosa,

---

recién nacidas, etc.—es bien llamativa y sirve para relacionar este versículo con lo dicho en el 23 del capítulo
anterior, en el cual el autor hace referencia al renacimiento del creyente por la simiente no corruptible de la
palabra. El verbo traducido *desead* en nuestra versión
significa más que *desead:* es palabra compuesta en el
original y quiere decir—*desead ardientemente* como el
niño recién nacido que *llora por* la leche que le corresponde. En la frase *la leche no adulterada de la palabra,*
que es el alimento que el creyente ha de buscar, la referencia es a las verdades más rudimentarias del evangelio, y tan puras como la leche de la madre; y como el
niño, alimentado con esta leche de la madre, crece físicamente, así también el niño espiritual, alimentado con la
leche *de la palabra,* crece *para la salvación,* o sea, *espiritualmente.* (Véase II Ped. 3:18). El crecimiento es proceso
normal de la niñez, pero depende del alimento apropiado. Lo mismo se puede decir del niño espiritual, y en
este versículo el apóstol recomienda el alimento adecuado para este crecimiento. La palabra *salvación* se
refiere al estado maduro del creyente, y no al acto efectuado en éste en el momento de creer en Cristo. Compárense Rom. 13:11; Fil. 2:12; Efes. 1:11-15.

Vs. 3. *Si empero habéis gustado; etc.;* aquí también es
preferible la traducción del Nuevo Pacto: *Ya que habéis
probado que el Señor es benigno.* El autor no quiere expresar duda en cuanto a la experiencia de gracia de
parte de sus lectores; al contrario, quiere dar por sentado
tal experiencia, y sobre ella basa la recomendación del
versículo 2. El verbo *gustar* conserva la figura de "leche"
del versículo anterior. La referencia es al Sal. 34:8—
"Gustad y ved que es bueno Jehová."

Vs. 4. *Al cual allegándoos;* es decir, al Señor, mencionado en el versículo 3. El tiempo presente de este par-

5 Vosotros también, como piedras vivas, sed edificados una casa espiritual, y un sacerdocio santo, para ofrecer sacrificios espirituales, agradables a Dios por Jesucristo.

---

ticipio en el original indica que este acto ha de ser un acto continuo de parte del creyente; su movimiento continuo ha de ser hacia Cristo. *Piedra viva;* el concepto de Cristo como una *piedra* no es ajeno al Antiguo Testamento, como se ve en las citas de los versículos 6-8; y en toda la epístola se nota en Pedro la influencia de los escritos bíblicos de la antigüedad. Pero el concepto de una piedra dotada de vida—*piedra viva*— esto sí es raro; sin embargo, cosas muy raras acontecen en la esfera espiritual. La vida de esta piedra se manifiesta por el doble hecho de haber llegado a ser "la principal piedra del ángulo" para el creyente, y "piedra de tropiezo" para el desobediente. *Reprobada cierto de los hombres;* mejor, *Desechada ciertamente por los hombres;* (Versión Hispano-Americana). Esta profecía de Isaías se cumplió al pie de la letra cuando los judíos rechazaron a Jesús. *Empero elegida de Dios, preciosa;* el original de este versículo indica claramente que el punto de contraste aquí es entre la actitud del hombre y la de Dios hacia esta piedra: el hombre la rechaza como inútil; Dios la elige como preciosa. Este contraste lo confirma el autor con las citas en los versículos 6-8, pero en orden inverso. Nótense los tres motivos presentados en este versículo por los cuales los lectores debieran de allegarse a Jesús: El es *piedra viva, elegida de Dios, preciosa.*

Vs. 5. *Vosotros también, como piedras vivas;* habiendo aplicado el adjetivo "viva" a Cristo como "piedra," el autor hace la misma aplicación a sus lectores, indicando de este modo la identidad de naturaleza entre ellos y El. La vida del creyente es la que Cristo le comunica al establecer contacto con El. *Sed edificados una casa espiritual;* la figura es la de piedras contentivas de vida recibida de Cristo, poniéndose en acción, cooperando unas con otras, hacia algún fin práctico, a saber, el de construir *una*

6 Por lo cual también contiene la Escritura:
  He aquí, pongo en Sión la principal piedra del ángulo,
    escogida, preciosa;
  Y el que creyere en ella, no será confundido.

---

casa espiritual. La palabra *casa* puede referirse al edificio material o a los individuos que habitan el edificio. El uso de la palabra *espiritual* indica indudablemente que se refiere al segundo sentido de la palabra. Compárense las palabras: "... la cual casa somos nosotros," de Heb. 3:6, donde el escritor está hablando de la casa de Moisés y la de Cristo. Un grupo de creyentes, avivados por su contacto con Cristo, bien puede llamarse *casa espiritual. Y un sacerdocio santo;* en la antigua dispensación el sacerdocio constituía un grupo aparte, aislado hasta cierto punto, de todos los demás del pueblo; pero bajo la nueva dispensación, cada individuo es un sa--cerdote, gozando de libre acceso a Dios, mediante la obra de Cristo, nuestro Sumo Sacerdote. En este caso, los creyentes son a la vez la "casa espiritual" y el "sacerdocio santo" que funciona en la casa. *Para ofrecer sacrificios espirituales;* los sacerdotes antiguos ofrecían sacrificios materiales; los creyentes ofrecen *sacrificios espirituales,* que se describen en Heb. 13:15-16, como "sacrificio de alabanza... fruto de labios que confiesen su nombre... porque de tales sacrificios se agrada Dios." *Agradables a Dios por Jesucristo;* tales sacrificios agradan a Dios si se ofrecen por corazones espiritualmente inclinados (Sal. 51:17), y por lo que ha hecho Cristo en nuestro favor. (Véanse Rom. 12:11; 4:18; 15:16). "Conmovedora para todo hijo de Dios es la eficacia de aquella mediación por la cual sacrificios tan inútiles en sí, llegan a ser aceptables a El, que es infinitamente puro" —*Williams.*

5. *Confirmación, por citas del Antiguo Testamento, de lo dicho en el párrafo anterior*—Vrs. 6-8.

Vs. 6. *Por lo cual también contiene la Escritura;* como se ha dicho ya, Pedro está empapado de las enseñanzas

7 Ella es pues honor a vosotros que creéis: mas para los desobedientes,
La piedra que los edificadores reprobaron
Esta fue hecha la cabeza del ángulo;

---

del Antiguo Testamento y, a semejanza de Mateo en su Evangelio, trata de demostrar que sus dichos concuerdan con los escritores antiguos. *He aquí, pongo en Sión la piedra principal ... etc.;* esta es una cita libre de Isaías 28:16, en la cual Pedro sigue más de cerca la de los Setenta que el hebreo, pero las variaciones de las dos versiones parecen indicar que aquí, como en otras ocasiones cita más bien de memoria. En Rom. 9:33, Pablo cita este mismo pasaje, pero, al parecer, también de memoria, dando por resultado variaciones verbales adicionales. Sin embargo, el sentido del pasaje no sufre seriamente en los dos casos. El emplea en el original las mismas palabras en este versículo para describir la *piedra* de referencia que empleó en el versículo 4, aunque nuestra versión tiene "elegida," "preciosa," en el 4, y "escogida, preciosa," en el 6. La última traducción es preferible. Ambos apóstoles—Pedro y Pablo—interpretan la *piedra* de la misma manera—la piedra es Cristo y fue colocada en Sión; pero el punto de vista de los dos, al citar las palabras, es distinto: Pedro trata de demostrar la eficacia de Cristo para salvar al creyente, poniéndole en favorables relaciones con Dios; Pablo, de explicar la caída de los de su nación, acentuando, en primer término, el hecho de que Cristo es "piedra de tropiezo" al incrédulo. En Efes. 2:20, Pablo da énfasis al hecho de que Cristo es "la principal piedra del ángulo." *El que creyere en ella ... etc.;* las palabras de Isaías son: "El que creyere, no se apresure," diciendo así negativamente lo que dice Pedro con una afirmación positiva. Las dos formas inspiran confianza al creyente.

Vs. 7. *Ella es pues honor a vosotros que creéis;* la palabra traducida *honor* es, en este caso, más o menos sinónima de *preciosa,* y por lo tanto, es preferible la traduc-

...otros sois linaje escogido, real sacerdocio, ... pueblo adquirido, para que anunciéis las vir-
...quel que os ha llamado de las tinieblas a su
...ble:

---

las palabras *lo cual* se refieren al *tropiezo*, no a la *deso-bediencia*. Es parte de la ley de Dios, la ley moral, que los desobedientes tropiecen, como indica Isaías en el pasaje del cual es tomada la cita de este versículo. (Isa. 8:14). El Dr. Rawson Lumby, que comenta esta epístola en la obra *The Expositors' Bible*, sugiere la plausible idea de que el *tropezar* no significa necesariamente la caída fatal de la víctima del tropiezo, citando en defensa de esta opinión el caso de los judíos, que como nación, re-chazaron a Cristo y que, según las enseñanzas de Pablo en Rom. 11:23, tendrán oportunidad de recobrar el te-rreno perdido: "Si no permanecieren en incredulidad, serán ingeridos; que poderoso es Dios para volverlos a ingerir."

6. *Exhortación a la santidad personal basada en la posición que ocupan como "pueblo de Dios"*—Vrs. 9-12.

Vs. 9. *Mas vosotros*; nótese el contraste bien marcado con el grupo descrito en los versículos anteriores, el grupo de los que "tropiezan en la palabra, siendo deso-bedientes." *Sois linaje escogido*; la palabra *escogido* es, en el griego, la misma traducida "elegidos," en 1:2, y llama la atención a la parte que ha tomado Dios en el estado actual de los lectores: Dios es quien los escogió. En Isa. 43:20 este mismo epíteto ("escogido") se le aplica al Israel nacional; y en el versículo 4 de este capítulo Pedro la emplea describiendo la piedra, "piedra... ele-gida (escogida) de Dios." *Real sacerdocio*; véase la nota sobre la expresión—"un sacerdocio santo"—en el ver-sículo 5. Dice Dios por boca de Moisés, en Ex. 19:6—"Y vosotros seréis mi reino de sacerdotes, y gente santa"—hablando al Israel nacional. Este pasaje contiene la sugestión del uso de la palabra *real* en relación con el

sacerdocio espiritual. Compárese también la expresión
de Juan: "Nos ha hecho reyes y sacerdotes," en Apoc.
1:6 y 5:10. *Gente santa;* como se ha visto arriba, estas
mismas palabras constan en Ex. 19:6, refiriéndose al Israel nacional, y el apóstol en nuestro texto las aplica al
pueblo espiritual de Dios, costumbre común entre los escritores del Nuevo Testamento. Téngase presente que
desde 1:13 el autor está exhortando, ora sobre una base,
ora sobre otra, a la santidad de vida. *Pueblo adquirido;*
de las varias traducciones que se han hecho de esta frase,
tal vez la de la Versión Moderna sea la mejor: *Pueblo de
posesión exclusiva,* es decir, posesión que pertenece exclusivamente a Dios. "Puede ser que el griego aquí haya
sido sugerido por una frase similar en Isa. 43:21. o por
otra equivalente en Ex. 19:5. Estas frases constan cuatro
o cinco veces en el Antiguo Testamento respecto a Israel,
y aquí y en Tito 2:14 (una frase equivalente a, pero no
idéntica con, la de este versículo) con referencia a la
iglesia."—*The Century Bible.*

Las siguientes observaciones del Dr. Williams en *"The
American Commentary on the New Testament,"* vienen
muy al caso aquí:

"Esta descripción gráfica no ha de atenuarse por la
suposición de que sea meramente ideal. Se describe lo
que son los cristianos en la actualidad, no lo que han de
ser en el milenio o en el cielo. Si los creyentes no llenan
los requisitos de esta descripción prueban con esto que
no han nacido de nuevo. La admisión de párvulos en la
iglesia ha contribuido seriamente a ser inaplicable la
descripción; lo mismo se puede decir de la apresurada
recepción de adultos que hacen su profesión de fe. Tan
exaltado es el carácter de cristianos que se presenta aquí,
que si no se manifestare en una comunidad que rechaza
la feligresía infantil, señal será de superficialidad en
la predicación y en el método de trabajar." *Para que
anunciéis las virtudes de aquel, etc.;* he aquí el *porqué*
del estado tan exaltado del cristianismo, pues sólo un
ser que posee las características que el apóstol acaba de

10 Vosotros, que en el tiempo pasado no erais pueblo, mas ahora sois pueblo de Dios; que en el tiempo pasado no habías alcanzado misericordia, mas ahora habéis alcanzado misericordia.

11 Amados, yo os ruego como a extranjeros y peregrinos, os abstengáis de los deseos carnales que batallan contra el alma,

12 Teniendo vuestra conversación honesta entre los gentiles; para que, en lo que ellos murmuran de vosotros como de malhechores, glorifiquen a Dios en el día de la visitación, estimándoos por las buenas obras.

---

enumerar, es capaz de pregonar con éxito las excelencias de Dios. Además, la posesión de estas cualidades impone la obligación de anunciar al mundo las virtudes divinas —el callar es criminal. Véanse las palabras de Cristo a sus discípulos: "Me seréis testigos... etc." (Hch. 1:8). La frase *que os ha llamado* nos recuerda al apóstol Pablo (Rom. 8:30), y la frase *de las tinieblas a su luz admirable* trae a la memoria las palabras de Juan en I Juan 2:8-12. Pedro habla de *su luz admirable;* Juan, de la *verdadera luz,* refiriéndose, sin duda, ambos a la misma luz.

Vs. 10. *Vosotros, que en el tiempo pasado ... etc.;* este versículo se refiere a las palabras de Dios en Oseas 1:9, 10 y 2:23. Tanto había pecado el pueblo escogido, que casi llegó al punto de perder su nacionalidad—*de no ser pueblo,* como dice Pedro; y en tales circunstancias, no había misericordia para ellos. Pero más tarde llegó a arrepentirse de su pecado, y Dios tuvo misericordia de él, recibiéndolo como pueblo suyo. Pedro, en este versículo, contrasta la condición del pueblo antes y después de haber vuelto a Dios y gozado de su misericordia. ¡Tan destructivo es el pecado al individuo y a la nación, y tan grande es la misericordia de Dios hacia el arrepentido!

Vrs. 11, 12. *Amados;* por primera vez en la epístola emplea el autor este título afectuoso, que le sirve de adecuada preparación para la ferviente súplica que sigue: *Yo os ruego como a extranjeros y peregrinos;* Pedro no *manda* como papa, sino *ruega* como hermano y colaborador (Williams). Las palabras *extranjeros y pere-grinos* tienen relación con las palabras de Abraham a los hijos de Heth: "Peregrino y advenedizo soy entre vosotros" (Gén. 23:4); y con las del Salmista: "Porque peregrino soy para contigo y advenedizo... etc." (Sal. 39:12). La última (peregrinos) es en el griego la que es traducida "extranjeros" en 1:1, y significa "la persona que reside provisionalmente en un lugar que no es su residencia permanente." La primera significa "una persona que reside en un país ajeno sin tener los derechos de ciudadanía." El cielo—no la tierra—es la patria del cristiano. *Os abstengáis de los deseos carnales,* mejor,... *las concupiscencias carnales.* Esta abstinencia es esencial al cultivo de la santidad personal que está recomendando el apóstol en todo este párrafo. *Que batallan contra el alma;* mejor motivo para abstenerse de ellas no se podría dar. Todo aquello que hace guerra contra el alma es perjudicial a los mejores intereses del hombre. Véase Stg. 4:1. El apóstol Pablo se expresa con énfasis también respecto a esta misma batalla: "Mas veo otra ley en mis miembros que se rebela contra la ley de mi espíritu y que me lleva cautivo a la ley del pecado que está en mis miembros" (Rom. 7:23). *Teniendo vuestra conversación (conducta) honesta entre los gentiles;* la exhortación anterior tiende a efectuar lo que aquí se recomienda: el abstenerse de "las concupiscencias carnales," a las cuales los gentiles daban demasiada licencia, contribuiría no poco a la observancia habitual de una conducta *honesta* ante el público. Luego presenta el autor el propósito de su exhortación: *Para que... ellos... glorifiquen a Dios ... estimándoos por las buenas obras.* Nótase una marcada similaridad entre estas palabras y las de Cristo en Mat. 5:16—"Así alumbre vuestra luz delante de los hombres, para que vean vuestras obras buenas y glorifiquen a vuestro Padre... etc." En los dos casos el fin es la glorificación de *Dios,* no la de los autores de las *buenas obras.* Quien busca su propia glorificación con sus obras, demuestra que no es capaz de producir buenas obras. Tan importante es la exhortación de este versículo, en

13 Sed pues sujetos a toda ordenación humana por
respeto a Dios: ya sea al rey, como a superior;
14 Ya a los gobernadores, como de él enviados para
venganza de los malhechores, y para loor de los que
hacen bien.

---

el concepto del autor, que la repite casi verbalmente en
3:16. La expresión *el día de la visitación,* tomada de Isa.
10:3, y que consta sólo aquí en el Nuevo Testamento, ha
sido interpretada de distintas maneras. Las dos veces
que consta en el Antiguo Testamento (Isa. 10:3 y Ose.
9:7), el significado parece ser *el día de cuentas,* o sea
el día en que Dios llamaría a cuentas a su pueblo. Esta
interpretación cuadra bien con el pensamiento general
de nuestro texto, ya sea tal día de cuentas la destrucción
de Jerusalem, la caída del Imperio romano, o el día del
juicio. En Lu. 19:44, donde Cristo emplea la expresión:
"El tiempo de tu visitación," la referencia parece ser
al tiempo en que El mismo estuvo en el mundo. Su venida
señaló el día de oportunidad para los judíos, pero, como
les decía: "No conociste el tiempo de tu visitación."
(Véanse las palabras de Juan Bautista en Mat. 3:10).

III. *Relación del Cristianismo con el Gobierno Civil* 2:13-17.

Vrs. 13, 14. *Sed, pues, sujetos a toda ordenación humana, etc.;* mejor, *Sujetaos a toda institución humana, por
causa del Señor.* (Versión Moderna.) Con estas palabras
de Pedro, unidas a las de Pablo en Rom. 13:1-8 y a las de
Cristo en Mat. 22:21 ("Pagad pues a César lo que es de
César, etc."), los cristianos no tienen excusa alguna por
su ignorancia respecto a su debida actitud hacia el gobierno civil. Nuestra relación espiritual para con Dios no
anula nuestra relación para con el estado. La respetuosa
sujeción a las autoridades civiles siempre nos conviene.
La frase—*por causa de Dios*— presenta el más elevado
motivo para practicar esta sujeción: Dios la desea y la
manda. *Ya sea al rey como superior;* empezando, como
es lógico, con el oficial supremo, el rey, o sea, el empera-

15 Porque esta es la voluntad de Dios; que haciendo
bien, hagáis callar la ignorancia de los hombres vanos:

---

dor quien en aquel tiempo probablemente fue Nerón.
Cualquiera que sea la forma del gobierno, su jefe superior ha de ser obedecido. Es el gobierno como tal, y no una
forma especial del mismo, que, según las palabras de
Pablo, constituye la potestad que "de Dios es ordenada"
(Williams). Pero la sujeción que debemos a las autoridades no se limita al jefe supremo: *ya a los gobernadores, como de él enviados;* los oficiales inferiores, nombrados por el oficial superior, también han de ser res-
petados y obedecidos. La palabra *gobernadores se refiere*
a los oficiales nombrados por el emperador para gobernar las provincias del imperio. *Para venganza de los malhechores;* imponiéndole el castigo que sus crímenes merecen. *Para loor de los que hacen bien;* las siguientes palabras de Pablo aclaran esta frase: "¿Quieres, pues, no
temer la potestad? Haz lo bueno y tendrás la alabanza
de ella; porque es ministro de Dios para tu bien." (Rom.
13:3-4).

Vs. 15. *Porque esta es la voluntad de Dios;* mejor, *porque así es, etc.,* donde la palabra *así* se refiere a la recomendación del versículo 13, y también al contenido de la
última parte de este mismo versículo. *Que haciendo bien,
hagáis callar, etc.* La sumisión a las autoridades civiles
es parte del "hacer bien" aquí recomendado. La palabra
traducida *hacer callar* significa *embozar,* y así es traducida en 1 Tim. 5:18 ("No embozarás al buey que trilla").
Los *hombres vanos* serán los "murmuradores" del versículo 12, cuyas bocas serían *embozadas* por el bien hacer
de los cristianos. La mención de este "hacer callar" en
relación con las autoridades, tal vez implica que éstas
vindicarían la inocencia de los cristianos. Pilato declaró
públicamente que Cristo no había cometido ningún mal
(Mar. 15:14); Galión rehusó escuchar los cargos que hicieron los judíos contra Pablo (Hech. 18:12-16); y en su
última visita a Jerusalem, las autoridades romanas le

16 Como libres, y no como teniendo la libertad por cobertura de malicia, sino como siervos de Dios.
17 Honrad a todos. Amad la fraternidad. Temed a Dios. Honrad al rey.

---

defendieron de la violencia de los judíos (Hech. 22 y 23). *"The Century Bible."*

Vs. 16. *Como libres y* (mejor, *mas) no teniendo la libertad ... etc.;* "Los judíos pretendían ser un pueblo líbre, debiendo su lealtad sólo a Dios; por lo tanto, constantemente estuvieron en rebelión contra el gobierno romano, al cual Dios los había sujetado por causa de su rebelión contra El: de esta manera *usaban de su libertad por cobertura de malicia,* so pretexto de rebelión, procurando así vindicar su conducta sediciosa y rebelde." —*Clarke. Sino como siervos de Dios;* esta relación con Dios demanda obediencia, sumisión a las autoridades civiles, como se ha dicho en el versículo 13.

Vs. 17. Este versículo termina de una manera sumamente propia el párrafo que trata de la relación del cristiano con el Estado. Dice el Dr. Williams, hablando del mismo: "Es un ejemplo excelente de pensamiento rápido, condensado. Es, en efecto, como la conclusión instantánea, poderosa, de música de orquesta. El apóstol asciende de hombres en general a hombres de relación espiritual; de éstos asciende al mismo Dios concluyendo por descender a la nota fundamental: 'Honrad al rey'." Es cierto que no hay relación humana que no se comprenda en una de estas cuatro exhortaciones. *Honrad a todos;* incrédulos y creyentes, amigos y enemigos, ricos y pobres, altos y humildes—todos sin distinción se abarcan en esta recomendación: El cristiano debe respeto a la humanidad entera. *Amad la fraternidad;* mejor, *... la hermandad,* es decir, el conjunto entero de los hijos de Dios. Todo individuo ligado a Cristo por los lazos de fe y amor, sea o no miembro de nuestra iglesia o denominación, pertenece a esta *hermandad* y, por lo tanto, es acreedor a nuestro amor (Jn. 13:34; Heb. 13:

18 Siervos, sed sujetos con todo temor a vuestros amos; no solamente a los buenos y humanos, sino también a los rigurosos.

---

1). *Temed a Dios;* esto abarca el amor reverencial que impide la desobediencia y conduce a la lealtad: he aquí la relación suprema del cristiano. *Honrad al rey;* termina el autor este cuarteto de exhortaciones con la nota sobresaliente del párrafo: la debida relación del creyente con las autoridades civiles. De esta manera repite Pedro la exhortación del Maestro: "Pagad a César lo que es de César" (Mat. 22:21); y demuestra también la identidad de su punto de vista con el de Pablo en Rom. 13:7.

IV. *Exhortaciones a los Miembros de la Familia, 2:18-3:7.*

En esta sección que trata de la familia, Pedro exhorta a "siervos," "mujeres" y "maridos," y precisamente en este orden, sin hacer mención de hijos; mientras Pablo, en Efes. 5:22-6:9, exhorta a casados, maridos, hijos, padres, siervos, amos, agrupando a los hombres en tres categorías. La familia es el baluarte de la sociedad, y los escritores bíblicos, reconociendo esto, declaran las obligaciones que corresponden a los distintos miembros de este sagrado círculo.

1. *Siervos—2:18-25.*

Vs. 18. *Siervos;* la palabra griega así traducida es distinta de la traducida *siervos* en el versículo 16, siendo ésta un término más fuerte, implicando la idea de la esclavitud. La palabra que ahora emplea Pedro significa los que sirven en la casa, sean o no esclavos. *Sed sujetos con todo temor a vuestros amos;* como todo cristiano había de estar en sujeción a las autoridades civiles (versículo 13), así los que servían en la casa había de obedecer al jefe de la familia. Probablemente la mayoría de estos *siervos* serían esclavos. Es de notarse que los escritores bíblicos que dan instrucciones a los esclavos, no

19 Porque esto es agradable, si alguno a causa de la conciencia delante de Dios, sufre molestias padeciendo injustamente.

20 Porque ¿qué gloria es, si pecando vosotros sois abofeteados, y lo sufrís? mas si haciendo bien sois afligidos, y lo sufrís, esto ciertamente es agradable delante de Dios.

---

atacan la esclavitud como institución; la reconocen como un sistema generalizado en el imperio romano, y tratan de regularizar las relaciones entre amos y siervos. Los principios fundamentales del Evangelio están opuestos a los de la esclavitud; y con el tiempo, han venido eliminando del mundo entero esta nefanda institución. El modo de proceder de parte de los apóstoles fue, sin duda, el más prudente en aquel entonces. *No solamente a los buenos y humanos... etc.;* había en aquellos tiempos toda clase de amos—*buenos y rigurosos;* la sujeción a aquéllos no costaría grandes sacrificios: la prueba verdadera de su carácter cristiano vendría con la necesidad de respetar y de sujetarse a los amos *rigurosos, rudos, ásperos.* Sin embargo, lo que más cuesta, es lo que más vale.

Vs. 19. *Porque esto es agradable;* mejor, *porque esto es digno de alabanza* (Versión Moderna). *Si alguno a causa de la conciencia delante de Dios sufre... injustamente;* el contenido de esta cláusula condicional está en oposición con la palabra *esto* de la anterior: el sufrir injustamente por causa de la conciencia es lo que es *digno de alabanza.* Esta aserción del apóstol está de acuerdo con la de Cristo en Mat. 5:10 y con la de Pablo en Rom. 13:5. (Compárese también Rom. 12:21).

Vs. 20. *Porque ¿qué gloria es si pecando, etc?;* esta pregunta sirve para acentuar la aserción del versículo anterior. No hay mérito alguno en aguantar con sumisión paciente el castigo justo de nuestros pecados: es la cosa más natural, más lógica. La *gloria* viene al siervo cristiano cuando, *haciendo bien,* sufre con paciencia el cas-

21 Porque para esto sois llamados; pues que también Cristo padeció por nosotros, dejándonos ejemplo, para que vosotros sigáis sus pisadas:

---

tigo no merecido—esto sí es *loable delante de Dios* (Versión Hispano-Americana). Téngase presente que el apóstol, con las exhortaciones a los siervos, contenidas en este párrafo, no da su aprobación a la esclavitud como institución. Como se ha dicho ya en las notas sobre el versículo 18, el Evangelio se opone diamétricamente a la esclavitud humana. Lo que busca Pedro en estos versículos es una conducta, de parte de los siervos cristianos, que sea digna de su fe, aun bajo el dominio de amos rudos, injustos, tiránicos. El cristianismo trata de regularizar la vida del hombre bajo las circunstancias más desfavorables que se pueden imaginar.

Vs. 21. *Porque para esto sois llamados;* el verbo de esta oración está, en el original, en el tiempo pasado: ... *fuisteis llamados.* El autor pasa ahora a otro y más alto motivo por qué "sufrir injustamente" el castigo de los amos duros e injustos, a saber, el ejemplo de Cristo mismo. "Tanto el ejemplo como las enseñanzas de Cristo aclararon el hecho de que tales sufrimientos serían parte de la vida cristiana; compárense Mar. 8:34, "Cualquiera que quisiere venir en pos de mí, niéguese a sí mismo, y tome su cruz y sígame;" Jn. 16:33: "En el mundo tendréis aflicción."—*The Century Bible.* Véase otra referencia al ejemplo de Cristo en 3:18—"Porque también Cristo padeció... el justo por los injustos... etc." En efecto, los demás versículos de este capítulo (21-25) presentan distintas fases del ejemplo de Cristo sufriendo injustamente a favor del hombre. *Pues que también Cristo padeció por nosotros;* mejor, ... *por vosotros,* según el mejor manuscrito. *Dejándonos ejemplo para que vosotros sigáis, etc.;* aquí también la Versión Moderna y la Hispano-Americana tienen *dejándoos* en vez de *dejándonos.* Con estos cambios, que corresponden al manuscrito más antiguo, la segunda persona plural de

22 El cual no hizo pecado; ni fue hallado engaño en su boca:

---

vosotros y *dejándoos*, corresponde a la segunda persona plural de los dos verbos *fuisteis llamados* y *sigáis*. En este versículo se declara el hecho de que *Cristo padeció,* y en el siguiente, de que padeció injustamente, y los dos hechos constituyen el ejemplo que ha dejado a los suyos; y *siguiendo sus pisadas,* estaremos imitando su digno ejemplo. "La palabra (el original de *ejemplo)* quiere decir, al pie de la letra, una plana que ha de ser copiada. Como un niño aprende a escribir imitando la plana a la cabeza de la página, así nosotros hemos de imitar al Cristo paciente, padeciendo nosotros mismos, sin quejarnos por no poder escoger la clase de sufrimiento, sino aceptando la clase que Dios designe."—*Williams.*

Vs. 22. *El cual no hizo pecado;* en el versículo 21, el apóstol ha presentado a Cristo como ejemplo de sufrir, y en éste y los siguientes explica que sufrió injustamente citando libremente varios dichos de Isaías en el capítulo 53 de sus profecías; y el "sufrir injustamente" constituye el punto principal de este versículo 22. No habiendo *hecho pecado ninguno,* padeció a manos de sus enemigos. En esto los siervos creyentes, propiedad de amos "rigurosos," habían de "seguir sus pisadas." *Ni fue hallado engaño en su boca;* la primera afirmación de este versículo—*no hizo pecado*—declara la perfecta inocencia de Cristo en su vida entera; sin embargo, el profeta agrega otro detalle que tendría especial significación en el caso de *siervos*—la referencia al *engaño*—forma de pecado tan común entre los de esta clase. El siervo que no engaña con la boca a su amo es digno de confianza. Cristo, el ejemplo por excelencia, no pecó ni en acto ni en palabra. Véanse las palabras de Santiago: "Si alguno no ofende en palabra, este es varón perfecto, etc." (Stg. 3:2). La palabra traducida *engaño* en este versículo es la misma empleada por Cristo en Juan 1:47, en su primera entrevista con Natanael: "He aquí un verda-

23 Quien cuando le maldecían, no retornaba maldición; cuando padecía, no amenazaba, sino remitía la causa al que juzga justamente:
24 El cual mismo llevó nuestros pecados en su cuerpo sobre el madero, para que nosotros siendo muertos a los pecados, vivamos a la justicia: por la herida del cual habéis sido sanados.

dero israelita en el cual no hay engaño." La cita es de Isa. 53:9.

Vs. 23. *Quien cuando le maldecían no retornaba maldición;* cita más bien del pensamiento, que de las palabras, del profeta (Isa. 53:7), que también viene muy al caso en la exhortación a los siervos. *Cuando padecía, etc.;* no sólo padecía siendo inocente: sino que bajo tal injusticia no manifestó nunca espíritu vengativo; su conducta bajo tal provocación siempre armonizaba con sus propias enseñanzas (Mat. 5:44). *Sino remitía la causa al que juzga justamente;* las palabras *la causa* no constan en el original. La Versión Moderna tiene *su causa* y el Nuevo Pacto traduce la cláusula: *Sino que se entregaba al que... etc.,* que representa probablemente con más precisión la idea del autor. Cristo estaba contento con entregarse a sí mismo, con todos sus intereses, al Padre, en quien tenía perfecta confianza—ejemplo sano y digno de imitación por los siervos, a quienes está exhortando el apóstol.

Vs. 24. *El cual mismo llevó nuestros pecados, etc.;* deléitase Pedro en recordar las predicaciones del gran profeta evangélico acerca de Cristo (Isa. 53:4). Habiéndolo presentado como ejemplo, ahora penetra más todavía en su misión salvadora, presentándolo con carácter de propiciador entre el hombre y Dios (Véase 1 Juan 2:2). En esta aserción Pedro afirma que el castigo injusto que Cristo sufrió (22,23), fue a nuestro favor—*que nuestros pecados* motivaron los padecimientos que injustamente le sobrevinieron a El. Así es que el autor nos lleva aquí a la misma orilla de la profunda doctrina de la *Reconciliación*—doctrina cuya discusión detallada no cabe aquí.

25 Porque vosotros erais como ovejas descarriadas;
mas ahora habéis vuelto al Pastor y Obispo de vuestras
almas.

En breve, se puede decir que, en presentar a Cristo cla-
vado en la cruz (el madero), Pedro lo vio cargado del
pecado del hombre, y sufriendo el castigo que el pecado
de éste merecía. Nótese ahora el resultado de esto: *Para
que nosotros, siendo muertos al pecado;* habiendo muerto en El, nuestro sustituto, el pecado ya no tiene dominio
sobre nosotros. Véanse las expresiones de Pablo en su
discusión de esta muerte al pecado, en Rom. 6: "Porque
los que somos muertos al pecado" (2); "Nuestro viejo
hombre juntamente fue crucificado con él" (6); "y si
morimos con Cristo... etc." (8); "Pensad que de cierto estáis muertos al pecado" (11). *Vivamos a la justicia;*
he aquí el lado práctico del asunto: *muertos* en un sentido pero *vivos en otro.* Esta nueva vida ha de tornar la
conducta hacia la práctica de la *justicia. Por la herida
del cual habéis sido sanados;* en esta afirmación el autor nos da la esencia de las cuatro afirmaciones de Isaías,
en Isa. 53:5, las cuales demuestran que todo lo que somos,
lo debemos a Cristo.

Vs. 25. *Porque vosotros erais como ovejas descarriadas;*
en este cambio de figura Pedro sigue todavía la línea del
pensamiento y casi las mismas palabras de Isaías (Isa.
53:6). La expresión *ovejas descarriadas representa* muy a
lo vivo la condición del hombre antes de su conversión.
Este versículo empieza en el griego con el verbo *erais,*
acentuando así el contraste con la palabra *ahora* de la
cláusula que sigue. El profeta Ezequiel pinta la funesta
condición de Israel, bajo la figura de ovejas, de la manera siguiente: "Y están derramadas... y fueron esparcidas. Y anduvieron perdidas mis ovejas por todos los
montes, y en todo collado alto... etc." (Eze. 34:5, 6).
*Mas ahora habéis vuelto al Pastor y Obispo de vuestras
almas;* notable diferencia entre antes y después de la

conversión. Compárese semejante contraste descrito por el apóstol Pablo en Efes. 2:1-13. En 5:4 Pedro se refiere a Cristo como "el Príncipe de los pastores." Cristo, en Juan 10:11, 14, habla de sí como "el buen pastor." El Nuevo Pacto con sobrada razón tiene *Sobreveedor,* en vez de *Obispo,* en este versículo. La frase—*de vuestras almas* —se refiere a los dos títulos *Pastor* y *Sobreveedor:* Cristo es *Pastor* del alma y *Sobreveedor* del alma. Las ovejas antes *descarriadas* ya no lo están; bajo la protección y cuidado del buen Pastor, absolutamente nada les falta (Sal. 23:1).

Es de notarse que, en el párrafo dirigido con especialidad a los siervos, el apóstol asciende a lo que se puede llamar el clímax de su carta. Pedro, como su Maestro, se interesa intensamente en las clases humildes: "y a los pobres es anunciado el evangelio" (Mat. 11:5).

CAPITULO III.

3 Asimismo vosotras, mujeres, sed sujetas a vuestros maridos; para que también los que no creen a la palabra, sean ganados sin palabra por la conversación de sus mujeres,

2 Considerando vuestra casta conversación, que es en temor.

---

2. *Esposas—3:1-6.*

Vrs. 1, 2. *Asimsimo vosotras, mujeres;* habiendo empezado con los siervos, los que humildemente sirven en la casa, luego procede a aconsejar a las esposas que dirigen las actividades de ellos. El contexto justifica la traducción *esposas, en vez de mujeres. Sujetaos a vuestros maridos;* mejor ... *a vuestros propios maridos* (Versión Moderna). Con el uso del mismo verbo que ha empleado en el caso de los siervos (2:18), y de la palabra "asimismo," al principio de este versículo, el autor relaciona esta exhortación con la que acaba de dar a los siervos, recomendando así la debida sujeción en el círculo de la familia—la de los siervos a sus amos, la de las esposas a sus maridos. Compárese el dicho del apóstol Pablo en I Cor. 11:3. *Para que también los que no creen ... sean ganados sin palabra, etc.;* al hacer la recomendación de este versículo, el apóstol es impulsado por un fin alto y digno—la conversión del marido incrédulo. La esposa cristiana ha de sujetarse a su marido pagano, con la esperanza de ganarlo para Cristo; y esto *sin palabra,* es decir, sin exasperarlo con incesantes importunidades verbales. *Por la conversación (conducta) de sus mujeres;* he aquí el argumento más elocuente y potente en favor del Cristianismo: el de una vida del todo correcta y que ejemplifica los sublimes principios de nuestra fe. Nuestros hechos pesan más que nuestras palabras. *Con-*

3 El adorno de las cuales no sea exterior con encrespamiento del cabello, y atavío de oro, ni en compostura
de ropas;
4 Sino el hombre del corazón que está encubierto, en
incorruptible ornato de espíritu agradable y pacífico, lo
cual es de grande estima delante de Dios.

---

siderando vuestra casta conversación (conducta); la palabra traducida aquí *considerando* quiere decir *observan-
do,* o *considerando con toda atención.* Esto lo podría
hacer el marido en las intimidades de la familia. *Que
es en temor;* es decir, *temor respetuoso, reverencia,* hacia
los maridos. Esta actitud que debe la esposa al marido,
no la anula la fe cristiana; al contrario, la intensifica.
Tal actitud viene a ser un factor eficaz en los esfuerzos
por ganar al marido incrédulo para Cristo.

"La historia presenta muchos ejemplos notables de la
conversión de maridos paganos por la influencia de sus
esposas cristianas; por ejemplo, Clovis, rey de Francia,
por su esposa, Clotilde; Ethelberto de Kent, por su esposa Berta."—*The Century Bible.* Véase I Cor. 7:10-16
para la descripción del caso de una creyente casada con
un pagano.

Vrs. 3, 4. *El adorno de las cuales, etc.;* Pedro como Pablo (I Tim. 10:9) reconoce el apego de la mujer al *adorno,*
y como él, no lo condena; lo que hacen ambos es dar
instrucciones negativas y positivas respecto a esta tendencia femenil. *No sea exterior;* la distinción que hace
es entre el adorno exterior y el interior; aquél lo estima
el hombre, y éste lo estima Dios. Los tres detalles de
adorno mencionados aquí—*encrespamiento del cabello,
atavío de oro, compostura de ropa*—son los que acostumbra más la mujer, y, por lo tanto, los señala el apóstol al referirse al adorno exterior de la mujer. Pero
no hemos de entender que su propósito es condenar por
completo tales adornos: su idea parece ser demostrar
que el adorno interior, mencionado en el versículo 4,
es tan superior al exterior del versículo 3, que las
esposas siempre debieran dar la preferencia a aquél, no

5 Porque así también se ataviaban en el tiempo antiguo aquellas santas mujeres que esperaban en Dios, siendo sujetas a sus maridos:
6 Como Sara obedecía a Abraham, llamándole señor;

---

sólo por ser más aceptable a Dios, sino también por ser más eficaz para ganar a sus maridos a la fe cristiana. Véase Isa. 3:18-24 para una lista de los adornos empleados por las mujeres del Oriente. *El hombre del corazón;* es decir, "el ser verdadero," el interior, escondido por cierto a los ojos del mundo, pero abierto a los ojos de Dios. *En incorruptible ornato (adorno) de espíritu agradable y pacífico;* he aquí el *adorno* propio para el "ser verdadero" de la mujer—*adorno* duradero que no se gasta en contraste con el exterior de oro, ropa, etc. del versículo 3. Repetidas veces el apóstol emplea en su carta las palabras *corruptible* e *incorruptible* (Véanse 1:4, 7, 18, 23; 3:4). Compárese la distinción entre "el hombre exterior" y "el hombre interior" que hace Pedro aquí, con la misma distinción en los escritos de Pablo (Rom. 2:28, 29; 7:22; II Cor. 4:16). El adorno recomendado para las mujeres—*espíritu agradable y pacífico,* o sea, *manso y quieto*— contrasta notablemente con el de lo exterior, y mucho más les conviene a las esposas, que han de estar en sumisión a sus maridos; además, *es de grande estima delante de Dios;* y esto es por sí solo, motivo suficiente para dar la preferencia a esta clase de adornos. Como dijo Dios a Samuel cuando le envió para ungir a David por rey: "Porque Jehová mira no lo que el hombre mira; pues que el hombre mira lo que está delante de sus ojos, mas Jehová mira el corazón" (I Sam. 16:7).

Comparando estos consejos de Pedro a las esposas, con Efes. 5:22-24; Col. 3:18; Tit. 2:4, 5; I Tim. 2:8-12, vemos que los dos apóstoles—Pedro y Pablo—están de acuerdo en cuanto al sitio que corresponde a la esposa cristiana.

Vrs. 5, 6. *Porque así también se ataviaban en el tiempo antiguo, etc.*; constantemente Pedro está acordándose de los buenos tiempos pasados cuando las *santas mujeres,*

de la cual vosotras sois hechas hijas, haciendo bien, y no sois espantadas de ningún pavor.

7 Vosotros maridos, semejantemente, habitad con ellas según ciencia, dando honor a la mujer como a vaso más frágil, y como a herederas juntamente de la gracia de la vida; para que vuestras oraciones no sean impedidas.

---

temerosas de Dios y *sujetas a sus maridos,* daban ejemplo de religiosidad y de sumisión bien digno de imitación por las esposas cristianas de su propio día. Como buen judío, ve mucho bien en la temprana historia de su pueblo que se puede aprovechar bajo el nuevo sistema religioso. *Como Sara obedecía a Abraham, etc.;* es razonable que Sara haya sido seleccionada de entre las mujeres santas de la anti- güedad, como ejemplo para las mujeres cristianas, siendo ella esposa de Abraham, el fundador de la raza, mujer re- lativamente *santa,* y que reconoció la relación sumisa que sostenía para con su marido, *llamándolo señor. De la cual vosotras sois hechas hijas, haciendo bien;* esto trae a la memoria las palabras de Pablo: "Y si vosotros sois de Cristo, ciertamente la simiente de Abraham sois... etc." (Gál. 3:29). Pedro, tratando de las mujeres, las relaciona con Sara; Pablo, tratando de los hombres, o más bien, de los creyentes en general, los relaciona con Abraham. En aquel caso *haciendo bien* es la condición: en éste, "si... sois de Cristo," y en ambos la relación es espiritual. *Y no sois espantados de ningún pavor;* esta referencia a Prov. 3:25 fue sugerida probablemente por las palabras: *haciendo bien.* En este párrafo de Prover- bios (3:21-26), el autor está señalando a su hijo los grandes beneficios que le vendrán si sigue él los buenos consejos, uno de los cuales es: "Cuando te acostares, no tendrás temor... No tendrás temor de pavor repen- tino." La idea del autor parece ser que, si practicamos lo bueno, no tendremos que temer por los resultados. Véanse los versículos 13 y 14.

Vs. 7. *Vosotros, maridos, semejantemente, etc.;* es pre- ferible la traducción de la Versión Hispano-Americana de este versículo: *Asimismo vosotros, maridos, habitad*

8 Y finalmente, sed todos de un mismo corazón, compasivos, y amándoos fraternalmente, misericordiosos, amigables;

---

con ellas considerablemente, puesto que la mujer es vaso más frágil, honrándolas como a coherederas que también son de la gracia de la vida para que vuestra oraciones no tengan impedimento. Habiendo dado exhortaciones a las esposas, el apóstol ahora termina sus recomendaciones a la familia con una palabra práctica a los maridos. La esposa debe sumisión al marido, pero al mismo tiempo es ella acreedora a consideración y respeto de parte del marido. Siendo ella el vaso más frágil y a la vez, enteramente igual en la esfera espiritual—coherederas ... de la gracia de la vida—merecen un trato de suma consideración. Además, la falta de observar estas relaciones serviría para crear una atmósfera del todo desfavorable a la práctica de la oración familiar o la particular.

La expresión puesto que la mujer es vaso más frágil, se refiere a la fragilidad de cuerpo, y no indica inferioridad intelectual ni moral, pues en estos sentidos la mujer ha demostrado ser igual al hombre. Honrándolas como a coherederas ... etc.; "empleando vuestra fuerza y experiencia superiores en favor de ella, y así honrándola, haciéndoos su protector y socorro."—Clarke. Para que vuestras oraciones no tengan impedimento; claro es que la fricción, la desavenencia, entre el marido y la esposa, sirve de impedimento a la oración familiar; y si el hombre descuida las instrucciones del apóstol en este versículo, inevitablemente aparecerá la desavenencia en el sagrado círculo de la familia. Con estas recomendaciones de Pedro a los maridos, compárense las de Pablo en Efes. 5:25 y Col. 3:19.

V. Exhortaciones a Todos en General—3:8-12.

Vs. 8. Y finalmente, sed todos de un mismo corazón; mejor, en fin, sed todos de un mismo ánimo. Habiendo dado instrucciones a distintas clases (siervos, esposas,

9 No volviendo mal por mal, ni maldición por maldición, sino antes por el contrario, bendiciendo; sabiendo
que vosotros sois llamados para que poseáis bendición en
herencia.

---

maridos, etc.), luego procede el apóstol a dar algunas que
son aplicables a todos en general, empezando con la
armonía, con la unanimidad en el sentir. La palabra en
el original así traducida, es una de las 62 empleadas
sólo por Pedro en el Nuevo Testamento, y él la emplea
sólo en este versículo. *Compasivos,* palabra compuesta en
el griego, significando *sufrir con otros,* y, como la anterior, consta sólo aquí en el Nuevo Testamento. *Amándoos
fraternalmente;* ésta es la traducción de una sola palabra
en el griego de la cual se puede decir lo mismo que se
ha dicho de las dos anteriores: que en esta forma es peculiar a Pedro entre los escritores bíblicos, y empleada
por él sólo en este versículo. *Misericordiosos;* sólo Pablo
comparte con Pedro el uso de esta palabra en el original,
y únicamente en Efes. 4:32. Compárese la bienaventuranza de Cristo: "Bienaventurados los misericordiosos...
etc." (Mat. 5:7). *Amigables;* mejor, *humildes.* Véanse la
primera y la tercera bienaventuranza—"los pobres de
espíritu" y "los mansos" (Mat. 5:3 y 5). La recomendación es a un espíritu humilde, contrario a uno altivo,
soberbio. Esta palabra también en el griego es peculiar
a Pedro y empleada sólo aquí por él en sus cartas.

Es sumamente interesante esta lista de cinco cualidades recomendadas por Pedro a todas las distintas clases
de sus lectores, la posesión de las cuales hará fácil el
cumplimiento de las inhibiciones del versículo siguiente.

Vs. 9. *No volviendo mal por mal;* se nota desde luego
la similaridad entre este consejo y las enseñanzas de
Jesús en el Sermón del Monte (Mat. 5:39; Lc. 6:27, 28).
Ni maldición por maldición; como la prohibición anterior se refiere a hechos, ésta se refiere a palabras: cabe
el mismo principio en los dos casos. Véase 2:23, donde
cita Pedro el ejemplo del Maestro. *Sino antes por el con-*

10 Porque
   El que quiere amar la vida,
   Y ver días buenos,
   Refrene su lengua de mal,
   Y sus labios no hablen engaño;
11 Apártese del mal, y haga bien;
   Busque la paz, y sígala.

---

trario; mejor, *antes al contrario* (Versión Hispano-Americana). *Bendiciendo;* en vez de devolver mal por mal, y maldición por maldición, el cristiano ha de *bendecir* en los dos casos. Cristo (Mat. 5:44), Pablo (Rom. 12:14-21) y Pedro están de acuerdo tocante a esto. *Sabiendo que vosotros sois llamados, etc.;* mejor, *porque para esto mismo fuisteis llamados, para que heredaseis bendición* (Versión Moderna). El cristiano ha sido llamado a sufrir injustamente, siguiendo así el ejemplo y las enseñanzas de su Maestro; y haciéndolo así, heredará la bendición prometida en Mat. 5:11, 12 ("... porque vuestro galardón es grande en los cielos... etc.")

Vs. 10. Con este versículo empieza una cita del Salmo 34:12-16, con la cual el apóstol trata de robustecer la recomendación del versículo 9 y de confirmar el aserto de que el cumplimiento de dicha recomendación aseguraría la herencia de bendición. Como de costumbre, Pedro sigue en esta cita la Septuaginta más bien que el hebreo. La palabra *porque,* con que introduce la cita, es de Pedro, pues no consta en el Salmo. *El que quiere amar la vida;* esta expresión es más o menos igual a la que sigue: *y ver buenos días,* la repetición de una misma idea con diferentes palabras—característica de la poesía hebrea—y significa: "el que quiere vivir larga y prósperamente." *Refrene su lengua de mal, y sus labios ... etc.;* otro ejemplo de la repetición ya mencionada. Las dos cosas aludidas aquí son pecados de la boca y recuerdan: "No volviendo... maldición por maldición" del versículo 9.

Vs. 11. *Apártese del mal;* avanza ahora el escritor desde los pecados de la lengua a la esfera de los hechos. La

12 Porque los ojos del Señor están sobre los justos,
  Y sus oídos atentos a sus oraciones:
  Pero el rostro del Señor está sobre aquellos que
  hacen mal.

---

pureza de las palabras ha de ir acompañada de la pureza
de los actos. La lengua que se refrena del mal hablar,
exige que el individuo se refrene de mal hacer. Pero no
basta esto: *y haga bien;* he aquí la parte positiva. El
abandonar el mal es bueno; el hacer bien es mejor.
Pedro ha dicho de Cristo que "no hizo pecado" (2:22); y
el mismo apóstol dijo de él: "El cual anduvo haciendo
bienes" (Hch. 10:46). *Busque la paz, y sígala;* el buscar y
seguir la paz es otro requisito para "ver días buenos."
"Bienaventurados los pacificadores," dijo el Maestro; y
Pablo encomienda la paz con las palabras: "Si se puede
hacer... tened paz con todos los hombres" (Rom. 12:18).

En estos versículos 10 y 11 tenemos la receta de David,
aprobada por Pedro, para una vida feliz; y detrás de la
recomendación de estos siervos del Señor está la auto-
rización del Espíritu Santo.

Vs. 12. *Porque los ojos del Señor están sobre los justos;*
en este versículo el autor presenta la actitud de Dios
hacia los justos y los malos, como base de las recomendaciones de los versículos 10 y 11. Hacia aquéllos, su
actitud es del todo favorable; hacia éstos, todo lo contrario. Sus *ojos* miran con compasión a los que refrenan
su lengua, se apartan del mal, hacen el bien, buscan
y siguen la paz, pues los tales son *los justos* de referencia.
Sus oídos atentos a sus oraciones; esta afirmación repite,
en otras palabras, la idea de la anterior—el intenso interés de Dios por *los justos:* El los sigue con *ojos* y *oídos.*
Pero el rostro del Señor está sobre aquellos... etc.; mejor.... *contra aquellos... etc.* Esta actitud indica sumo
desagrado divino. Con las dos aserciones de este versículo,
compárense las palabras del Salmista: "Porque Jehová
conoce el camino de los justos; mas la senda de los
malos perecerá" (Sal. 1:6).

13 ¿Y quién es aquel que os podrá dañar, si vosotros se-
guís el bien?
14 Mas también si alguna cosa padecéis por hacer
bien, sois bienaventurados. Por tanto, no temáis por
el temor de ellos, ni seáis turbados;

VI. *Sufrir por Hacer el Bien*—3:13-22.

En el párrafo anterior (8-12) el apóstol exhorta al bien
hacer, señalando algunos detalles al efecto; y en esta
sección presenta dos razones por qué el cristiano debiera
estar dispuesto a sufrir por hacer bien, "Si la voluntad de
Dios así lo quiere." (1) El hacerlo así, más bien que
el sufrir por hacer mal, hace al creyente acreedor a la
bienaventuranza (13-17). (2) Cristo así sufrió, es decir,
injustamente, y el cristiano debe estar dispuesto a seguir
su ejemplo (18-22).

Vs. 13. *Y ¿quién es aquel que os podrá dañar, etc.;*
mejor, *y ¿quién es aquel que os dañará, si sois celosos para
el bien?* (Versión Hispano-Americana). Esta pregunta es
capaz de distintas interpretaciones. Claro es que el autor
no quiere decir que no hay posibilidad de que sufran ellos
persecución, si se dedican al bien hacer, puesto que ya
esto mismo les había acontecido (1:6). El sentido verdadero de la pregunta parece depender del significado de
la palabra traducida *dañar*. La persecución que sufre el
cristiano fiel no le *daña* en nada; al contrario, redunda
en su beneficio, más bien que en *daño*. Comparando,
pues, la pregunta con la de Pablo en Rom. 8:31 ("Si Dios
es por nosotros, ¿quién contra nosotros?"), llegamos al
sentido verdadero de la misma: Si Dios está a nuestro
lado, en vano son los esfuerzos que el hombre hace
para *dañarnos:* dichos esfuerzos resultarán a nuestro
favor.

Vs. 14. *Mas también si alguna cosa padecéis, etc.;* mejor,
pero aun si padeciereis por causa de ... etc. (Nuevo Pacto). Con estas palabras el autor admite la posibilidad
de que sus lectores padezcan persecución por hacer el

15 Sino santificad al Señor Dios en vuestros corazones,
y estad siempre aparejados para responder con mansedumbre y reverencia a cada uno que os demande razón
de la esperanza que hay en vosotros:

---

bien; pero, como se ha indicado en el versículo 13, esto
no los "dañará;" al contrario, les traerá bendición, pues
servirá para poner a prueba su fe, fortaleciendo así su
carácter cristiano. Por esto agrega Pedro las palabras:
Sois bienaventurados—las mismas empleadas por Cristo
en Mat. 5:10, 11. En vez de daño, bendición es lo que
trae la persecución. La exhortación que sigue— *No temáis por el temor de ellos, ni seáis turbados*—da en
sustancia el pensamiento del profeta, en Isa. 8:12. El
apóstol aconseja a sus lectores a que no "pierdan la cabeza" ante las persecuciones de sus enemigos; que con-
serven una actitud de calma y dignidad ante las amenazas y ataques de sus perseguidores. Compárense las
palabras de Cristo dirigidas a sus discípulos la noche en
que fue entregado: "No se turbe vuestro corazón, ni
tengáis miedo" (Jn. 14:27).

Vs. 15. *Sino santificad al Señor Dios en vuestros corazones;* la Versión Hispano-Americana traduce aquí: *Mas
santificad a Cristo como Señor en vuestros corazones*; y la
Moderna: *Sino santificad al Señor Cristo, etc.* De las
tres, es preferible la última. Es de notarse que la segunda
y la tercera afirman la deidad de Cristo. La palabra
traducida *santificad* es la misma empleada en el Padre
Nuestro: "Santificado sea tu nombre;" y significa *hacer
santo—guardar como santo. En vuestros corazones;* es
decir, con toda sinceridad, y no sólo en los labios. *Y
estad siempre aparejados para responder . . . etc.;* mejor,
*siempre dispuestos a hacer vuestra defensa ante todo
aquel que os demandare razón de la esperanza que hay en
vosotros, pero con humildad y respeto.* (Versión Hispano-
Americana). El apóstol trata de armar a sus lectores
para toda emergencia. Según el adagio inglés: *"Forewarned forearmed"* ("Avisado de antemano, armado de

16 Teniendo buena conciencia, para que en lo que murmuran de vosotros como de malhechores, sean confundidos los que blasfeman vuestra buena conversación en Cristo.

---

antemano"). Con el valor y la calma ya recomendados en el versículo 13, les convenía presentar su *defensa* ante todo perseguidor o inquiridor, sea éste un individuo o sea una corte de justicia. Véanse las palabras de Pablo ante el populacho en Jerusalem: "Hermanos y padres, oíd mi defensa que hago ahora ante vosotros" (Hch. 22:1). La *defensa* de referencia consistiría de una breve narración de las verdades fundamentales de la nueva fe; y serviría no sólo para hacer justicia al demandado: sería la mejor manera de propagar dichas verdades. La frase—*razón de la esperanza que hay en vosotros*—quiere decir *la base de vuestra fe. Pero con humildad y respeto;* el resultado de la *defensa* dependería en gran parte del espíritu en que fuera presentada, y muchas provocaciones tendría el cristiano al presentar su defensa, toda vez que la demanda a veces sería hecha por individuo o individuos en espíritu del todo crítico y caviloso. En tales circunstancias se necesitaba mucho dominio propio, mucha determinación previa, para presentar la defensa *con humildad y respeto.*

Vs. 16. *Teniendo buena conciencia;* por haberse portado cristianamente al tiempo de hacer su defensa. Véase versículo 21 para otra mención de "una buena conciencia," en relación con el bautismo. *Para que en lo que murmuran de vosotros como de malhechores;* esta cláusula se relaciona íntimamente con la conducta recomendada en el versículo 15. La impresión causada por una defensa hecha con claridad y a la vez, con dignidad, influiría grandemente en el ánimo de los mismos murmuradores, quienes habían demandado "razón de la esperanza, etc." *Sean confundidos los que blasfeman vuestra buena conversación en Cristo;* queda más exacta esta frase, cambiándose *blasfeman* por *difaman,* y con-

17 Porque mejor es que padezcáis haciendo bien, si la
voluntad de Dios así lo quiere, que haciendo mal.

18 Porque también Cristo padeció una vez por los pecados, el justo por los injustos, para llevarnos a Dios,
siendo a la verdad muerto en la carne, pero vivificado
en espíritu;

---

versación por *conducta.* A este fin tiende todo lo recomendado en los versículos 14 y 15. El sermón de Pedro
en el día de Pentecostés fue una "defensa" de su fe,
dando por resultado la conversión de tres mil almas;
también su discurso ante los dignatarios eclesiásticos,
en Hechos 4, después de haber sanado al cojo sentado
a la puerta del templo, fue otra "defensa" de su fe, que
dio por resultado que, "viendo la constancia de Pedro y
de Juan... se maravillaban; y les conocían que habían
estado con Jesús" (Hch. 4:13). De modo que nuestro autor, al hacer las recomendaciones de estos versículos,
tiene la confirmación de su propia experiencia.

Vs. 17. *Porque mejor es que padezcáis haciendo bien...*
que haciendo mal; y esto por varias razones: Padecer
por hacer bien (1) conserva la "buena conciencia" del
versículo 16; (2) nos asegura la bienaventuranza prometida por Cristo (Mat. 5:10, 11); (3) nos sirve de disciplina en la vida moral y espiritual. Estos beneficios no
resultan del padecer haciendo *mal,* pues tales padecimientos tienen más bien carácter de castigo merecido,
o sea, carácter penal. *Si la voluntad de Dios así lo quiere;*
esto se refiere a la primera parte del versículo; y la forma
del verbo, *quiere* en el griego indica que Dios no siempre
lo quiere así—a veces, sí tenemos que padecer *haciendo*
bien, a veces, no. También va implícita en esta cláusula condicional la idea de que, si tenemos que padecer
por hacer el bien, tal es la voluntad de Dios: que no nos
puede suceder tal cosa si no lo quiere Dios. Compárese
la frase—"si es necesario"—de 1:6.

Vs. 18. *Porque también Cristo padeció una vez por los*
pecados; el autor presenta aquí otra razón por la cual

19 En el cual también fue y predicó a los espíritus encarcelados;

---

los creyentes deben estar dispuestos a sufrir por hacer el bien, a saber, el ejemplo de Cristo. La palabra traducida *una vez* indica que se refiere a la Pasión, más bien que a sus padecimientos durante la vida. La frase—*por los pecados*—nos prepara para el pensamiento de la que sigue—*el justo por los injustos.* Cristo, que "no hizo pecado," tomó el lugar del hombre, padeciendo así el castigo que le correspondía a éste: he aquí la doctrina de la sustitución implícitamente aludida. Véase 2:20, 21 para la primera mención por nuestro autor del ejemplo de Cristo sufriendo injustamente. *Para llevarnos a Dios;* tal fue el fin de lo que sufrió Cristo: separados de Dios por nuestros pecados, El los quitó, abriéndonos camino libre a la presencia del Padre. *Siendo a la verdad muerto en la carne;* la palabra carne, se contrasta con *espíritu* en la frase siguiente. Véase la expresión de Pablo en Col. 1:22—"En el cuerpo de su carne por medio de la muerte." La muerte en la cruz fue la de la carne. *Pero vivificado en espíritu;* referencia a la resurrección. El apóstol pone la resurección *en espíritu* en contraste con la muerte *en la carne.* Compárense las palabras de Pablo: "El fue manifestado en carne, justificado en espíritu, visto de los ángeles... etc." (I Tim. 3:16). "La idea no es que la carne como mera carne muriese, y que el espíritu como mero espíritu fuese vivificado; sino que la muerte de Cristo fue la muerte de Cristo en la carne, y que la vivificación de Cristo fue la vivificación de Cristo en espíritu... Como pre-existente, Jesucristo fue glorioso en su 'esencia espiritual,' pero durante su vida terrenal aquella gloria estuvo en parte velada por la carne, y en carne El fue muerto. Mas en su resurrección (compárese versículo 21) fue vivificado *en espíritu,* es decir, llegó a poseer de nuevo la gloria de su naturaleza espiritual."—*Williams.*

Vrs. 19, 20. Estos versículos presentan uno de los pa-

20 Los cuales en otro tiempo fueron desobedientes,
cuando una vez esperaba la paciencia de Dios en los días
de Noé, cuando se aparejaba el arca; en la cual pocas,
es a saber, ocho personas fueron salvas por agua.

---

sajes más difíciles de interpretación en el Nuevo Testamento. Algunos de los más eruditos estudiantes bíblicos
admiten sin empacho que no saben lo que quiere decir
el apóstol aquí; mientras otros, difiriendo en su interpretación, presentan dogmáticamente sus opiniones en
cuanto a la idea del apóstol. Sin confundir al lector con
las varias interpretaciones que se han dado al pasaje,
basta presentar la que parece la más acertada, por estar
más de acuerdo con las enseñanzas generales de las
Escrituras, y a la vez, por estar en conformidad con
la construcción gramatical del original: Cristo, en la
persona de uno de sus siervos de la antigüedad, probablemente Noé, proclamaba a los incrédulos de aquellos
tiempos, cuyos espíritus están ahora (en el tiempo en
que Pedro escribe) encarcelados por causa de su desobediencia; habiéndose efectuado dicha proclamación
durante los 120 años en que se estaba construyendo el
arca, tiempo en que Dios esperaba con paciencia el resultado del llamamiento al arrepentimiento.

En el cual; es decir, en el espíritu humano, como en el
versículo anterior. *Fue y predicó a los espíritus encarcelados;* aquí es donde tenemos la gran batalla entre los
teólogos. ¿Cuándo se efectuó esto? Hasta el tiempo de
la Reforma—el siglo XVI—la interpretación general fue
que Cristo, durante el tiempo que su cuerpo estuvo en el
sepulcro, es decir, desde su muerte hasta su resurrección,
fue al lugar de *los espíritus encarcelados,* a fin de darles
otra oportunidad de aceptar el mensaje de salvación.
Tal es el punto del llamado "Credo de los Apóstoles;"
"....que descendió al infierno.... etc." Pero desde
la Reforma a esta parte, esta interpretación ha venido
perdiendo partidarios. Es cierto que, a primera vista, la
afirmación se presta a esta interpretación; pero, mirando debajo de su superficie, se ve que tal interpreta-

ción está en pugna con la enseñanza general de las Escrituras respecto al asunto de referencia — *"A second chance"* (una segunda oportunidad) después de la muerte. (Véanse Lu. 16:23-31; Heb. 9:27). Un principio fundamental de interpretación es que, cuando hay duda acerca del sentido de un pasaje, hay que dar la preferencia a la interpretación que esté más de acuerdo con la enseñanza general de las Escrituras.

El Dr. Nathaniel Marshman Williams, erudito comentador bíblico, citado con frecuencia en estas notas, dice en el "American Commentary" lo siguiente respecto a estos versículos: "Tradúzcase el resto de este versículo y la primera cláusula del 20...: *él fue y predicó a los espíritus encarcelados cuando anteriormente fueron desobedientes.* Aquellos que oyeron la predicación, la oyeron cuando estaban viviendo en la desobediencia. Ellos rechazaban la predicación, se perdieron (versículo 20, última cláusula; II Ped. 2:5), y ahora, mientras escribe Pedro, están en la cárcel, separados del cuerpo y, por lo tanto, representados como espíritus." El mismo comentador con un estudio detallado y profundamente erudito del original de este pasaje, demuestra que el griego se presta a la traducción y, por lo tanto, a la interpretación que se acaba de dar.

Otra consideración que milita contra la interpretación del descenso de Cristo al infierno, etc., es la siguiente: Si El lo hizo así, ¿por qué favorecería a los que, en la historia bíblica, sobrepujaron a todos los de cualquier otra época en su maldad? La descripción de esta maldad que consta en Gén. 6:5-7, es casi sin igual en la historia de la raza humana. Aun suponiendo que Cristo haya descendido al infierno, es inconcebible que hubiera manifestado tanta parcialidad a los espíritus de los hombres más corrompidos que jamás hayan vivido sobre la tierra.

Los cuales en otro tiempo fueron; como se ha dicho ya, es preferible la construcción del Dr. Williams: *Cuando anteriormente fueron desobedientes.* Esta traducción que tiene en su favor la construcción gramatical en el griego,

21 A la figura de la cual el bautismo que ahora corresponde nos salva (no quitando las inmundicias de la carne, sino como demanda de una buena conciencia delante de Dios,) por la resurrección de Jesucristo:

---

hace contemporáneas la desobediencia y la predicación a que aluden estos dos versículos. *Cuando una vez esperaba la paciencia de Dios... etc.;* mejor, *Cuando esperaba la larga paciencia de Dios, etc.* (Versión Moderna). Para esta historia, véase Gén. 6-14. También en Mat. 24:37-39, Cristo cita este mismo incidente relacionándolo con su segunda venida. *Cuando se aparejaba el arca;* Noé ocupó 120 años en la preparación del arca, y durante todo este tiempo esperaba la longanimidad divina, dando así sobrada oportunidad para el arrepentimiento de parte de los desobedientes. *En el cual... ocho personas fueron salvas por agua;* la Versión Hispano-Americana traduce la última parte de esta frase: *... fueron salvados a través del agua.* El agua, que fue el instrumento de destrucción a los rebeldes, llegó a ser el instrumento de salvación a los ocho, llevando sobre su superficie el arca.

Vs. 21. *A la figura de la cual el bautismo... etc.;* mejor, *a lo cual corresponde la figura que os salva ahora, el bautismo.* Tenemos en este versículo un caso interesante de la costumbre del autor de pasar rápidamente de un asunto a otro tan remotamente relacionado, que el lector tiene dificultad en reconocer tal relación. La mención del diluvio y de la salvación de los ocho por agua, en el versículo 20, le sugiere alguna semejanza entre este hecho y el bautismo cristiano. Pedro es el único escritor bíblico que descubre en sus escritos tal semejanza. ¿En qué sentido nos salva el bautismo? ¿Acaso enseña el apóstol con estas palabras el dogma de la regeneración bautismal? Para que sus lectores no le entiendan de esta manera, se apresura a explicar negativa y luego positivamente el significado del acto del bautismo. *No quitando las inmundicias de la carne;* ordinariamente, el introducir el cuerpo en el agua es

22 El cual está a la diestra de Dios, habiendo subido al cielo; estando a él sujetos los ángeles, y las potestades, y virtudes.

---

con el fin de limpiarlo; pero no así al sumergirlo (este es el significado de la palabra *bautizar* en el original) en las aguas bautismales. El acto es simbólico, representando figuradamente el previo limpiamiento por el Espíritu Santo. *Sino como demanda de una buena conciencia delante de Dios;* la palabra traducida aquí *demanda* ha dado a los traductores no poca dificultad, siendo esta la única vez que se encuentra en el Nuevo Testamento. El Nuevo Pacto tiene *cuestión,* y la Versión Hispano-Americana, *aspiración.* Entre las tres traducciones, la de nuestra versión *(demanda)* es, tal vez, preferible. La idea del apóstol parece ser que el bautismo es "la demanda que hace la persona bautizada por una buena conciencia hacia Dios," es decir, una demanda por la gracia suficiente para vivir de tal manera, que el individuo bautizado pueda tener una buena conciencia delante de Dios (The Century Bible). *Por la resurrección de Jesucristo;* esto debe relacionarse con la palabra *salva* en la primera parte del versículo. La salvación de que allí se trata, habría sido imposible si Cristo no se hubiera levantado de entre los muertos. (Compárese 1:3). Como se ve en todo el libro de Los Hechos y en las epístolas de Pablo, la resurrección de Cristo es la llave del arco del cristianismo. También el hecho de que Pedro menciona el bautismo en relación con la resurrección, arroja alguna luz sobre el acto del bautismo como se practicaba en la iglesia primitiva. Una resurrección presupone una muerte y una sepultura. Las tres cosas se ven simbolizadas en el acto: la muerte del sujeto al pecado, la sepultura del mismo en las aguas y su resurrección a una nueva vida, al salir del líquido sepulcro.

Vs. 22. *El cual está a la diestra de Dios;* exaltado al sitio del altísimo honor y gloria. Véanse las palabras del Salmista en Sal. 110:1—"Jehová dijo a mi Señor: Siéntate a mi diestra ... etc." Los siguientes pasajes del Nuevo Testamento hablan de Cristo colocado a la diestra de Dios: Lu. 22:69; Hch. 7:55, 56; Rom. 8:34; Efes. 1:20; Col. 3:1; Heb. 1:3; 8:1; 10:12; 12:2. *Estando a él sujetos los ángeles, etc.*; otra expresión que indica el alto puesto de honor y de autoridad que ocupa aquel Cristo que "padeció una vez por los pecados, el justo por los injustos." Todo esto se relaciona con el pensamiento de "sufrir por hacer el bien," del versículo 14, ilustrando dicho pensamiento con el caso de Cristo desde el versículo 18. La mención de tres clases de seres celestiales—*ángeles, potestades, virtudes*—parece indicar diferencia de rango entre ellos, pero de esto no se puede hablar con certeza. El Espíritu Santo no tuvo a bien darnos luz sobre ello. Esto sí podemos deducir: que todos los seres de las regiones celestiales rinden homenaje y obediencia al Cristo que sufrió en la carne "para llevarnos a Dios."

CAPITULO IV

4 Pues que Cristo ha padecido por nosotros en la carne, vosotros también estad armados del mismo pensamiento: que el que ha padecido en la carne, cesó de pecado;

VII. Los Resultados Lógicos de Sufrir por Hacer el Bien —Vrs. 1-6.

Vs. 1. *Pues que Cristo ha padecido por nosotros en la carne;* mejor, *habiendo pues Cristo padecido en la carne* (Versión-Hispano-Americana y también la Moderna). Los mejores manuscritos omiten las palabras *por nosotros,* aunque ésta es la idea del autor. Durante la vida de Cristo, Pedro se resentía ante la idea de que El había de sufrir (Mat. 16:22); pero repetidas veces en nuestra epístola se alude a este hecho (1:11; 2:21; 3:18; 4:1). (Williams). La frase *en la carne* se refiere especialmente a su muerte. *Vosotros también estad armados del mismo pensamiento;* probablemente el pensamiento del autor es que estén ellos dispuestos a sufrir hasta la misma muerte, como la sufrió Cristo. Compárense las palabras de Heb. 12:4—"Que aun no habéis resistido hasta la sangre, etc.;" es decir, como Cristo lo había hecho. Véase también Fil. 2:8. *Que el que ha padecido en la carne, cesó de pecado;* otras versiones presentan esto como paréntesis. La Moderna traduce la frase *cesó de pecado,* por no *tienen ya que ver con el pecado,* que, como explicación, es excelente, pero no como traducción. La referencia parece ser a la muerte de Cristo, siendo la idea que, habiendo muerto El por causa del pecado, éste no tiene ya eficacia, o influencia, para hacerle sufrir más.

2 Para que ya el tiempo que queda en carne, viva, no a las concupiscencias de los hombres, sino a la voluntad de Dios.

3 Porque nos debe bastar que el tiempo pasado de nuestra vida hayamos hecho la voluntad de los Gentiles, cuando conversábamos en lascivias, en concupiscencias, en embriagueces, en glotonerías, en banquetes, y en abominables idolatrías.

Vs. 2. *Para que ya el tiempo que queda en la carne... etc.;* de las varias traducciones que se han hecho de este versículo, es preferible la de la versión Hispano-Americana: *A fin de que el resto de vuestro tiempo en la carne, no lo viváis según las concupiscencias humanas, sino según la voluntad de Dios. A fin de que;* esto se refiere a la exhortación: *estad armados, etc.;* del versículo *1. El resto de vuestro tiempo, etc.;* armados del mismo propósito, disposición, pensamiento, que tenía Cristo, les conviene una vida en conformidad con la voluntad de Dios, más bien que una malgastada en las concupiscencias del hombre; y a la tal vida les exhorta el apóstol. La inferencia de estos dos versículos (1 y 2) es que una vida *según la voluntad de Dios,* es el resultado lógico de la debida actitud hacia los sufrimientos. (Véanse Rom. 6: 11-13; Tit. 2:12).

Vs. 3. *Porque nos debe bastar... la voluntad de los gentiles;* mejor, *porque el tiempo pasado basta para haber obrado la voluntad de los gentiles* (Versión Moderna). Antes de su conversión, habían hecho *la voluntad de los gentiles,* es decir, "las concupiscencias humanas" del versículo 2, y esta *voluntad* la contrasta el autor con "la voluntad de Dios," según la cual el creyente ha de vivir. Algunos ven en esta expresión una especie de ironía de parte del apóstol: "Si hay alguna satisfacción en aquella manera de vivir, sin duda habéis gozado de dicha satisfacción hasta lo sumo." *Cuando conversábamos;* como se ha dicho ya en estas notas, la palabra traducida *conversar* se refiere en esta epístola, como en el Nuevo Testamento en general, a la conducta y no sólo a las palabras.

4 En lo cual les parece cosa extraña que vosotros no corráis con ellos en el mismo desenfrenamiento de disolución, ultrajándoos:

5 Los cuales darán cuenta al que está aparejado para juzgar los vivos y los muertos.

El griego de este versículo es impersonal, de modo que no se puede saber si el autor habla en la primera o en la segunda persona del plural. Nuestra versión lo interpreta en la primera persona *(nos debe bastar, conversábamos)*; el Nuevo Pacto, en la segunda *(de vuestra vida, etc.)*. Mejor es conservar, con el original, la forma impersonal, como lo hace la Versión Moderna: *Andando en lascivia... etc.* Comparando esta lista de seis formas de pecado practicadas por los gentiles, con la de las diecisiete "obras de la carne" de Gál. 5:19-21, nótase una correspondencia bien digna de atención. En su severa denuncia de pecado, como en otras muchas cosas, están de acuerdo Pablo y Pedro, y esto, no sólo del pecado en lo abstracto sino de las formas más comunes en su tiempo.

Vs. 4. *En lo cual;* es decir, en las cosas enumeradas en el versículo 3. *Les parece cosa extraña;* estas cuatro palabras representan una sola en el griego (The Century Bible), expresando sorpresa de parte de los mismos gentiles, cuya manera de vivir los lectores habían, en parte, cuando menos, abandonado. *Que vosotros no corráis con ellos en el mismo... etc.;* en el mismo exceso en que ellos se entregaban a tal disolución. *Ultrajándoos;* es decir, porque ellos rehusaron acompañarlos en sus viciosas prácticas.

Vs. 5. *Los cuales darán cuenta al que está aparejado;* los disolutos, los viciosos del versículo 4, que se burlan de los creyentes, tendrán que dar cuenta de su mala vida, y en esta vida, o en la otra, o en las dos recibir el juicio que les corresponde, delante de un Juez que *está aparejado* para toda emergencia. Este Juez está en posesión de todos los datos del caso, y de su fallo no habrá ape-

6 Porque por esto también ha sido predicado el evangelio a los muertos; para que sean juzgados en carne según los hombres, y vivan en espíritu según Dios.

---

lación. *Para juzgar los vivos y los muertos;* como dice Pedro en Hch. 10:42, Cristo es "el que Dios ha puesto por Juez de vivos y muertos." A su segunda venida para efectuar el juicio final, habrá en la tierra *vivos,* y los *muertos* de todos los tiempos saldrán del sepulcro para aparecer ante El en juicio, Véase II Tim. 4:1: "... que ha de juzgar a los vivos y a los muertos en su manifestación ... etc."

Vs. 6. Este versículo no deja de presentar dificultad al estudiante bíblico. Debe decirse de antemano que la interpretación que a continuación se da, parece la más probable de las muchas que se han dado del pasaje, y que es presentada no dogmáticamente, sino con la debida modestia.

Es obvio que el autor tiene presente lo que él ha dicho en 3:19, como también el pensamiento del versículo 5 acerca de "los vivos y los muertos." Es obvio también que ha de interpretarse esto de predicar a los muertos, en conformidad con la interpretación que se ha dado al primero de estos pasajes, es decir, en el sentido de que Pedro no enseña la doctrina de una segunda oferta de salvación después de la muerte. (Véanse las notas sobre 3:19).

Porque por esto también ha sido predicado el evangelio a los muertos... etc.; la siguiente cita tomada de *The Expositor's Bible* arroja luz sobre este obscuro texto, presentando una interpretación que, aunque no completamente satisfactoria, parece la más probable que hasta la fecha se ha dado.

" 'Porque por esto'—¿qué significa esto, sino que Dios siempre ha sido fiel al nombre con que al principio se reveló: 'Jehová, Jehová, misericordioso y piadoso;' que ha venido El predicando el Evangelio a pecadores mediante sus dispensaciones desde el primer día hasta aho-

7 Mas el fin de todas las cosas se acerca: sed pues templados, y velad en oración.

---

ra? Así fue predicado el Evangelio a Abraham (Gál. 3:8) cuando fue llamado de la casa de sus padres, y dirigido hacia adelante, a través de una vida de pruebas, hacia una bendición universal... De la misma manera y al mismo fin fue enviado el Evangelio al pueblo de Dios en el desierto (Heb. 14:2) como a nosotros... 'Pero de muchos de ellos no se agradó Dios.' Sin embargo, les mostraba por figura los sacramentos evangélicos. Todos fueron bautizados en Moisés en la nube y en el mar, comiendo todos la misma vianda espiritual y bebiendo la misma bebida espiritual (I Cor. 10:2-4), porque Cristo iba con ellos, como su roca refrescante por todo el camino a través del desierto, predicando el Evangelio ora por visitaciones de misericordia, ora de aflicción. A este fin los puso varias veces bajo el yugo de sus enemigos; a este fin los envió a la cautividad. De esta manera estaban siendo juzgados según los hombres, por si acaso hiciesen caso en esta vida al Evangelio de pruebas y aflicciones, y así viviesen al fin, según Dios, en el espíritu, después del día del juicio final. Son muertos ya, pero a cada generación de ellos fue predicado el Evangelio..." Tal interpretación de este versículo, bien dificultoso, por cierto, es razonable y a la vez concuerda con las enseñanzas generales de las Escrituras.

VIII. *Varias Recomendaciones en Cuanto a la Nueva Vida en Cristo*—Vrs. 7-11.

Vs. 7. *Mas el fin... etc.;* el autor basa sus recomendaciones respecto a la vida práctica sobre su expectación de la proximidad de la segunda venida del Señor. De esta expectación participaron todos los creyentes del primer siglo. (Véanse Mat. 24:14; Rom. 13:11). *Sed pues templados y velad en oración;* citando casi las mismas palabras de Cristo en distintas ocasiones (Mt. 26:41; Lu. 21:36). La brevedad del tiempo (según la creencia de

8 Y sobre todo, tened entre vosotros ferviente caridad; porque la caridad cubrirá multitud de pecados.
9 Hospedaos los unos a los otros sin murmuraciones.

---

aquel entonces) antes de la venida de Cristo, la resurrección y el juicio final, demandaba que los cristianos, dotados de prudencia, criterio sano, y dominio propio, estuviesen siempre con ojos abiertos, para así estar listos para cualquiera emergencia que les viniese, aprovechando el privilegio de la comunión constante con Dios—actitud ideal para el cristiano de nuestro tiempo.

Vs. 8. *Y sobre todo... ferviente caridad; amor* en vez de *caridad.* El apóstol coloca el amor por encima de todo lo demás—*sobre todo,* dice él; y en esto sigue los preceptos de Cristo y de Pablo (Jn. 13:34; I Cor. 13:13). Luego presenta el motivo de esta recomendación: *Porque la caridad (el amor) cubrirá multitud de pecados*—citando libremente las palabras de Prov. 10:12, como lo hace también Santiago, en Sant. 5:20. El sentido parece ser que el amor tiende a disimular, a pasar por alto, las faltas de otros, disminuyendo así las causas de fricción y desavenencias.

Vs. 9. *Hospedaos los unos a los otros;* es de notarse la frecuencia con que se recomienda la práctica de la hospitalidad en las epístolas. Véanse Rom. 12:13; I Tim. 3:2; Tit. 1:8; Heb. 13:2. Nótese también el espíritu en que la hospitalidad había de practicarse: *sin murmuraciones.* En aquellos tiempos había mucha necesidad de la práctica de este deber, por motivo de los predicadores y los laicos también que caminaban de una parte a otra, predicando aquéllos y buscándose la vida éstos; y tanto unos como otros, sin recursos necesarios para hospedarse en las casas públicas. En tales circunstancias y siendo pobre la mayoría de los creyentes, no dejaba de ser para las familias una carga recibir en sus casas a estos hermanos ambulantes. Sin embargo se les recomienda que lleven la carga en el espíritu correspondiente a su nueva fe—*sin murmuraciones.*

10 Cada uno según el don que ha recibido, adminístrelo
a los otros, como buenos dispensadores de las diferentes
gracias de Dios.

11 Si alguno habla, hable conforme a las palabras
de Dios; si alguno ministra, ministre conforme a la virtud que Dios suministra: para que en todas cosas sea
Dios glorificado por Jesucristo, al cual es gloria e imperio
para siempre jamás. Amén.

Vs. 10. *Cada uno, según el don que ha recibido, etc.;*
el mismo espíritu altruísta que se manifiesta al practicar
la hospitalidad, ha de manifestarse también en el uso de
los dones espirituales: han de ser empleados para el bien
de otros. La palabra traducida *don* se encuentra sólo
aquí y en las epístolas de Pablo—mayormente en la
carta a los Romanos y en la primera a los Corintios
(Rom. 12:6; I Cor. 12:8-10, etc.). *Como buenos dispensadores de las diferentes gracias de Dios;* mejor, *como buenos dispensadores de la multiforme gracia de Dios.* Cada
uno de estos dones espirituales ha de ser reconocido como
una manifestación de la gracia divina; y de esto se sigue
lógicamente que los recibidores de ellos han de emplearlos
como tales, reconociéndose como instrumentos para su
debida administración. (Véanse Lu. 12:42; I Cor. 4:2).

Vs. 11. *Si alguno habla;* en este versículo el autor señala dos clases generales de dones espirituales. El don
de hablar abarca la profecía, o sea la predicación, el
enseñar, hablar en lenguas, etc. *Hable conforme a las
palabras de Dios;* mejor, *sea como oráculos de Dios* (Versión Moderna); es decir, por inspiración divina. Vemos
en I Cor. 14:26-32 que los primitivos cristianos eran muy
dados a hablar mucho en las asambleas públicas, a
tal grado que Pablo se vio obligado a refrenarlos en
este sentido. *Si alguno ministra;* esto se refiere al curar
a los enfermos, cuidar de los necesitados, etc. *Ministre
conforme a la virtud que Dios suministra;* estas minis-
traciones también han de ser efectuadas bajo la inme-
diata dirección de Dios. *Para que en todas estas cosas
sea Dios glorificado por Jesucristo;* el uso de todos los

12 Carísimos, no os maravilléis cuando sois examinados por fuego, lo cual se hace para vuestra prueba, como si alguna cosa peregrina os aconteciese;

---

dones espirituales ha de tender a la gloria del Padre por medio del Hijo; y esto coloca todas las actividades cristianas sobre un alto nivel. Compárense las palabras de Pablo: "Si, pues, coméis, o bebéis, o hacéis otra cosa, hacedlo todo a gloria de Dios" (I Cor. 10:31). He aquí el blanco ideal para el siervo de Dios en todas sus actividades. *Al cual es gloria e imperio para siempre, etc.;* esta alabanza se refiere a Cristo, como también en 5:11. Véanse también Heb. 13:21; Apoc. 1:5-6, para otras doxologías similares.

IX. *La Debida Actitud del Cristiano Frente a la Persecución* —4:12-19.

Vs. 12. *Carísimos, no os maravilléis ... etc.;* es preferible la siguiente traducción de este versículo por presentar el *fuego* (de persecución) de que se trata, como cosa de actualidad, llegada ya, y no sólo como una mera suposición abstracta del futuro: *Amados, no os extrañéis del fuego que arde entre vosotros para vuestra prueba, como si alguna cosa peregrina os aconteciese* (Versión Hispano-Americana). El original justifica esta traducción. La situación aquí descrita existía ya, y el apóstol trata de consolar a los lectores bajo la fuerza de tales aflicciones. La palabra traducida *carísimos* en nuestra versión es, en el griego, la misma traducida "amados" en 2:11, y no hay motivo por qué darle otra traducción aquí. *No os extrañéis del fuego que arde entre vosotros;* como se ha dicho ya, este *fuego* ya estaba *ardiendo,* los lectores se encontraban, por decirlo así, en el horno de la aflicción, y el autor les asegura que tal experiencia es parte del curso regular de la disciplina del cristiano: *Para vuestra prueba,* dice él, asegurándoles de esta manera que el *fuego* no los ha de consumir, sino purificarlos, como el oro que pasa por el crisol es purificado.

13 Antes bien gozaos en que sois participantes de las aflicciones de Cristo; para que también en la revelación de su gloria os gocéis en triunfo.

14 Si sois vituperados en el nombre de Cristo, sois bienaventurados; porque la gloria y el Espíritu de Dios reposan sobre vosotros. Cierto, según ellos, él es blasfemado, mas según vosotros es glorificado.

Vs. 13. *Antes bien gozaos en que sois participantes en las aflicciones de Cristo;* esta "participación de sus padecimientos" (Fil. 3:10), es decir, de los padecimientos de Cristo, en vez de causar extrañeza de parte del creyente, debe ser, en verdad, motivo de gozo. El estar asociado con Cristo en las aflicciones es en sí, un altísimo honor para el siervo de Cristo y motivo de gran gozo. *Para que también en la revelación de su gloria;* es decir, en su segunda venida, "cuando el Hijo del hombre venga en su gloria, y todos los santos ángeles con él" (Mat. 24:31). *Os gocéis en triunfo;* mejor... *con gozo extremado* (Versión Moderna). El sufrir con El ahora significa ser con El glorificado más tarde: "Si empero padecemos juntamente con él, para que juntamente con él seamos glorificados" (Rom. 8:17). No es en vano, pues, sufrir con Cristo en esta vida.

Vs. 14. *Si sois vituperados en el nombre de Cristo, etc.;* es decir, por llevar el nombre de Cristo (Véase el versículo 16). Compárese la bienaventuranza de Cristo en Mat. 5:10, 11, donde tenemos "... por causa de la justicia," y "... por mi causa," en vez de *en mi nombre.* Pedro tendría presente estas palabras del Maestro al escribir este versículo. *Porque la gloria y el espíritu de Dios reposan sobre vosotros;* no es muy claro el pensamiento del autor aquí. Preferible es la traducción del Nuevo Pacto: *Porque el Espíritu de la gloria y de Dios... etc.* La idea parece ser que el Espíritu de la gloria es idéntico al Espíritu de Dios. La Versión Hispano-Americana, adoptando esta interpretación, la traduce así: *Porque el Espíritu de gloria que es el de Dios... etc.* Sólo aquí en el Nuevo Testamento es el Espíritu Santo llamado

15 Así que, ninguno de vosotros padezca como homicida,
o ladrón, o malhechor, o por meterse en negocios ajenos.
16 Pero si alguno padece como Cristiano, no se aver-
güence; antes glorifique a Dios en esta parte.
17 Porque es tiempo de que el juicio comience de la
casa de Dios: y si primero comienza por nosotros, ¿qué
será el fin de aquellos que no obedecen al evangelio
de Dios?

"Espíritu de gloria." Compárense I Cor. 2:8, donde se le
da a Cristo el título "el Señor de gloria;" y Efes. 1:17,
donde a Dios se le titula "el Padre de gloria." Así es
que la gloria pertenece igualmente a las tres personas
de la Trinidad.

La última parte de este versículo no consta en el original, sino sólo en unos manuscritos que se consideran
inferiores, y por lo tanto, no la consideramos como parte
íntegra del texto.

Vs. 15. *Así que ninguno de vosotros padezca como homicida, etc.*; el tener que sufrir las penalidades que corresponden a los transgresores de la ley, sería deshonrar
su profesión como cristiano. La frase *por meterse en negocios ajenos* representa una sola palabra en el griego, de
la cual es mejor la traducción de la Versión Moderna:
como entrometido en asuntos ajenos. Sólo aquí se encuentra esta palabra en el Nuevo Testamento, y raras
veces en la literatura griega. No podemos precisar el
crimen designado por la palabra, pero es claro, por el
contexto, que era punible bajo la ley.

Vs. 16. *Pero si alguno padece como cristiano;* es decir,
por llevar este nombre. Sólo tres veces aparece la palabra *cristiano* en el Nuevo Testamento—aquí, y en Hch.
11:26; 26:28. *Glorifique a Dios en esta parte; mejor...
en este nombre.* "Aceptad y gloriaos en el nombre cristiano, y al mismo tiempo, alabad a Dios por la gracia
mediante la cual vino la fe y la salvación."

Vs. 17. *Porque es tiempo de que el juicio;* el autor introduce aquí la idea de que los sufrimientos por los cuales

18 Y si el justo con dificultad se salva, ¿a dónde aparecerá el infiel y el pecador?

19 Y por eso los que son afligidos según la voluntad de Dios, encomiéndenle sus almas, como a fiel Criador, haciendo bien.

estaban pasando los cristianos, tenían carácter de *juicios*, y no sólo de pruebas, como se decía en el versículo 12. *Comience de (desde) la casa de Dios;* empezando desde los mismos creyentes—la iglesia—y luego extendiéndose a los incrédulos. El apóstol parecía tener presente las palabras de Eze. 9:10, donde ordena Dios que el juicio empiece "desde la casa de Dios." En Jer. 25:29 el juicio ha de empezar "desde la ciudad de Dios;" pero en los dos casos se refiere al mismo pueblo de Dios. *Y si primero comienza por nosotros;* mejor, *y si primero por nosotros,* suprimiendo la palabra *comienza,* que no consta en el original, ni es necesaria para completar el sentido de la frase. *¿Qué será el fin de aquellos . . . etc.?;* alude directamente a los incrédulos fuera de "la casa de Dios," pero no deja de abarcar también a los creyentes de palabra, pero no de hecho, o sea, los falsos miembros de la iglesia. El autor hace la pregunta y deja la respuesta al juicio del lector. El obedecer o el no obedecer al evangelio determina el destino eterno del alma.

Vs. 18. *Si el justo con dificultad se salva;* la dificultad está de parte del hombre, no de parte de Dios. "Son muchas las añagazas de la vida, y su vista (la del creyente) todavía no se ha perfeccionado. El es salvo (Fil. 1:6), pero nótese la dificultad implícita en Fil. 2:12, y véase II Ped. 1:10. Compárese II Ped. 1:11. A pesar de todo, es posible una entrada *abundante.* ¡Qué notable es que no se dé respuesta alguna a las preguntas solemnes! *¿Cuál, el fin? ¿Dónde aparecerá?* Pero no contesta, lo cual es el modo más solemne de decir que 'el fin' será la muerte eterna, y que el lugar será el sitio preparado para el diablo y sus ángeles."—*Williams.*

Vs. 19. *Y por eso;* refiriéndose probablemente con es-

pecialidad a las muy solemnes consideraciones emitidas
en los versículos 17 y 18. *Los que son afligidos según la
voluntad de Dios;* esta expresión abarca a todos los que
sufren por su fe por llevar el nombre de "cristiano."
Tales aflicciones vienen no por mera casualidad, sino por
designio divino, ora con carácter de "juicio" (versículo
17), ora con el de "prueba" (versículo 12). *Encomiéndenle
sus almas como a fiel Creador;* mejor, *encomienden sus
almas al fiel Creador* (Versión Hispano-Americana). Esta exhortación trae a la memoria las palabras de Cristo
en la cruz (Lu. 23:46) y las de Esteban al ser apedreado
(Hch. 7:59), sugiriendo así la posibilidad de que el autor
se refiera a los que esperan el martirio como el fin de
sus sufrimientos. Sea esto así o no, les recuerda a sus
lectores que *haciendo bien* es el mejor modo de enco-
mendar sus almas a Dios. El que se ocupa concienzuda-
mente en obrar el bien para la gloria de Dios y en beneficio de sus semejantes, no tiene que temer las conse-
cuencias ni en esta vida ni en la venidera.

CAPITULO V.

5 Ruego a los ancianos que están entre vosotros, yo
anciano también con ellos, y testigo de las aflicciones
de Cristo, que soy también participante de la gloria que
ha de ser revelada:

X. Recomendaciones Finales—5:1-14.

(1) A ancianos y jóvenes—Vrs. 1-5.

Vs. 1. *Ruego a los ancianos;* la palabra traducida *ruego,*
empleada aquí por segunda vez en la epístola (Véase
2:10), indica el espíritu democrático del autor, quien,
siendo apóstol (1:1), *ruega, y no manda,* a los oficiales
de las iglesias, que llevaban el título de *ancianos.* Estos
oficiales eran los mismos que en otros pasajes se titulan
"obispos" o "sobreveedores," cuyos deberes correspondían
a los del pastor de una iglesia. En Hch. 1:17 tenemos: "Y
enviando desde Mileto a Efeso, hizo llamar a los ancianos
de la iglesia;" y en el versículo 28 del mismo capítulo,
dice Pablo, hablando a estos ancianos: "Mirad por vosotros y por todo el rebaño en que el Espíritu Santo os ha
puesto por obispos." Luego, *ancianos* y *obispos* eran los
mismos oficiales. Y en seguida agrega Pablo: "Para
apacentar la iglesia del Señor," que es el deber del pastor. En este mismo capítulo de nuestra carta, dice Pedro:
"Cuando apareciere el Príncipe de los pastores ... etc."
insinuando, cuando menos, que los "pastores" de referencia son los mismos designados "ancianos" en el versículo 1. En efecto, los únicos dos oficiales de las iglesias
apostólicas eran obispos, llamados también ancianos, y
"diáconos" (Fil. 1:1). *Yo anciano también con ellos;* con
estas palabras Pedro se coloca al mismo nivel con los

2 Apacentad la grey de Dios que está entre vosotros, teniendo cuidado de ella, no por fuerza, sino voluntariamente; no por ganancia deshonesta, sino de un ánimo pronto;

---

ancianos a quienes se dirige: y por esto, sus recomendaciones tendrán mejor aceptación. Aunque era apóstol, parece que Pedro servía de anciano en la iglesia local de su residencia. *Testigo de las aflicciones de Cristo;* testigo ocular de ellas y también testigo en el sentido de dar testimonio acerca de ellas. Esta referencia a las aflicciones de Cristo, viene como eco de lo que se ha dicho acerca de las aflicciones en los capítulos 3 y 4. *Que soy también participante de la gloria que ha de ser revelada;* referencia a lo dicho en 4:13. Sin duda, Pedro no sólo había presenciado las aflicciones de Cristo: había también participado de ellas, y por lo tanto, era acreedor a participar de la gloria que se manifestaría en su venida. (Véase I Juan 3:2).

Vs. 2. *Apacentad a la grey de Dios que está entre vosotros;* los ancianos a quienes se dirige esta exhortación, representan muchas iglesias, pues vemos en 1:1 que el autor escribe a creyentes residentes en cinco provincias, y en cada provincia habría iglesias. Pedro, en esta exhortación, hace a los ancianos la misma encomienda que recibió él de su Maestro a la orilla del mar de Galilea (Jn. 21:15-17), agregando tres admoniciones en cuanto al modo de hacerlo. *No por fuerza;* no sólo por la obligación impuesta por su puesto oficial. *Sino voluntariamente;* por querer hacerlo. Tal servicio es aceptable a Dios. *No por ganancia deshonesta;* no por la ganancia material que se espera. (Véase Tit. 1:7—"No codicioso de torpes ganancias;" también I Tim. 3:8). Alguna remuneración por el servicio rendido en el ministerio es legítima pues dice Cristo mismo que "los que anuncian el Evangelio, vivan del Evangelio" (I Cor. 9:14); pero esta remuneración que se espera no ha de ser el motivo principal en la mente del anciano. *Sino de un ánimo*

3 Y no como teniendo señorío sobre las heredades del
Señor, sino siendo dechados de la grey.
4 Y cuando apareciere el Príncipe de los pastores, vosotros recibiréis la corona incorruptible de gloria.

---

pronto; listo para servir con remuneración o sin ella,
según el caso.

Vs. 3. *Y no como teniendo señorío sobre las heredades
del Señor;* las palabras *del Señor* no constan en el original; *las heredades* se refieren a las iglesias en las cuales
los ancianos ejercen su ministerio. La palabra traducida
teniendo señorío es bastante fuerte en el griego, y significa *teniendo un señorío rígido, intenso. Sino siendo
dechados de la grey;* manifestando el espíritu de simpatía, de humildad, de cooperación, evidente siempre en la
vida del Buen Pastor.

¿Puede imaginarse que el autor de la inhibición de
este versículo haya dado más tarde su consentimiento
a ocupar el puesto de papa—puesto que es, en efecto, la
perfecta antítesis de las enseñanzas de este apóstol? Tal
admisión no dejaría de ser un rudo ataque contra la sinceridad del autor de este texto.

Vs. 4. *Y cuando apareciere el Príncipe de los Pastores;*
otra referencia a la segunda venida de Cristo, que el
apóstol consideraba inminente (Véase 4:7). Cristo se
arrogó el nombre de "el buen Pastor" (Juan 10:11), y
el autor de la carta a los Hebreos le titula "el gran Pastor de las ovejas" (Heb. 13:20). Como se ha dicho en las
notas sobre el primer versículo, esta alusión a Cristo
como "el Príncipe de los pastores," en sus recomendaciones a los ancianos, indica que "anciano" y "pastor"
representan el mismo oficio. Vosotros recibiréis la corona
incorruptible de gloria; la fidelidad de parte de los ancianos no dejará de ser premiada: su mismo Jefe, a su
llegada, colocará sobre la frente de ellos la corona que
indica triunfo, victoria,—una corona inmarcesible, y por
tanto, superior a la que recibía el vencedor en los juegos

5 Igualmente, mancebos, sed sujetos a los ancianos; y todos sumisos unos a otros, revestíos de humildad; porque Dios resiste a los soberbios, y da gracia a los humildes.
6 Humillaos pues bajo la poderosa mano de Dios, para que él os ensalce cuando fuere tiempo;

---

públicos, por ser ésta una corona corruptible. Comentando la palabra *gloria* del texto, dice el Dr. Williams que significa "la felicidad del cielo, el elemento principal de la cual será la vida de Dios derramada en el alma por Cristo. Este método figurado de representar los premios del futuro, es usado libremente por los escritores del Nuevo Testamento. Véanse I Cor. 9:25, 'una corona incorruptible'; II Tim. 4:8, 'la corona de justicia'; Sant. 1:12, 'la corona de vida.'"

Vs. 5. *Igualmente, mancebos, sed sujetos ... etc.;* mejor, *de igual manera, vosotros, jóvenes, sujetaos a vuestros mayores* (Versión Hispano-Americana). Habiendo dado instrucciones a los oficiales de la iglesia, ahora exhorta a los jóvenes a que respeten y se sujeten a los de mayor edad entre los miembros, pues la palabra *ancianos* parece referirse no a oficiales, como en el versículo 1, sino a los mayores de edad. Sin embargo, es posible otra interpretación, tomando la palabra *anciano* en el sentido oficial, como en los versículos anteriores. Así lo interpretan el comentador Clarke y otros. *Y todos sumisos unos a otros;* respetándose mutuamente y cada uno dispuesto a servir a los demás. *Revestíos de humildad;* este espíritu de humildad serviría para fomentar la debida actitud de unos con otros, conservando así el espíritu de sumisión que se acaba de recomendar. Y luego añade el autor otro motivo: *Porque Dios resiste a los soberbios y da gracia a los humildes.* Pedro, como Santiago (Sant. 4:6), cita libremente las palabras de Prov. 3:34, basándose, como de costumbre, en la Versión de los LXX, más bien que en el hebreo. Esta diferencia notable de actitud de parte de Dios proporciona motivo poderoso para la práctica de la humildad.

7 Echando toda vuestra solicitud en él, porque él tiene cuidado de vosotros.

8 Sed templados, y velad; porque vuestro adversario el diablo, cual león rugiente, anda alrededor buscando a quien devore:

---

(2) A todos, en cuanto a la humildad y la vigilancia— Vrs. 6-11.

Vrs. 6, 7. *Humillaos, pues ... para que él os ensalce ... etc.;* las palabras de Cristo en Mat. 23:12 proporcionan base segura para esta recomendación. Esto de ser "ensalzado por Dios a debido tiempo," corresponde a lo de "dar gracia a los humildes" del versículo 5. *Echando toda vuestra solicitud en él;* este versículo parece tener referencia al Sal. 37:5 y también al Sal. 55:22, aunque el autor no cita las palabras, sino sólo el pensamiento del Salmista. ¡Qué consolador es saber que podemos echar sobre Dios *toda nuestra solicitud,* todos nuestros afanes, sintiendo la satisfacción de saber que *él tiene cuidado de los suyos!* El incrédulo nos dice que el Dios de este gran universo, con sus millones de mundos a que atender, no se interesa por los insignificantes detalles de la vida del hombre; pero a esto podemos oponer las palabras del Maestro: "¿No se venden cinco pajarillos por dos blancas? Pues ni uno de ellos está olvidado delante de Dios. Y aun los cabellos de vuestra cabeza están todos contados. No temáis, pues: de más estima sois que muchos pajarillos" (Lu. 12:6, 7). Sobrada razón, pues, tiene Pedro para decir: "El tiene *cuidado de vosotros.*"

Vs. 8. *Sed templados, y velad;* repite el autor aquí el consejo dado ya en 4:7, agregando una poderosa razón por qué velar: *Porque vuestro adversario, el diablo ... anda alrededor ... etc.;* no consta en el original la palabra *porque,* pero la omisión no cambia el sentido. La palabra traducida *adversario* es un término jurídico, y significa el que se opone en un proceso legal; en este sentido siempre se emplea en el Nuevo Testamento (Véanse Mat. 5:25; Lu. 2:58; 18:3). (The Century Bible).

9 Al cual resistid firmes en la fe, sabiendo que las mismas aflicciones han de ser cumplidas en la compañía de vuestros hermanos que están en el mundo.

10 Mas el Dios de toda gracia, que nos ha llamado a su gloria eterna por Jesucristo, después que hubiereis un

---

Este *adversario, el diablo,* cuyo nombre propio es *Satán* (que significa *adversario*) se presenta como una personalidad, y no sólo como una mera influencia mala. Cristo así lo representa también en Lu. 22:31. En Apoc. 2:9 la serpiente antigua es llamada "Diablo y Satanás," y en el versículo siguiente es titulado "el acusador de nuestros hermanos." La palabra *diablo* es de origen griego, y *Satán,* de origen hebreo; y al ser designado por estos títulos, nuestro autor lo presenta aquí bajo figura de *león rugiente,* león hambriento, buscando su presa humana. En medio de tal peligro, de veras, tiene el cristiano necesidad constante de vigilancia.

Vs. 9. *Al cual resistid firmes en la fe;* refiriéndose, por supuesto, al "adversario el diablo," del versículo anterior. "Resistid al diablo y él huirá," dice Santiago (Sant. 4: 7); y Pedro está de acuerdo con él, recomendando a sus lectores que esta resistencia ha de hacerse *en la fe,* es decir, con la ayuda divina, y no con sus propias fuerzas. Probablemente, Pedro se acuerda de su propia experiencia, cuando negó a su Señor. *Sabiendo que las mismas aflicciones... etc.;* la siguiente interpretación de esta cláusula, tomada de *The Century Bible,* parece ser la correcta: "Al parecer, esta cláusula quiere decir que los lectores de la Epístola compartieron sus aflicciones con entera hermandad cristiana; por lo tanto, su prueba no fue 'extraña,' no fue una indicación de desagrado o descuido divino; y que ellos debieran imitar la constancia desplegada tan abundantemente por otros cristianos." Sin duda, el compañerismo en las aflicciones ayuda a uno a soportarlas con más valor.

Vs. 10. *Mas el Dios de toda gracia;* mejor, y en vez de *mas,* al principio de esta frase—*Y el Dios... etc.*—pues

poco de tiempo padecido, él mismo os perfeccione, confirme, corrobore y establezca.

11 A él sea gloria e imperio para siempre. Amén.

---

la afirmación de este versículo no presenta contraste con el pensamiento del versículo 9. La palabra *gracia,* que significa favor no merecido, parece ser palabra predilecta del apóstol, pues la emplea ocho veces en sus cartas. Sólo aquí en el Nuevo Testamento se da a Dios este título de *Dios de toda gracia.* También él es "Dios de toda consolación" (II Cor. 1:3) y "Dios de paz" (Heb. 13:20). *Que nos ha llamado a su gloria eterna; gloria* es otra palabra predilecta de Pedro, pues consta once veces en sus cartas. Compárese Sal. 84:11—"Gracia y gloria dará Jehová." Este llamamiento a *su eterna gloria* es una manifestación de la *gracia* que acaba de mencionarse en la frase anterior. *Por Jesucristo;* he aquí el medio por el cual el Padre ha manifestado su gracia: Cristo es el vínculo que nos une al Padre. *Después que hubiereis un poco de tiempo padecido;* el apóstol vuelve por última vez al asunto principal de toda la carta—los sufrimientos por los cuales sus lectores están pasando. En 1:6 les ha indicado que dichos sufrimientos son de "un poco de tiempo;" y también "necesarios;" y ahora vuelve a decirles que son de breve duración. La *eterna gloria* sucederá al período de aflicción, y este pensamiento servirá para consolarlos en el ambiente actual. *El mismo os perfeccione... etc.;* los mejores manuscritos tienen el futuro de estos verbos: *perfeccionará, confirmará, etc.* La plena convicción de que Dios mismo cumplirá con todo lo implícito en estas cuatro palabras, les inspirará con un valor inflexible ante las aflicciones que les abruman. Dice el Dr. Clarke, comentando este versículo, que "todas estas frases (refiriéndose a estos cuatro verbos) son arquitectónicas; y el apóstol tiene presente otra vez la fina figura que concibió en 2:5."

Vs. 11. *A él sea gloria e imperio, etc.;* esta alabanza se dirige al "Dios de toda gracia," autor de nuestro llama-

12 Por Silvano, el hermano fiel, según yo pienso, os he
escrito brevemente, amonestándoos, y testificando que
ésta es la verdadera gracia de Dios, en la cual estáis.

---

miento "a su gloria eterna," quien cumplirá con todo lo
ofrecido en los cuatro verbos al fin del versículo 10:
digno, por cierto, tres veces digno, de las alabanzas de
todas sus criaturas.

(3) Cariñosa despedida—Vrs. 12-14.

Vs. 12. *Por Silvano;* otra forma del nombre Silas, compañero del apóstol Pablo en su segundo viaje misionero
(Véase Hch. 15:40). *El hermano fiel, según yo pienso;*
mejor, *a quien reconozco como fiel hermano.* En Jerusalem
Silas era uno de los "dos varones principales entre los
hermanos," siendo Judas el otro, enviados por la iglesia,
con Pablo y Bernabé, a Antioquía como portadores de las
recomendaciones del concilio allí reunido; también era
profeta; además, como se ha dicho, fue escogido por Pablo como su compañero de viaje—todo lo cual vino a
acreditarlo como persona digna de la confianza de Pedro
(Hch. 15:22, 32, 40). *Os he escrito brevemente, amonestándoos;* mejor, amonestando, pues el pronombre, os, que
no consta en el griego no es necesario para aclarar el
sentido del participio. Riquísima es la carta en amonestaciones, como hemos visto—amonestaciones desde
todos los ángulos de la vida cristiana. *Y testificando que
esta es la verdadera gracia de Dios;* "la gracia que ellos
experimentaron en su conversión, y en la bienaventuranza y progreso de la vida cristiana, no fue una ilusión, como fueron tentados, por motivo de sus aflicciones,
a creer, sino la gracia genuina de Dios."—*The Century
Bible. En la cual estáis;* la Versión Moderna y la Hispano-Americana traducen: *Estad firmes en ella,* entendiendo el verbo como imperativo, en vez de indicativo. "Esta
gracia que ha formado el ambiente de vuestra vida desde
la conversión, siendo la verdadera, permaneced firmes en
ella."

13 La iglesia que está en Babilonia, juntamente elegida con vosotros, os saluda, y Marcos mi hijo.

14 Saludaos unos a otros con ósculo de caridad. Paz sea con todos vosotros los que estáis en Jesucristo. Amén.

Vs. 13. *La iglesia que está en Babilonia;* el original no tiene la palabra *iglesia;* simplemente—*la que está...* *etc.;* pero parece que alude a la iglesia, aunque hay quienes creen que es a una distinguida persona. La mención de Babilonia ha dado ocasión a mucha discusión. Como se ha dicho en "Observaciones Preliminares," había en aquellos tiempos cuatro Babilonias en el Imperio Romano, siendo la ciudad de Roma, figuramente así llamada, una de ellas; y la alusión es probablemente a la iglesia en esta ciudad. Para una discusión de esto, véase "Observaciones Preliminares," Sección IV. *Juntamente elegida con vosotros;* estas cuatro palabras son traducción de una sola en el original, y parece favorecer la idea de que la referencia al principio del versículo es a una iglesia, más bien que a una persona. *Os saluda;* Pedro en esto sigue el ejemplo de Pablo, quien manda numerosísimos saludos de parte de individuos y grupos en sus cartas. Esta costumbre evidencia el espíritu de compañerismo y amor fraternal que reinaba entre las iglesias del primer siglo. *Y Marcos mi hijo;* esta es la primera mención de Marcos en la carta, pero las palabras *mi hijo* demuestran claramente la relación espiritual que existe entre él y el apóstol. Entra Marcos por la primera vez en la historia bíblica en Hch. 12:12, cuando Pedro, librado de la cárcel en Jerusalem, "llegó a casa de María, madre de Juan, el que tenía por sobrenombre, Marcos." Para la teoría de la cooperación de estos dos en sus escritos, véase "Observaciones Preliminares," Sección I.

Vs. 14. *Saludaos unos a otros con ósculo de caridad;* mejor, *ósculo de amor.* Esta fue la señal de afecto fraternal entre los creyentes de aquellos tiempos. Pablo se refiere a este *ósculo* en cuatro de sus cartas (Rom. 16:16; I Cor. 16:20; II Cor. 13:12; I Tes. 5:26), como "ósculo santo." Más tarde el "ósculo de paz" llegó a ser practicado como parte del culto público. En el siglo trece desapareció esta costumbre en las iglesias occidentales, pero existe todavía en algunas de las del oriente. *Paz sea con todos vosotros... etc.;* mejor, *paz sea con todos vosotros que estáis en Cristo.* Pablo acostumbra despedirse de sus lectores deseándoles la bendición de la *gracia;* Pedro se despide de los suyos deseándoles la bendición de la *paz.* Las últimas cuatro palabras de esta cariñosa despedida—*que estáis en Cristo*—demuestran la unidad entre todos los siervos de Dios. El estar en Cristo significa que "son todos hermanos hijos del mismo Padre, herederos de las mismas promesas, peregrinos en la misma jornada, sostenidos por la misma esperanza, siervos del mismo Señor, y fortalecidos, guiados e iluminados por el Espíritu que, según promesa permanecerá para siempre con la iglesia de Cristo."—*The Expositor's Bible.*

SEGUNDA EPISTOLA DEL APOSTOL PEDRO

OBSERVACIONES PRELIMINARES

I. Autor.

Esta epístola, como la primera escrita por el mismo
apóstol, empieza con el nombre de Pedro; la primera
con *Pedro*, y ésta con *Simón Pedro*. Sin embargo, ha habido mucha discusión sobre la paternidad literaria de
esta breve, pero interesante carta. Puesto que el nombre
de Pedro consta como su autor, si otro la escribió, ten-
dríamos aquí un caso de falsificación. No se puede negar
que existía en aquellos tiempos, entre los autores clási-
cos, la costumbre de que, a veces, un escritor tomara el
nombre de otro, a fin de dar más realce a su obra; pero
como se ha dicho: "La conciencia literaria no estaba
todavía al tanto del pecado del plagio."

Los argumentos en favor y en contra de la paternidad
literaria petrina de nuestra epístola son muchos. De
hecho, no fue aceptada como canónica hasta el Concilio
de Cartago en 397; pero esto no implica necesariamente
que Pedro fuera su autor. Sin embargo, desde entonces
hasta la Reforma se aceptó pasivamente esta teoría, la
que fue rechazada por Erasmo y Calvino, admitiendo
éste la probabilidad de que el autor, sea quien fuere, haya basado sus enseñanzas sobre dichos de Pedro. En este
caso la carta sería petrina en pensamiento, aunque no
en su composición.

La evidencia *externa* en favor de la paternidad literaria petrina no es muy fuerte, toda vez que los padres

de la Iglesia de los primeros siglos se mostraron tardíos para reconocer la epístola como apostólica en su origen. Sin embargo, este excesivo cuidado de su parte demuestra el carácter fidedigno de su juicio, una vez formado dicho juicio. La evidencia *interna* es más convincente. Nótense los siguientes puntos de la misma: 1. El autor declara ser "Simón Pedro, siervo y apóstol de Jesucristo." Si esto es falso, imagínese la blasfemia de tal mentira. 2. El autor dice que ésta es la segunda carta que escribe a sus lectores, y sabemos que Pedro ya había escrito una a ellas. 3. El tono general de la carta. Aunque contiene cosas raras en escritos apostólicos, el tono general es serio, persuasivo, digno; y aun las "cosas raras" están en consonancia con el bien conocido carácter del apóstol Pedro. 4. Dice el escritor que está próxima su muerte. Tal afirmación de parte de un falsificador no es fácil de imaginarse, tratándose de una cosa tan seria como la muerte.

En fin, se puede decir que, aunque los oponentes y los defensores de la paternidad literaria petrina de nuestra carta son muchos y eruditos, el mayor peso de la argumentación parece estar de parte de éstos. En espera de más luz sobre esta interesante discusión, aceptamos la tradicional teoría de que Pedro escribió la segunda carta que lleva su nombre.

II. Ocasión o Propósito Especial de la Epístola.

El contenido de la carta demuestra que su autor fue movido por dos motivos: Primero, fomentar el conocimiento de sus lectores en las virtudes cristianas (capítulo 1); segundo amonestarles de antemano en contra de los falsos enseñadores que habían de levantarse entre ellos (capítulos 2 y 3). El gnosticismo, forma de error prevaleciente en aquellos tiempos, y aludido en la Epístola de los Colosenses y el Apocalipsis, consistía en pretensiones de poseer superiores conocimientos, "en virtud de los cuales ellos rechazaron la autoridad de la iglesia y la disciplina moral (2 Pedro 2:10, 19, etc.). De esta ma-

nera llegaron a ser antinomianos, es decir, se oponían
a la ley de la fe."—*The Century Bible*. El cuadro de los
secuaces de esta herejía, presentado en el capítulo dos,
hacer ver la extremidad de error y de corrupción a que
llegaron; el crecimiento en esta clase de "conocimientos" tendía sólo a la ruina; y por eso termina el autor
su carta con la sana recomendación: "Mas creced en la
gracia y el conocimiento de nuestro Señor y Salvador
Jesucristo." Esta especie de "conocimiento" servía para
contrarrestar los funestos resultados de los llamados conocimientos de los gnósticos.

III. Características de la Epístola.

Una ligera lectura de nuestra carta demuestra una
marcada diferencia entre ella y los demás libros del
Nuevo Testamento, excepción hecha de la Epístola de
Judas, con la cual parece tener gran afinidad. Cierto
escritor bíblico ha encontrado unos treinta puntos de
semejanza por decirlo así entre estas dos cartas, que
ponen fuera de duda que el autor de 2 Pedro había visto la carta de Judas, o vice-versa. Las dos abundan en
vehementes invectivas contra los falsos enseñadores. El
tono general de nuestra epístola es más fuerte, más
enérgico, que el de 1 Pedro, siendo, en efecto, una rara
combinación de suavidad y serenidad—suavidad hacia
sus lectores, serenidad hacia los falsos profetas. La palabra *Salvador* se encuentra cinco veces en la carta (1:
1,11; 2:20; 3:2, 18), y ni una sola vez en la primera. Esto,
unido a otras varias diferencias entre las dos, ha dado
origen a dudas en cuanto a la identidad de sus autores;
no obstante, como ha dicho un erudito comentador, los
puntos similares entre las dos cartas contrapesan las
diferencias. El último capítulo trata de doctrina falsa,
especificando la negación de la segunda venida del Señor; y luego describe los acontecimientos maravillosos
que han de acompañar dicha venida. Con una fervorosa
exhortación a estar prevenidos para este acontecimiento,
termina la carta.

IV. *Fecha y Lugar de Composición.*

Estos son puntos que esperan su solución. Como vemos en 1:14, el autor consideraba próxima su muerte. La primera carta fue escrita probablemente por el año 66, y ésta, parece haber sido escrita no mucho después de esta fecha, pues se cree que Pedro fue muerto en Roma por el año 68. Opina el Dr. Williams que llegó el autor a Roma después de haber escrito la primera epístola y que la segunda tuvo su origen en esta ciudad.

V. *Análisis.*

Introducción, 1:1-2.
1. Crecimiento en la vida cristiana, 1:3-21.
   (1) Exhortación al crecimiento, Vrs. 3-11.
   (2) Motivos para el crecimiento, Vrs. 12-21.
2. Maestros falsos, Capítulo 2.
   (1) Predicción de su venida, Vrs. 1-3.
   (2) Dios sabe distinguir entre falsos y verdaderos, Vrs. 4-11.
   (3) Descripción detallada de los falsos maestros, Vrs. 12-22.
3. El día de Dios, o sea, el día del juicio final, Capítulo 3.
   (1) Los burladores de las profecías respecto de la venida del Señor, Vrs. 1-4.
   (2) La ignorancia de estos burladores, Vrs. 5-7.
   (3) Narración de los detalles de este magno acontecimiento, Vrs. 8-13.
   (4) Solemne exhortación final, Vrs. 14-18.

LA SEGUNDA EPISTOLA DEL APOSTOL PEDRO

CAPITULO I

1 Simón Pedro, siervo y apóstol de Jesucristo, a los que habéis alcanzado fe igualmente preciosa con nosotros en la justicia de nuestro Dios y Salvador Jesucristo:

Salutación Introductoria, 1:1-2.

Vs. 1. *Simón Pedro;* los mejores manuscritos tienen *Simeón* en vez de *Simón.* La primera epístola empieza con el nombre de *Pedro,* que le fue dado por Cristo (Jn. 1:42); pero aquí el autor agrega su nombre original, que empleó Cristo en la solemne admonición la noche en que fue entregado (Jn. 22:31). *Siervo y apóstol de Jesucristo;* en la salutación de la primera carta el autor sólo se titula *apóstol,* pero aquí es *siervo y apóstol,* poniéndose así sobre el mismo nivel con sus lectores, a pesar de su carácter de *apóstol.* La palabra traducida por siervo significa *esclavo,* es decir, que pertenece a Cristo. *A los que habéis alcanzado fe igualmente preciosa con nosotros;* el apóstol dice en 3:1 que esta es la "segunda carta" que escribe a sus lectores; luego, son éstos los mismos mencionados en I Ped. 1:1. *Igualmente preciosa* es la traducción de una sola palabra en el griego y consta sólo aquí en el Nuevo Testamento. Las palabras *con nosotros* han sido interpretadas de distintas maneras, pero lo más probable es que se refiere a los mismos apóstoles. En este caso la idea sería que el más humilde entre los lectores había alcanzado una fe tan satisfactoria, tan *preciosa,* como la del apóstol más favorecido

2 Gracia y paz os sea multiplicada en el conocimiento de Dios, y de nuestro Señor Jesús.

---

del Señor—"*Preciosa* en la estimación de los que la poseían, y por los privilegios y bendiciones que ella confiere." *En la justicia;* piensa el Dr. Williams que se refiere al plan general del Evangelio, como una representación de la misericordia divina; aunque otros entienden que se refiere a un atributo especial de Dios; y otros todavía la interpretan como referencia a la *justicia* del creyente, conferida por Dios. La primera interpretación parece la más razonable. *Nuestro Dios y Salvador, Jesucristo;* sobre esto también ha habido diferencia de interpretación, opinando unos que el apóstol hace mención de Dios y de Jesucristo; otros, que sólo alude a Cristo, y que con la palabra *Dios* atribuye la deidad a Jesús. Pero comparando esta expresión con las palabras "conocimiento de Dios, y de nuestro Señor Jesús," del versículo 2, parece que se refiere a las dos personas de la Trinidad, al Padre y al Hijo. Cinco veces en la epístola aplica Pedro el título *Salvador* a Jesús (1:1, 11; 2:20; 3:2, 18. Véase Tit. 2:13).

Vs. 2. *Gracia y paz os sean multiplicadas;* véanse las notas sobre I Ped. 1:2, donde emplea el escritor las mismas palabras. *En el conocimiento de...* etc.; la *gracia* y la *paz* han de resultar de tal *conocimiento,* que es, en efecto, un pensamiento sobresaliente de la carta. La palabra traducida *conocimiento* es considerada por algunos como la clave de la epístola. En el original es palabra compuesta y significa *conocimiento profundo.* Cuatro veces la emplea el autor en forma sustantiva, y una vez en forma de verbo, teniendo presente, sin duda, la herejía de los gnósticos, quienes pretendían poseer conocimiento superior de Dios y de su relación para con el mundo y el hombre. (Véase sección II de "Observaciones Preliminares"). Se necesita este "conocimiento profundo" del Padre y del Hijo para defenderse contra las pretensiones de estos herejes.

3 Como todas las cosas que pertenecen a la vida y a la
piedad nos sean dadas de su divina potencia, por el conocimiento de aquel que nos ha llamado por su gloria y
virtud:

I. *Crecimiento en la Vida Cristiana—1:3-21.*

1. Exhortación al crecimiento—Vrs. 3-11.

La línea de pensamiento de este párrafo parece ser
la siguiente: Todos los elementos esenciales del crecimiento nos son dados por Cristo. El conocerlo a El, con
todo lo que esto implica, proporciona la base segura para
este crecimiento. La *fe*, mencionada en el versículo
primero, nos une a Cristo, y efectuada ya esta unión, hay
que desarrollar las virtudes cristianas enumeradas en
los versículos 5-8. Cultivad con todo empeño estas virtudes, pues la ausencia de ellas demuestra esterilidad
y ceguera espirituales; además, de esta manera se asegura vuestra elección, y se garantiza una entrada franca
y libre en el "reino eterno de nuestro Señor y Salvador
Jesucristo."

Vs. 3. *Como todas las cosas que pertenecen a la vida y
a la piedad;* es muy amplia esta expresión—*todas las
cosas.* Dios no hace las cosas a medias. Las abundantes
riquezas de su tesorería están a la disposición de sus
hijos. La referencia es a la vida cristiana. La palabra
piedad, que es en el griego la misma traducida incorrec-
tamente por *temor a Dios,* en los versículos 6 y 7, sirve
para acentuar el lado religioso de la vida. *No sean dadas;*
mejor, *nos son dadas. De su divina potencia,* o *poder;* es
la garantía de que no nos faltará lo necesario para el
desarrollo de la vida cristiana. El pronombre *su,* como
la palabra *aquel,* de este mismo versículo, se refiere
probablemente al Padre, y no al Hijo, como algunos
opinan. *Por el conocimiento de aquel que nos ha llamado;*
como acaba de decirse, este llamamiento viene probablemente del Padre. Véanse Rom. 8:28, 30; I Ped. 2:9. *Por su
gloria y virtud;* los mejores manuscritos tienen: *por su*

4 Por las cuales nos son dadas preciosas y grandísimas promesas, para que por ellas fueseis hechos participantes de la naturaleza divina, habiendo huído de la corrupción que está en el mundo por concupiscencia.

---

propia gloria... etc. La palabra traducida por *virtud* tiene varios significados, pero el más razonable aquí, donde se refiere a Dios, es casi sinónimo de *gloria,* uso común en la Septuaginta. En este caso, como sugiere *The Century Bible,* la expresión su *gloria y virtud* sería más o menos igual a *su gloriosa excelencia.*

Vs. 4. *Por las cuales;* por la "gloria y virtud" del versículo 3. *Nos son dadas preciosas y grandísimas promesas;* estos adjetivos indican el valor intrínseco de estas promesas, que constan en todas las Escrituras, desde la primera promesa de un Salvador (Gén. 3:15) hasta la de la venida del Espíritu Santo por Cristo mismo a sus discípulos (Jn. 14:16-17). *Para que por ellos;* es decir, por el cumplimiento de ellas por parte de Dios. *Fueseis hechos participantes de la naturaleza divina;* por la reconciliación efectuada por Cristo y por el Espíritu Santo llega el hombre a participar de la *naturaleza divina.* Todas las promesas tienen por blanco la obtención de tan deseado y tan digno fin. "El participar de la naturaleza divina, no implica pérdida de su propia individualidad, ni la absorción de su personalidad en la de Dios. Ellos participan de la naturaleza de Dios mientras conservan su propia naturaleza... En la regeneración es comunicada al alma la vida espiritual de Dios, no su esencia, y en ese sentido llegan a ser *participantes* de la naturaleza de Dios, y sólo en este sentido se puede decir que tienen una nueva naturaleza." — *Williams.* Véanse Jn. 1:12, 13; I Ped. 1:2, 3; I Jn. 3:2. *Habiendo huído de la corrupción que está en el mundo, etc.;* el participio traducido *habiendo huído* sugiere la idea de que los que *han huído* de la corrupción eran antes cautivos de la misma, y, por lo tanto, *habiendo escapado* es la mejor traducción. Cuatro veces emplea el autor en esta

5 Vosotros también, poniendo toda diligencia por esto mismo, mostrad en vuestra fe virtud, y en la virtud ciencia;

---

carta la palabra *corrupción*, que es un término bien fuerte y expresivo. El mundo romano y el griego de aquellos tiempos estaban pletóricos de una *corrupción* execrable, de la cual los lectores habían escapado mediante el socorro divino.

Vs. 5. *Vosotros también, etc.;* consérvase mejor el énfasis indicado en el original, cambiando el orden de las frases de la manera siguiente: *Por esto mismo, vosotros también, poniendo toda diligencia.* Habiendo demostrado en los versículos anteriores lo que Dios había hecho en favor de su salvación, ahora el autor exhorta a sus lectores a cumplir con la parte que a ellos les corresponde, basando su exhortación en lo que Dios había hecho: *Por esto mismo*—Dios les había dado "todas las cosas que pertenecen a la vida y a la piedad," los "había llamado," les había dado "grandísimas y preciosas promesas," etc.; y en vista de todo esto, les conviene cumplir con la parte que les corresponde en el desarrollo de su vida cristiana. Compárense las palabras de Pablo en Fil. 2:12—"Llevad a cabo la obra de vuestra salvación, con temor y temblor" (Versión Moderna). La frase *poniendo toda diligencia* indica la suprema importancia de la exhortación que sigue, hasta el fin del versículo 7. *Mostrad en vuestra fe;* mejor, *suplid en vuestra fe.* La "fe igualmente preciosa" del versículo 1 se presenta como base de la vida espiritual del creyente; y esta fe que nos une a Cristo, no es estática: es capaz de suplir las siete virtudes que el autor en seguida enumera. *Virtud;* como se ha dicho en la nota sobre el versículo 3, es esta una palabra en el original susceptible de muchos sentidos. En este versículo unos la traducen *poder,* otros, *excelencia moral,* y nuestra versión, con la Hispano-Americana, *virtud.* Como en este lugar se presenta como una gracia humana, es probable que *excelencia moral* sea la

6 Y en la ciencia templanza, y en la templanza paciencia, y en la paciencia temor de Dios;

7 Y en el temor de Dios, amor fraternal, y en el
amor fraternal caridad.

8 Porque si en vosotros hay estas cosas, y abundan,
no os dejarán estar ociosos, ni estériles en el conocimiento de nuestro Señor Jesucristo.

---

idea del autor al usar la palabra. Así la traduce el
Nuevo Pacto. *Ciencia;* mejor, *conocimiento.* Los gnósticos, cuyas doctrinas combate el autor, sin mencionarlos
por nombre en su epístola, se jactaban de sus superiores
conocimientos. (Véase "Observaciones Preliminares," Sección II.). En efecto, su nombre se deriva del sustantivo
empleado por el autor en este versículo, y que significa
conocimiento.

Vrs. 6, 7. *Templanza;* completo dominio de sí mismo.
La palabra traducida *templanza* aquí es la misma traducida *continencia* en Hch. 24:25, donde Pablo está diser-
tando ante Félix "de la justicia, y de la *continencia,* y
del juicio venidero." *Paciencia;* quien ejerce dominio
sobre sí deberá practicar también *paciente perseverancia*
(Nuevo Pacto), pues dicho "dominio" le servirá de elemento de fuerza para resistir la presión de las circunstancias exteriores. *Temor de Dios;* mejor, *piedad,* que
tiene que ver con las relaciones con Dios. Es la misma
palabra traducida *piedad* en el versículo 3. *Amor fraternal;* buenas relaciones con Dios *(piedad)* conducen a
buenas relaciones con nuestros hermanos. El apóstol
encarecidamente recomienda esta misma gracia en su
primera carta (I Ped. 1:22). *Caridad;* es decir, *amor* en
el sentido más amplio de la palabra, hasta el amor que
abarca a nuestros enemigos (Mt. 5:44).

Estas siete gracias, brotando de la fe, y desarrollándose
una tras otra, hasta llegar al amor, han de adornar el
carácter perfeccionado del siervo de Dios. Tal fue el ideal
del autor para cada uno de sus lectores.

Vrs. 8, 9. Habiendo enumerado el autor las siete virtudes
que han de brotar de la fe, una tras otra, presenta en

9 Mas el que no tiene estas cosas, es ciego, y tiene la vista muy corta, habiendo olvidado la purificación de sus antiguos pecados.

---

estos versículos un argumento irrefutable en favor del cultivo de las mismas. *Porque si en vosotros hay estas cosas y abundan;* la existencia, y la existencia abundante de ellas, es lo que pide el apóstol, y sólo esto garantiza el resultado benéfico mencionado en seguida. Compárese la "abundante vida" que Cristo vino a traer a los suyos (Jn. 10:10). No sólo la ausencia, aun la escasez de estas gracias, hace peligrosa la situación para el creyente. *No os dejarán estar ociosos, ni estériles en el conocimiento... etc.;* el cultivo y la práctica de estas virtudes evitarán dos cosas negativas: el estar *ociosos,* descuidando los deberes que reclaman atención; y el resultado igualmente funesto—el de estar *estériles,* es decir, no dar fruto alguno. A un carácter activo, agresivo, como el del apóstol Pedro, tales condiciones no dejarían de rayar en lo imperdonable. Nótese el uso de la palabra *conocimiento,* que, como se ha dicho, parece ser la clave de la epístola, y que indica que el autor tenía en mente el presuntuoso *conocimiento* de los gnósticos. (Véanse 1:2, 3, 8; 2:20; 3:18). *Mas el que no tiene estas cosas;* es decir, las siete gracias ya mencionadas. El autor presenta ahora el otro lado de la cuestión, contrastando así la posesión con la carencia de las gracias. *Es ciego;* compárese I Jn. 2:9, 11. *Y tiene la vista muy corta;* en una palabra, es *miope; ciego* a las cosas distantes y viendo imperfectamente las cosas cercanas. *Habiendo olvidado la purificación de sus antiguos pecados;* "El ejercicio de las virtudes cristianas conduce a mayor iluminación; pero el descuido de ellas ciega a los hombres a la verdad divina y hace olvidar toda experiencia espiritual"—*The Century Bible.* Lamentable condición es para el cristiano que se acostumbra tanto a la práctica del pecado, que se olvida del perdón que le dispensó Dios al principio de su vida cristiana.

10 Por lo cual, hermanos, procurad tanto más de hacer firme vuestra vocación y elección; porque haciendo estas cosas, no caeréis jamás.

11 Porque de esta manera os será abundantemente administrada la entrada en el reino eterno de nuestro Señor y Salvador Jesucristo.

Vs. 10. *Por lo cual;* en vista de las posibilidades y el peligro señalados en los versículos 8 y 9. *Procurad tanto más de hacer firme vuestra vocación y elección;* cabe aquí la pregunta: ¿Lograrán los lectores, por algo que puedan ellos hacer, efectuar el llamamiento y la elección divinas? Pero tal pensamiento no parece estar en la mente del escritor. La idea parece ser que el hombre, mediante el cultivo de las virtudes cristianas, puede alcanzar la certidumbre en cuanto a su elección y su vocación. Sólo así puede él estar seguro de que Dios lo haya elegido para la vida eterna; y luego añade el apóstol: *Porque haciendo estas cosas, no caeréis jamás;* la palabra traducida *caeréis* significa más bien *tropezaréis,* y así es traducida en otras versiones—*No tropezaréis para caer;* su paso será con firmeza, y alcanzará el blanco perseguido. (Véanse las palabras de Cristo en Jn. 10:28).

Vs. 11. *Porque de esta manera;* por el cultivo y la práctica de las virtudes enumeradas en los versículos 5-7. *Os será abundantemente administrada;* el énfasis de esta afirmación está sobre la palabra *abundantemente;* compárese la palabra "abundan" en el versículo 8. La idea de *abundancia* ha de sobresalir en el cultivo, de parte del hombre, de las gracias recomendadas; y la misma idea será manifestada en el resultado, de parte de Dios. Véanse las palabras de Cristo: "Con la medida con que medís, os volverán a medir" (Mat. 7:2). *La entrada en el reino de nuestro Señor ... etc.;* el individuo cuyo carácter esté adornado según la prescripción que el autor acaba de dar, encontrará abierta, de par en par, la puerta de entrada al reino, pues para los tales está preparado dicho reino. De este *reino* Cristo es el Rey y los creyentes, los súbditos; tiene su principio aquí

12 Por esto, yo no dejaré de amonestaros siempre de estas cosas, aunque vosotros las sepáis, y estéis confirmados en la verdad presente.

13 Porque tengo por justo, en tanto que estoy en este tabernáculo, de incitaros con amonestación:

---

en este mundo, y se proyecta en la eternidad. Es el mismo reino que el que en los Evangelios se titula "el reino de Dios" y "el reino de los cielos." El autor parece tener presente con especialidad en esta ocasión la parte del reino que se establecerá más allá de esta vida. La afirmación del texto tiene como su fin el encarecer la práctica de las virtudes cristianas, o sea, el perfeccionamiento de la vida cristiana, que consiste en el crecimiento espiritual.

2. *Motivos por qué el autor presenta sus exhortaciones en cuanto al crecimiento—Vrs. 12-21.*

(1) Por su convicción de la proximidad de su propia muerte—Vrs. 12-15.

Vs. 12. *Por esto yo no dejaré de amonestaros... etc.;* en los versículos anteriores el apóstol ha demostrado con claridad lo mucho que depende del crecimiento espiritual; y en vista de esto, se empeña en encarecerlo de parte de sus lectores. Las palabras *estas cosas* abarcan todo lo que se ha dicho desde el versículo 5. *Aunque vosotros las sepáis,* mejor, *sabéis.* Esto lo dice el autor como una concesión a sus lectores: ellos saben todo esto y sólo necesitan se les recuerde. *Y estéis confirmados en la verdad presente;* aquí también, como en el verbo anterior, *(sepáis),* el indicativo es más correcto; el apóstol no expresa ninguna duda respecto a los conocimientos y la plena convicción de sus lectores en cuanto a las cosas de que se trata.

Vrs. 13, 14. *Porque tengo por justo;* lo considero como de mi deber y también como un privilegio. *Entre tanto que estoy en este tabernáculo;* es decir, *mientras dura la vida.* La palabra *tabernáculo* se refiere al cuerpo como

14 Sabiendo que brevemente tengo de dejar mi tabernáculo, como nuestro Señor Jesucristo me ha declarado
15 También yo procuraré con diligencia, que después
de mi fallecimiento, vosotros podáis siempre tener memoria de estas cosas.
16 Porque no os hemos dado a conocer la potencia
y la venida de nuestro Señor Jesucristo, siguiendo fábulas por arte compuestas; sino como habiendo con nuestros propios ojos visto su majestad.

---

domicilio o residencia del alma. Compárese II Cor. 5:4.
De incitaros con amonestaciones, mejor, *avivar vuestra
memoria.* (Versión Hispano-Americana). A veces las
verdades más conocidas yacen latentes, por decirlo así,
en la mente, y necesitan ser *avivadas* para que vuelvan
a estar activas. El efectuar esto es el propósito del autor.
*Sabiendo que brevemente tengo de dejar mi taber-
náculo;* el *dejar el tabernáculo* es *morir.* La muerte llega
en el momento en que el espíritu sale del cuerpo. Pedro
se acuerda de las palabras del Maestro en Jn. 21:18, 19,
y luego agrega: *Como nuestro Señor Jesucristo me ha
declarado.* En este tiempo el apóstol ha llegado a una
edad bien avanzada, y entiende que la muerte no puede
estar lejana.

Vs. 15. *También yo procuraré con diligencia, que después de mi fallecimiento ... etc.;* el autor se interesa por
sus lectores no sólo en el presente, sino también en el
futuro—después de su partida. La misma epístola estará
en sus manos y servirá de constante recuerdo de *estas
cosas.* Estas palabras demuestran la intensa lealtad del
autor a sus lectores y su sincero interés por su bienestar.

(2) La integridad del testimonio apostólico acerca de
    Cristo—Vrs. 16-18.

Vs. 16. *Porque no os hemos dado a conocer ... etc.;* es
preferible la traducción de la Versión Hispano-Americana de este versículo: *Porque al daros a conocer la potencia y la venida de nuestro Señor Jesucristo, no segui-
mos fábulas por arte compuestas, sino que hablamos co-*

17 Porque él había recibido de Dios Padre honra y gloria, cuando una tal voz fue a él enviada de la magnífica gloria: Este es el amado Hijo mío, en el cual yo me he agradado.

---

mo testigos oculares que fuimos de su majestad. Con esta traducción se da el sentido verdadero del escritor: se empeña en acentuar el hecho de que es fidedigno el testimonio dado en la predicación apostólica acerca de Jesús. El testimonio de testigos oculares tiene superior valor ante el juez, y tal es el testimonio dado por Pedro y los demás apóstoles acerca de la *potencia* y la *venida* de Jesús. La *potencia* había sido manifestada ante los ojos de todos los apóstoles durante todo el ministerio de Cristo, en sus prédicas, sus milagros, su transfiguración, su resurrección; y la *venida*, predicha tantas veces por Cristo mismo y finalmente, por los ángeles el día de la ascensión (Hch. 1:11), fue considerada por los creyentes del primer siglo como cosa inminente, esperándola de día en día. Es de notarse la expresión: *fábulas de arte compuestas*; es decir, como los mitos que fueron *compuestos* acerca de los dioses falsos de la mitología —meras creaciones de la imaginación humana. El testimonio de Pedro y de sus compañeros tiene otra base del todo fidedigna. La palabra traducida *majestad* se refiere al "visible esplendor de la divina majestad como apareció en la Transfiguración," como se ve en el versículo siguiente.

Vs. 17. *Porque él había recibido de Dios Padre;* mejor, *porque recibió de Dios Padre. Honor y gloria;* esto se refiere a todo lo que sucedió en la Transfiguración, el cambio que se efectuó en su persona, su conversación con Moisés y Elías, la voz del cielo, etc. *Cuando una tal voz fue a él enviada de la magnífica gloria;* tres de los Evangelistas, Mateo (17:1-8), Marcos (9:2-8) y Lucas (9:28-36) nos dan una narración de este acontecimiento, que tanto impresionó al autor de nuestra carta. Nótense algunos términos exaltados que emplea él en los versículos 16 y 17,

18 Y nosotros oímos esta voz enviada del cielo, cuando estábamos juntamente con él en el monte santo.

---

para dar exprèsión a sus sentimientos: *majestad, honra, gloria, magnífica gloria.* Débese advertir que algunos opinan (siguiendo a Winer y Thayer) que la frase *de la magnífica gloria* debiera leerse así; *por la Magnífica Gloria,* en el cual caso *Magnífica Gloria* se refiere a Dios mismo. La erudición moderna favorece esta traducción. *Este es el amado Hijo mío, etc.;* el autor sigue la forma de estas palabras como las tenemos en Mateo (17:5) con pequeñas variaciones, pero omitiendo la frase: "a él oíd." Marcos (9:7) y Lucas (9:35) tienen: "Este es mi Hijo amado; a él oíd." Compárense las palabras oídas en el bautismo de Jesús: "Este es mi Hijo amado, en el cual tengo contentamiento" (Mat. 3:17).

Vs. 18. *Y nosotros oímos esta voz enviada del cielo;* el recuerdo de esta voz no se había borrado de la mente del autor. Tanto las palabras como el timbre se grabaron indeleblemnete en su memoria. Así es que en este párrafo (16-18) el apóstol presenta el testimonio de los ojos (16) y el de los oídos (18), en favor de la realidad del incidente aquí narrado. El pronombre *nosotros* abarca a Pedro, Santiago y Juan, quienes presenciaron la Transfiguración (Mat. 17:1). Los otros nueve se habían quedado al pie del monte (Mat. 17:16). *Cuando estábamos juntamente con él... etc.;* mejor, *estando con él... etc.;* Nótese la precisión con que el autor narra los detalles de este incidente, cosa que fortalece la convicción de que la carta es obra del apóstol cuyo nombre consta al principio de la misma. (Para una discusión de la paternidad literaria de la carta, véase *"Observaciones Preliminares," Sección I).* Hasta la fecha, no se ha identificado, fuera de toda duda, el *monte santo*—llamado santo por causa de la Transfiguración que se efectuó en él. Tabor, que anteriormente fue considerado el sitio de referencia, ha sido descartado por recientes estudios de

19 Tenemos también la palabra profética más permanente, a la cual hacéis bien de estar atentos como
a una antorcha que alumbra en lugar oscuro hasta que
el día esclarezca, y el lucero de la mañana salga en vuestros corazones:

---

la cuestión, y uno de los picos de Hermón es designado,
como el lugar probable del incidente.

(3) El testimonio fidedigno de "la palabra profética"
acerca de Cristo—Vrs. 19-21.

Vs. 19. *Tenemos también la palabra profética permanente, etc.;* mejor, *tenemos también más confirmada la
palabra profética.* (Nuevo Pacto). La idea parece ser
que lo dicho por los profetas del Antiguo Testamento
acerca de Cristo, recibió alguna confirmación en la
Transfiguración. La voz del cielo que se dejó oír en el
monte sirvió de confirmación de lo que los profetas habían dicho de Cristo. *A la cual hacéis bien de estar atentos;* el original de esta frase indica que los lectores están
haciendo esto; en aquel tiempo el Viejo Testamento—
la palabra profética—era toda la Biblia para los judíos,
y hacían bien en escudriñar las Escrituras detenida-
mente, puesto que ellas eran como *una antorcha (lámpara) que alumbra en lugar oscuro.* El mundo antiguo
estaba oscuro y la ley que daban las Escrituras fue la
única que espiritualmente lo iluminaba. *Hasta que el
día esclarezca;* refiriéndose probablemente a la segunda
venida del Señor. *Y el lucero de la mañana salga en vuestros corazones;* la palabra traducida *el lucero de la mañana* consta sólo aquí en el Nuevo Testamento, y, a juicio de un comentador, quiere decir; "las premoniciones
internas que anuncian la venida (del Señor) como el lucero anuncia el alba; siendo ocasionadas tales premoniciones tal vez por las observaciones de las señales
de la venida." Si ésta es la interpretación correcta, el
versículo, vestido, como lo está, figurada y bellamente de
lenguaje altamente apocalíptico, demuestra la potente

20 Entendiendo primero esto, que ninguna profecía de la Escritura es de particular interpretación;

21 Porque la profecía no fue en los tiempos pasados traída por voluntad humana, sino los santos hombres de Dios hablaron siendo inspirados del Espíritu Santo.

---

influencia que ejercía la esperanza de la segunda venida en el pensamiento de aquellos tiempos.

Vs. 20. *Entendiendo primero esto;* procede ahora el autor a presentar otra razón por qué sus lectores deberían "estar atentos" a "la palabra profética." *Que ninguna profecía de la Escritura;* esto se refiere a "la palabra profética" del versículo anterior, y abarca a todo el Antiguo Testamento. *Es de particular interpretación;* mejor, *se origina en explicación propia* (Nuevo Pacto); es decir, en explicación del mismo profeta: lo que dice el profeta, no lo dice por su propia iniciativa. Que ésta es la idea correcta del autor, lo prueba la afirmación del versículo 21. De no ser que la aserción de este versículo vaya seguida por la del 21, la negación de la Iglesia de Roma, en cuanto al derecho del individuo de interpretar la Escritura, tendría, cuando menos, una aparente base en este versículo; pero el autor, previendo tal vez esta posibilidad, la invalida desde luego con lo que agrega en el versículo siguiente. Esta falsa teoría de Roma no encuentra apoyo ni en este versículo, ni en ninguna parte de la Biblia. El individuo tiene el divino derecho de interpretar la Escritura según su propio juicio, iluminado éste por el Espíritu Santo.

Vs. 21. *Porque la profecía no fue... etc.;* mejor, *porque jamás ha venido la profecía por voluntad humana.* Esto es, en efecto, una repetición en otras palabras del pensamiento del versículo 20. Lo dicho por los profetas no tenía su origen en la voluntad de ellos; las enseñanzas de las Escrituras no se originaron en la mente del hombre. Pero no queda satisfecho el autor con esta expresión negativa; la positiva sigue en seguida: *Sino*

los santos hombres... inspirados del Espíritu Santo;
los mejores manuscritos omiten la palabra *santos,* jus-
tificando así la traducción de la Versión Moderna: *Sino
que, movidos por el Espíritu Santo, los hombres hablaron de parte de Dios.* Con estas palabras el autor expresa
su plena convicción en cuanto a la divina inspiración
del Antiguo Testamento en su totalidad; y así justifica
su recomendación del versículo 19, de que sus lectores
"estén atentos" a él.

El profesor W. H. Bennett, comentador de nuestra
epístola en *The Century Bible,* presenta la siguiente interpretación de los versículos 20 y 21: Las Escrituras
fueron dadas por el Espíritu Santo, y no por el espíritu
del hombre; por lo tanto, la mente humana no es capaz
de interpretarlas, y esto es lo que significa el aserto:
"Ninguna profecía... es de particular interpretación,"
es decir, que el hombre solo no es capaz de interpretarlas,
sin la ayuda del mismo Espíritu que las originó.

CAPITULO II

2 Pero hubo también falsos profetas en el pueblo, como habrá entre vosotros falsos doctores, que introducirán encubiertamente herejías de perdición, y negarán al Señor que los rescató, atrayendo sobre sí mismos perdición acelerada.

II. *Profetas Falsos,* 2:1-22.

1. *Predicción de la venida de los profetas falsos*—Vrs. 1-3.

Vs. 1. *Pero hubo también falsos profetas en el pueblo;* habiendo hablado el autor de la "palabra profética" de los profetas verdaderos de la antigüedad, admite la presencia también de falsos profetas entre ellos. Véase Jer. 23 para una descripción de ellos y las amenazas de Dios en su contra; también I Rey. 22; Ezeq. 13; Amós. 7:14; Zac. 13:2-6. *Como habrá entre vosotros falsos doctores;* mejor, *maestros* en vez de *doctores.* Estos profesaron hablar por Dios, como los falsos profetas pretendían hablar por inspiración divina. Véase Jud. 4. Cristo y Pablo predijeron la misma cosa (Mat. 24:11; Hch. 20:29). *Que introducirán encubiertamente herejías de perdición;* es decir, errores doctrinales, los agentes de los cuales trabajarían ocultamente, pues así podrían mejor efectuar su nefanda obra. La expresión *herejías de perdición* quiere decir, herejías que conducen a la perdición. Otra vez al fin de este versículo, y en el 3, emplea el autor esta misma palabra, refiriéndose a la perdición de estos falsos maestros. *Y negarán al Señor que los rescató;* al decir esto, Pedro se acordaría que, en cierta ocasión, él hizo igual cosa; pero su pronto arrepentimiento lo salvó de los funestos resultados de su

2 Y muchos seguirán sus disoluciones, por los cuales el camino de la verdad será blasfemado;

3 Y por avaricia harán mercadería de vosotros con palabras fingidas; sobre los cuales la condenación ya de largo tiempo no se tarda, y su perdición no se duerme.

---

pecado. Bajo la benéfica mirada del Maestro, "Saliendo fuera Pedro, lloró amargamente" (Lu. 22:61-62). La palabra traducida *Señor* en esta frase, no es la que ordinariamente tiene esta traducción; la Versión Moderna la traduce *Soberano*, y el Nuevo Pacto, *Soberano Señor*. En vez de *rescató*, es preferible *compró*; de modo que tenemos en esta frase indicaciones de un soberano, un amo, que efectúa la compra de unos esclavos—referencia al sistema de la esclavitud que prevalecía en el imperio romano. *Atrayendo sobre sí mismos perdición acelerada;* no tarda el castigo de sus perversos e inicuos procedimientos—castigo traído por los mismos promotores de las *herejías de perdición.* El pecado trae y, a veces, rápidamente, su propio castigo.

Vs. 2. *Y muchos seguirán sus disoluciones;* las actividades de los sembradores de las herejías no dejaron de dar su fruto; no sólo sufrirán ellos: otros serán contaminados con el veneno de sus falsas enseñanzas y su mala conducta. *Por los cuales el camino de la verdad será blasfemado;* mejor, *será vituperado.* Las palabras *los cuales* parecen referirse a los que siguen las *disoluciones* de los falsos maestros. *El camino de la verdad* es el camino del Evangelio, el camino cristiano, llamado en Hch. 19:9 y 23 simplemente "el Camino." "El camino de la verdad es el Evangelio considerado como conduciendo a un modo de vida de acuerdo con sus requisitos."— *Williams.*

Vs. 3. *Y por avaricia harán mercadería de vosotros;* he aquí el fin propuesto de los falsos maestros—ganancia personal para sí mismos, y para conseguir esto, descienden al bajo nivel de explotar a los mismos creyentes. *Con palabras fingidas;* creyendo con esto poder conseguir

4 Porque si Dios no perdonó a los ángeles que habían pecado, sino que habiéndolos despeñado en el infierno con cadenas de oscuridad, los entregó para ser reservados al juicio;

---

su fin, engañando así a los incautos. *Sobre los cuales la condenación ya de largo tiempo no se tarda... no se duerme;* estas dos expresiones; que prácticamente quieren decir la misma cosa, acentúan de una manera notable la "perdición acelerada" de los malhechores, mencionada en el versículo 1. Compárese Judas 4. Las palabras *de largo tiempo* son significativas, indicando que la *condenación* y la *perdición* de referencia no son un pensamiento ulterior con Dios, sino que "desde antes," como dice Judas (Jud. 4), todo ello ha sido visto, ha sido determinado por la mente divina.

2. *Dios sabe distinguir entre falsos y verdaderos*—Vrs. 4-11.

Con los tres casos de castigo severo contra los malhechores (los ángeles rebeldes, el mundo antiguo, Sodoma y Gomorra), y los dos casos de preservación (Noé y Lot), demuestra el autor que no hay peligro alguno de que sean tratados con injusticia ni buenos ni malos: Dios sabe tratar a todos según sus méritos. Este hecho debería servir de incentivo a los lectores en su resistencia contra las "palabras fingidas" de los falsos maestros.

Vs. 4. *Porque si Dios no perdonó a los ángeles... etc.;* esta referencia histórica ha dado a los exégetas mucho en qué pensar. Opinan algunos que tenemos aquí una referencia a Gén. 6:1-2; otros, que las palabras de nuestro autor, como también las de Judas (Jud. 6), se refieren a *El Libro de los Secretos de Enoc,* donde consta una expresión semejante respecto a los ángeles que aguardan el Día del Juicio. Dice Judas, hablando de los ángeles rebeldes: "... los ángeles que no guardaron su dignidad, mas dejaron su habitación." Vemos que los dos escritores—Pedro y Judas—presentan la funesta suerte de los

5 Y si no perdonó al mundo viejo, mas guardó a Noé,
pregonero de justicia, con otras siete personas, trayendo
el diluvio sobre el mundo de malvados;
6 Y si condenó por destrucción las ciudades de Sodoma
y de Gomorra, tornándolas en ceniza, y poniéndolas por

ángeles desde el mismo punto de vista; pero no sabemos
el origen del cual tomaron sus informes. Puede ser que
uno de ellos haya tomado el escrito del otro como base
de su descripción, como opinan muchos, aunque en este
caso no sabemos cuál escribió primero. *Sino que habiéndolos despeñado en el infierno con cadenas de oscuridad;*
esta parte del versículo es de dudosa traducción; tal vez
la mejor sea la de la Versión Hispano-Americana: *Sino
que arrojándolos al infierno, los entregó a abismos tene-
brosos.* Las palabras *arrojándolos al infierno* son la traducción de una sola palabra en el original, un verbo
derivado de la raíz que significa *tártaro,* o sea, el *infierno,*
en la mitología griega. *Para ser reservados al juicio;* mejor, *reservándolos para el juicio.* Esto quiere decir, el juicio que será administrado en el Día del Juicio. El pasaje
paralelo en Judas tiene: "... hasta el juicio del gran
día." Tal es el primer ejemplo que emplea el autor para
asegurar a sus lectores que Dios sabrá distinguir entre
buenos y malos.

Vs. 5. *Y si no perdonó al mundo viejo, etc.;* ahora sigue
otro ejemplo del modo en que Dios trata con los malos;
el primero fue el caso de los ángeles; éste, el de los
ante-diluvianos, al cual el autor ha hecho referencia
en su primera carta (I Ped. 3:20). Judas (14, 15) cita
unas palabras del libro de Enoc en su descripción detallada de los pecados del *mundo viejo,* considerado también por nuestro autor, en este mismo versículo, como
el mundo de malvados. Noé por ser *pregonero de justicia,*
con los suyos fue librado del diluvio que destruyó a los
impíos. (Gén. 7). Este bien conocido ejemplo demuestra
la verdad del versículo 9.

Vs. 6. *Y si condenó las ciudades de Sodoma y de Go-*

ejemplo a los que habían de vivir sin temor y reverencia de Dios;

7 Y libró al justo Lot, acosado por la nefanda conducta de los malvados;

8 (Porque este justo, con ver y oír, morando entre ellos, afligía cada día su alma justa con los hechos de aquellos injustos;)

---

morra... etc.; otro caso espantoso y bien conocido del castigo divino contra los enemigos de Dios—el tercero enumerado en estos versículos. (Gén. 19:24). La frase *tornándolas en cenizas* es la traducción de una sola palabra en el original. *Poniéndolas por ejemplo*... etc.; mejor, *poniéndolas por escarmiento a los que en lo sucesivo viviesen impíamente.* Véanse Isa. 1:9; Mat. 10:15; 11:23, 24; Rom. 9:29, para referencia a esta catástrofe como castigo justo de Dios contra los pecadores.

Vs. 7. *Y libró al justo Lot;* el segundo caso en que Dios ha demostrado su poder y su determinación de distinguir entre justos e injustos, entre buenos y malos. (Gén. 19:15, 16). *Acosado por la nefanda conducta de los malvados;* dícese esto a favor de Lot, quien habiendo vivido por mucho tiempo entre estos *malvados,* no se había contaminado con sus vicios; al contrario, sufría moralmente en medio de este ambiente tan inmoral.

Vs. 8. *Porque este justo, con ver y oír*... etc.; este versículo es, en efecto, una repetición y ampliación del 7. La frase *con ver y oír* son, en el griego, las primeras palabras de este versículo indicando así la prominencia de este pensamiento en la mente del escritor. "Los pecados eran tan numerosos, que él no podía menos que verlos, y tan escandalosos, que no podían menos que oírlos. Imposible fue el no ver y oír. Sin embargo, la impresión producida (por el texto) es que no quedó él completamente callado. Es de suponerse que a veces protestaba contra la iniquidad de ellos." —*Williams.* Esta actitud de Lot hacia los inicuos entre quienes vivía, es una inferencia lógica, por cierto, sacada de Gén. 19, más bien

9 Sabe el Señor librar de tentación a los píos, y reservar a los injustos para ser atormentados en el día
del juicio;
10 Y principalmente a aquellos que, siguiendo la carne,
andan en concupiscencia e inmundicia, y desprecian la
potestad; atrevidos, contumaces, que no temen decir mal
de las potestades superiores:

---

que una exacta representación de los hechos allí narrados.

Vs. 9. *Sabe el Señor librar de tentación a los píos;* la
palabra traducida aquí *tentación* parece significar en
este texto, *las aflicciones que ponen a prueba* (Nuevo
Pacto). Esta aseveración se confirma sólidamente con
los dos ejemplos de Noé y de Lot. *Y reservar a los injustos
para ser atormentados... etc.;* mejor,... *bajo castigo
para el día del juicio* (Versión Hispano-Americana). Este hecho queda probado con los tres casos ya mencionados
—los ángeles rebeldes, el mundo antiguo que fue destruído
y las ciudades de Sodoma y Gomorra. Con las dos afirmaciones de este versículo, compárense las dos de Pablo
en 2 Tim. 2:19—"Pero el fundamento de Dios está firme,
teniendo este sello: Conoce el Señor a los que son suyos;
y: Apártese de iniquidad todo aquel que invoca el nombre
de Cristo."

Vs. 10. *Y principalmente a aquellos... etc.;* la palabra *principalmente* parece indicar cierta gradación de
castigo—unos recibirán menos, otros, más castigo; los
que *siguiendo la carne, andan en concupiscencia e inmundicia,* son los que sufrirán hasta el máximo el castigo divino. Todo esto refiérese a "los falsos profetas"
mencionados en los versículos 1 y 2, quienes enseñaban,
como se ha dicho ya, que los principios del Evangelio
no prohiben la satisfacción de los deseos carnales. *Y
desprecian la potestad;* tanto el dominio civil, como el
moral y el espiritual—anarquistas en el sentido más
amplio de la palabra. *Atrevidos;* faltando al respeto
debido. *Contumaces;* Según el Nuevo Pacto, *pagados de*

11 Como quiera que los mismos ángeles, que son mayores en fuerza y en potencia, no pronuncian juicio
de maldición contra ellas delante del Señor.

---

sí mismos. Que *no temen decir mal de las potestades
superiores;* esto es una ampliación del contenido de las
dos palabras anteriores: no respetando a nadie y siendo
"pagados de sí mismos," se atreven a maldecir a todas
las autoridades. Hay duda acerca de la clase de *potestades* a las cuales se refiere el autor, pero lo más probable
es que se refiera a las *potestades* civiles.

Vs. 11. *Como quiera que los mismos ángeles... no
pronuncian juicio de maldición... etc.;* mejor, *mientras
que los ángeles... etc.;* (Versión Hispano-Americana).
Los ángeles *son mayores en poder y potencia* que los mismos falsos maestros; sin embargo, en su humildad, que
contrasta notablemente con el espíritu atrevido y con-
tumaz de ellos, no presentan ante el Juez Supremo *juicio
de maldición* contra las *potestades superiores* del versículo 10, dejando tal *juicio* al mismo juez. Esto parece
ser el sentido de este versículo, aunque hay alguna duda
respecto a quiénes se refiere la palabra *ellas* del texto.
(Compárese Judas 4).

3. *Descripción detallada de los falsos maestros*—Vrs.
12-22.

Sobresale este párrafo por la manera en que el autor
caracteriza profusamente a los falsos maestros, califi-
cándolos de "bestias brutas," "suciedades y manchas,"
con "ojos llenos de adulterio," "hijos de maldición,"
"fuentes sin agua," "nubes traídas de torbellino de viento" y "siervos de corrupción;" terminando su descripción con la doble y sorprendente comparación: "El perro
se volvió a su vómito, y la puerca lavada a revolcarse
en el cieno." Con excepción de Judas 8-16, este pasaje
excede a todo el resto del Nuevo Testamento en epítetos
despreciativos y denigrantes, los cuales, por cierto, se

12 Mas éstos, diciendo mal de las cosas que no entienden, como bestias brutas, que naturalmente son hechas para presa y destrucción, perecerán en su perdición,

13 Recibiendo el galardón de su injusticia, ya que reputan por delicia poder gozar de deleites cada día. Estos son suciedades y manchas, los cuales comiendo con vosotros, juntamente se recrean en sus errores;

---

ven justificados por el carácter de los individuos de que se trata.

Vs. 12. *Mas éstos;* los falsos maestros, en contraste con "los mismos ángeles" del versículo 11. *Diciendo mal de cosas que no entienden; referencia,* tal vez, a las palabras del versículo 10: "que no temen decir mal de las potestades superiores." *Como bestias brutas;* mejor, *bestias irracionales* (Versión Moderna). *Que naturalmente son hechas para presa y destrucción;* tal es el presunto fin de las bestias salvajes. *Perecerán en su perdición;* es decir, en su propia perdición, siendo ésta el resultado lógico de su propia conducta, como se dice en el versículo siguiente.

Vs. 13. *Recibiendo el galardón de su injusticia;* aquí también seguiremos la Versión Moderna: *Sufriendo mal como recompensa del tal hacer.* Esta es una explicación de las últimas palabras del versículo 12: el perecer en su propia perdición es sufrir la justa paga de su propia conducta. *Ya que reputan por delicia, etc.;* el original parece favorecer la traducción de la Versión Hispano-Americana: *Ellos se recrean en gozar de placeres a la luz del día;* es decir, no se avergüenzan de practicar *a la luz del día* sus actos de disolución e inmoralidad que ordinariamente se practican bajo el velo de la noche— fuerte acusación ésta. *Estos son suciedades y manchas,* aquí empieza la lista de calificaciones despreciativas ya mencionada, y que son capaces de varias traducciones; por ejemplo, las dos de este versículo tienen en otras tres versiones las traducciones siguientes: *manchas y tachas,*

14 Teniendo los ojos llenos de adulterio, y no saben cesar de pecar; cebando las almas inconstantes; teniendo el corazón ejercitado en codicias, siendo hijos de maldición;

manchas y máculas, manchas y borrones. Los cuales comiendo con vosotros; la palabra traducida *comiendo* puede referirse a distintas clases de comidas, sean ágapes, la cena del Señor, o fiestas ordinarias. *Juntamente se recrean en sus errores;* aprovechando estas oportunidades para inducir a los fieles con sus engaños. Algunos manuscritos griegos tienen la palabra que quiere decir *ágapes* (fiestas de amor), en vez de la que significa *errores,* pues las dos palabras *(apatais, agapis)* son muy parecidas en el original, y no sabemos cuál sea la correcta.

Vs. 14. *Teniendo los ojos llenos de adulterio;* el autor sigue adelante con la descripción. Tenemos en este versículo también una variación en los documentos originales, pues algunos tienen *una adúltera,* en vez de *adulterio;* la expresión *ojos llenos de una adúltera* es más expresiva que *ojos llenos de adulterio.* La idea parece ser que la concupiscencia se ha desarrollado a tal grado, que los mismos ojos retienen, por decirlo así la imagen de la adúltera, el objeto de sus pasiones. *Y no saben cesar de pecar;* tan acostumbrados están al pecado, que han perdido el deseo y el poder de resistir la tendencia a cometerlo—tal es el peligro de ceder a las influencias seductoras del pecado. *Cebando las almas inconstantes;* mejor, *halagando ... etc.* como el hombre caza con trampas al animal o el ave. *Teniendo el corazón ejercitado en codicias;* la palabra traducida *ejercitando* es interesante, refiriéndose a los ejercicios gimnásticos que practican los atletas. El *corazón,* el mismo centro de la vida, se ha prestado a la práctica, al desarrollo del pecado de desear excesivamente lo ajeno, hasta no poder contentarse con lo suyo propio. *Siendo hijos de maldición;* viviendo bajo la maldición, bien merecida de Dios en esta vida, y con

15 Que han dejado el camino derecho, y se han extraviado, siguiendo el camino de Balaam, hijo de Bosor, el cual amó el premio de la maldad.

16 Y fue reprendido por su iniquidad: una muda bestia de carga, hablando en voz de hombre, refrenó la locura del profeta.

---

la perspectiva de lo mismo en la venidera. Este juicio del autor es la explicación de todo lo dicho en los versículos 13 y 14.

Vrs. 15, 16. *Que han dejado el camino derecho, y se han extraviado;* indica que ellos antes habían estado en *el camino derecho,* cuando menos, aparentemente, es decir, que se habían identificado con los creyentes verdaderos; y, por lo tanto, tenían mejor oportunidad para ejercer su influencia perniciosa. Los peligros más poderosos para la causa de Cristo son los que se originan dentro de las mismas iglesias. *Siguiendo el camino de Balaam ... etc.;* para la historia del incidente de Balaam, véase Núm. 22, 23, 24. Judas hace mención de este incidente (Jud. 11), sin entrar en sus detalles, poniéndolo al mismo nivel con "el camino de Caín" y "la contradicción de Coré." Dijo Dios a Balaam: "Tu camino es perverso delante de mí." (Núm. 22:32). *El cual amó el premio de la maldad;* alusión a la remuneración que había de recibir de Balac por sus servicios (Núm. 22:7, 17, 37). Balaam era un agorero pagano, acostumbrado a recibir buen pago por sus adivinaciones, aunque parece que tenía algunos conocimientos del Dios verdadero, pues dijo a los mensajeros de Balac: "Reposad aquí esta noche, y yo os referiré las palabras como Jehová me hablare" (Núm. 22:8). *Y fué reprendido por su iniquidad ... etc.;* la reprensión vino por boca de *una muda bestia de carga,* la misma asna en que él iba montado, la cual, con una visión espiritual más perspicaz que la de su jinete, discernió el ángel en su camino. El elemento milagroso en todo este incidente es manifiesto, tanto en el uso que hizo Dios de un adivinador pagano para bendecir a su pueblo, como el de una asna para reprender la locura

17 Estos son fuentes sin agua, y nubes traídas de torbellino de viento: para los cuales está guardada la oscuridad de las tinieblas para siempre.

18 Porque hablando arrogantes palabras de vanidad, ceban con las concupiscencias de la carne en disoluciones a los que verdaderamente habían huído de los que conversan en error;

---

del mismo; y negar la posibilidad de este milagro es negar la posibilidad de todo milagro, incluyendo el de Pentecostés cuando los apóstoles hablaron en lenguas para ellos desconocidas.

Vs. 17. *Estos son fuentes sin agua;* tales fuentes engañan al viajero sediento, prometiéndole agua, sin cumplir con su promesa, como la higuera maldita por Cristo (Mat. 21:19). *Nubes traídas de torbellino de viento;* mejor, *Nieblas llevadas por una tempestad.* La idea parece ser la de inestabilidad, llevados para acá y para allá por todo viento de doctrina. *Para los cuales está guardada la oscuridad... etc.;* las palabras traducidas *para siempre* no constan en los mejores manuscritos, aunque las tenemos en el griego de Judas 13. Triste fin, por cierto, aguarda a estos falsos maestros, de los cuales el autor pinta un cuadro harto repugnante.

Vs. 18. *Porque hablando arrogantes palabras de vanidad;* tales son las palabras que corresponden a los falsos maestros de nuestros tiempos, como también a los de aquel entonces. El autor procede en este versículo a justificar el cuadro que de ellos acaba de presentar. *Ceban con las concupiscencias de la carne en disoluciones;* severísima acusación esta, en la cual el autor multiplica palabras despreciativas y denigrantes, en su descripción de la conducta de estos engañadores. *A los que verdaderamente habían huído de los que conversan en error;* mejor, *a los que apenas se están escapando de entre los que viven en error.* (Versión Hispano-Americana). La referencia parece ser a los que recientemente han creído, y así, salido de la compañía de los incrédulos.

19 Prometiéndoles libertad, siendo ellos mismos siervos de corrupción. Porque el que es de alguno vencido, es sujeto a la servidumbre del que lo venció.

20 Ciertamente, si habiéndose ellos apartado de las contaminaciones del mundo, por el conocimiento del Señor y Salvador Jesucristo, y otra vez envolviéndose en ellas, son vencidos, sus postrimerías les son hechas peores que los principios.

Estos niños en la fe, sin la instrucción y experiencia necesarias para robustecer su vida espiritual, fácilmente caerían víctimas de las fascinaciones de los falsos maestros. Pedro recordaría las palabras de Cristo: "Cualquiera que escandalizarse a alguno de estos pequeños que creen en mí, mejor le fuera que se le colgase al cuello una piedra de molino de asno, y que se anegase en el profundo de la mar" (Mat. 18:6).

Vs. 19. *Prometiéndoles libertad, siendo ellos mismos siervos de corrupción;* promesa que no eran ellos capaces de cumplir, pues eran *esclavos,* viviendo bajo la peor esclavitud—la de la *corrupción.* Con tales promesas halagaban a los neófitos, engañándolos con palabras seductoras. No es extraño que tan nefanda conducta haya excitado la justa indignación del apóstol. *Porque el que es de alguno vencido... etc.;* esto lo dice el autor como explicación de la cláusula anterior: los maestros de referencia han sido vencidos por el pecado, luego, son *siervos de corrupción.* Compárense las palabras de Cristo en Juan 8:34, y las de Pablo en Rom. 6:16.

Vs. 20. *Ciertamente;* mejor, *porque, si habiéndose ellos apartado de las contaminaciones del mundo;* ha habido discusión en cuanto a quienes se refiere la palabra *ellos* en este versículo—si a los maestros o a los neófitos del versículo 18; la primera es la interpretación más probable. Las palabras *habiéndose... apartado de las contaminaciones del mundo,* no implican necesariamente que estos maestros hayan sido verdaderamente convertidos; pueden entenderse en el sentido de que se habían

21 Porque mejor les hubiera sido no haber conocido
el camino de la justicia, que después de haberlo conocido, tornarse atrás del santo mandamiento que les fue
dado.

---

asociado formalmente con los creyentes, *apartándose* ex-
teriormente, como éstos, de las habituales contaminaciones en que antes tomaban parte. *Por el conocimiento
del Señor y Salvador Jesucristo;* el conocimiento de su
pureza de vida y del alto nivel moral de sus preceptos
sería suficiente para inducirlos a separarse provisionalmente de su acostumbrada manera de vivir, identi-
ficándose así en lo exterior con los creyentes verdaderos. *Y otra vez envolviéndose en ellos son vencidos;*
es bien significativa la palabra traducida por *envolviéndose:* enredándose, como el insecto que cae en la tela
de araña, haciendo más segura su prisión con sus esfuerzos para librarse, hasta que por fin se da por vencido.
Sus postrimerías les son hechos peores que los principios;
mejor, *su postrer estado ha venido a serles peor que el
primero.* ((Versión Hispano-Americana). Hallándose cautivos por segunda vez, la voluntad y el poder moral para
luchar se ven seriamente mermados, haciendo más deses-
perada la situación. (Véase Mat. 12:45, donde Cristo
emplea una expresión más o menos igual a ésta).

Vs. 21. *Porque mejor les hubiera sido ... etc.;* el autor
trata en este versículo de justificar la afirmación del
anterior: el *haber conocido el camino de la justicia*
aumenta la culpabilidad de ellos, y también aumenta el
castigo correspondiente por su abandono del mismo. Así
sucede que están pecando, no por ignorancia, sino en
contra de la luz, lo cual nos recuerda las palabras de
Cristo: "Si no hubiera venido, ni les hubiera hablado,
no tendrían pecado; mas ahora no tienen excusa de su
pecado" (Jn. 15:22). De modo que habrían sido menos
su culpabilidad y castigo, si desde el principio no hubieran conocido el camino de la verdad (Lu. 12:47, 48).
Grande es la culpabilidad de pecar contra la luz—de

22 Pero les ha acontecido lo del verdadero proverbio: El perro se volvió a su vómito, y la puerca lavada a revolcarse en el cieno.

---

tornarse atrás del santo mandamiento, es decir, de los preceptos del evangelio en su totalidad.

Vs. 22. *Pero;* esta palabra no consta en el griego. *Les ha acontecido lo del verdadero proverbio;* siguen dos proverbios; uno tomado de Prov. 26:11, siendo el otro, tal vez, un dicho vulgar de aquel entonces. Es fácil que los dos fueran considerados y empleados en el habla común como uno solo, pues el autor los cita como el *verdadero proverbio. El perro se volvió a su vómito;* es *verdadero* este proverbio en el sentido de que representa verdaderamente la costumbre del perro. Dice el autor de Proverbios: "Como perro que vuelve a su vómito, así el necio que repite su necedad" (Prov. 22:11). *La puerca lavada a revolcarse en el cieno;* este proverbio, que no encuentra su paralelo en las Escrituras, tiene su confirmación en la realidad. El uso de estos dos proverbios vulgares confirma la interpretación que hemos dado en la primera parte del versículo 20. No es razonable creer que el autor hubiera empleado tales ejemplos para ilustrar los actos de verdaderos cristianos. El *perro,* por su acto, confirma su naturaleza de *perro;* la *puerca* demuestra que, aun después de lavada, es *puerca;* ni el uno ni la otra han experimentado cambio de naturaleza. Es lógico concluir, pues, que los maestros que en todo este capítulo el autor ha venido describiendo, eran cristianos meramente de apariencia, que nunca habían sido regenerados por obra del Espíritu Santo: que eran cristianos de *profesión,* mas no de corazón.

CAPITULO III

3 Carísimos, yo os escribo ahora esta segunda carta,
por las cuales ambas despierto con exhortación vuestro limpio entendimiento.

III. *El día de Dios, o sea, el día del Juicio Final*—Capítulo 3.

Después de haber descrito en detalle en el capítulo
2 el carácter de los falsos maestros, el autor en este
capítulo se concreta a una de las doctrinas cristianas
que trataban ellos de desacreditar, a saber, la de la
segunda venida del Señor, la cual los creyentes del primer
siglo altamente estimaban. El apóstol presenta la forma
de ataque que los futuros burladores habían de usar,
atribuyéndola a la voluntaria ignorancia de ellos; y luego
presenta su propia defensa de la doctrina, juntamente
con interesantes detalles que han de acompañar la venida, exhortando a sus lectores a la debida preparación
para este notable acontecimiento.

1. *Profecía de la venida de los burladores*—Vrs. 1-4.

Vs. 1. *Carísimos;* mejor, *amados,* como en el versículo
8, donde en el original tenemos la misma palabra. Sólo
en estos dos versículos consta este término de afecto
en la carta. *Yo os escribo ahora esta segunda carta;*
siendo *la segunda,* la primera será la que precede a ésta
en el orden regular de los libros del Nuevo Testamento,
y que empieza también con el nombre de Pedro. *Por las
cuales ambas despierto con exhortación... etc.;* más
clara es la traducción de la Versión Moderna: *Y en ambas a dos excito vuestro ánimo sincero por medio de re-
cuerdos.* Con estas palabras resume el autor el pensamiento de 1:12, 13, donde expresa el propósito especial

2 Para que tengáis memoria de las palabras que antes han sido dichas por los santos profetas, y de nuestro mandamiento, que somos apóstoles del Señor y Salvador:

3 Sabiendo primero esto, que en los postrimeros días vendrán burladores, andando según sus propias concupiscencias,

4 Y diciendo: ¿Dónde está la promesa de su advenimiento? porque desde el día en que los padres durmieron, todas las cosas permanecen así como desde el principio de la creación.

---

de la carta. El apóstol considera próximo su desenlace; por lo tanto, teniendo *esta segunda carta* como su último testamento, apela encarecidamente a la memoria de sus lectores. ¡Qué fácil, qué humano, es olvidar! El mismo Maestro, reconociendo esto, dijo a sus apóstoles: "El Espíritu Santo... os recordará todas las cosas que os he dicho" (Jn. 14:26).

Vs. 2. *Para que tengáis memoria de las palabras... dichas por los santos profetas;* el escritor se concreta en su recomendación, mencionando primero las predicciones y las recomendaciones de los profetas que vinieron bajo el sistema antiguo, antes de la venida del Señor, es decir, "la palabra profética" de 1:19-21. *Y de nuestro mandamiento que somos apóstoles... etc.;* otra vez, como en 1:1, el autor afirma su autoridad apostólica; además, coloca el *mandamiento* apostólico en el mismo nivel con "la palabra profética," que vino, como se ha dicho en 1:21, por divina inspiración; uniendo así las enseñanzas de la antigua con las de la nueva dispensación. Algunos ven en esta frase también la reclamación de igualdad de autoridad de los escritos de los apóstoles con la de los Evangelios.

Vrs. 3, 4. *Sabiendo primero esto;* dando especial atención a esta triste verdad, a fin de estar prevenidos para hacerle frente. *Que en los postrimeros días;* en el período desde la primera hasta la segunda venida de Cristo (Véase 1:20). *Vendrán burladores;* muchos manuscritos tienen también las palabras: *con sus burlas,* que son pro-

5 Cierto ellos ignoran voluntariamente, que los cielos fueron en el tiempo antiguo, y la tierra que por agua y en agua está asentada, por la palabra de Dios;

---

bablemente parte del texto original—no sólo *vendrán,* mas *vendrán burlándose.* Llegaron ellos tiempo ha, y todavía los hay. *Andando según sus propias concupiscencias;* he aquí la explicación de su actitud burladora: hacer aparecer ridícula la verdad, a fin de excusar su modo inmoral de vivir. Véase en 2:10 el cuadro negro de su vida. *¿Dónde está la promesa de su advenimiento?;* de esta manera se burlarían los falsos maestros, los "burladores," de una promesa a la que los creyentes de aquel entonces daban tanta importancia. Así los burladores de hoy día, faltándoles argumentos en contra del Cristianismo, echan mano también a la burla—arma harto eficaz, por cierto. *Porque desde el día en que los* padres durmieron... etc.; así siguen ellos con su burla, tratando de hacer lo más ridículo posible, y hasta imposible, el cumplimiento de la promesa. La palabra *padres* se refiere probablemente a los profetas y otros escritores del Antiguo Testamento. *Todas las cosas permanecen así como desde el principio de la creación;* he aquí el (para ellos) colmo de su burla y de su argumento: "En el orden de cosas que ha permanecido hasta ahora no habrá cambio, no puede haber cambio; por lo tanto, no hay nada que temer. La tan proclamada venida del Señor es un mero mito—no habrá tal cosa; luego los que esperan este acontecimiento han de quedar avergonzados." Tal fue la actitud de estos burladores; pero, como el autor demuestra en los versículos siguientes, esta actitud estaba basada en una falsedad histórica.

2. *La ignorancia de los burladores*—Vrs. 5-7.

Vs. 5. *Cierto ellos ignoran voluntariamente;* un modo cortés de decir que ellos estaban mintiendo, pues estando al tanto de los hechos históricos, los encubrían con el fin de dar fuerza a su burla. *Que los cielos fueron... y la tierra... por la palabra de Dios;* habiendo hecho

6 Por lo cual el mundo de entonces pereció anegado en agua:

---

referencia los burladores al principio de la creación, el autor hace lo mismo, recordándoles la historia de ella, como la tenemos en Gén. 1:6, 9. (Véase también Heb. 11:3), donde consta que todo fue creado *por la palabra de Dios,* es decir, que todo fue efectuado por poder divino. Los detalles que el autor nos da en este versículo acerca de la parte que correspondía al *agua* en la formación de la tierra, no son fáciles de entender, dando por resultado que varias interpretaciones se han dado a ellos. Hay que tener presente que la Biblia no es libro de ciencia, y que cuando sus escritores se refieren a hechos científicos, como en este caso, lo hacen en términos que los describen según aparecen, y que pudieron sus lectores de aquellos tiempos entender. La siguiente traducción (de la Versión Hispano-Americana) de la parte de este versículo que trata de la tierra, es más inteligible que la de nuestra versión: *Surgiendo esta* (la tierra) *del agua y subsistiendo en medio de ella.* En la afirmación de este versículo el autor (al parecer) procura conformarse con la historia de la creación de los cielos y la tierra que tenemos en el capítulo primero de Génesis, aunque el paralelismo no se puede trazar en todos los detalles.

Vs. 6. *Por lo cual;* no es fácil determinar a qué se refiere esto, quizás a los medios mencionados en el versículo 5, en la creación, es decir, al agua y a la palabra de Dios. *El mundo de entonces pereció anegado en agua;* la palabra *mundo* aquí no se puede referir a la tierra, pues ella no *pereció* en el diluvio. Luego la alusión será a los habitantes, los animales, etc., del mundo, a todo ser viviente, como en 2:5. El mismo elemento (agua), tan prominente en la creación (5), llega a ser el elemento de destrucción en el diluvio: *anegado en agua;* y el contexto indica que la destrucción, lo mismo como la creación, fue "por la palabra de Dios."

7 Mas los cielos que son ahora, y la tierra, son conservados por la misma palabra, guardados para el fuego en el día del juicio, y de la perdición de los hombres impíos.

Vs. 7. *Mas los cielos que son ahora... etc.;* es preferible la traducción de la Versión Hispano-Americana: *Mas por la misma palabra los cielos y la tierra actuales son guardados para el fuego, reservados hasta el día del juicio y de la destrucción de los hombres impíos.* Nótese la prominencia que el autor da a las palabras: *por la misma palabra;* el poder divino destruyó el mundo viejo; el mismo poder divino obra en la preservación de *los cielos y la tierra actuales,* expresión que abarca más que el término "mundo" del versículo 6. *Guardados para el fuego;* el contraste prometido (por decirlo así), por la conjunción adversativa *mas,* al principio de este versículo, se expresa por la palabra *fuego:* el elemento destructor antiguamente fue *agua;* el futuro, *fuego*—sujetos los dos al propósito divino. *Reservados hasta el día del juicio;* los términos *guardados* y *reservados* acentúan el designio divino en el régimen actual, y explican la aparente "permanencia de todas las cosas," de la cual hablan los burladores en el versículo 4. La destrucción por fuego, los detalles de la cual se dan en los versículos 10 y 12, será simultánea con el juicio final, y este formidable acontecimiento marcará *la destrucción de los hombres impíos.* Este versículo presenta una contestación interesante a la pregunta burladora de los falsos maestros (4); "¿Dónde está la promesa de su advenimiento?"; pues la implicación es que todo lo descrito aquí acontecerá en relación con la venida del Señor.

El siguiente extracto del comentario del Dr. Williams arroja luz sobre este versículo: "Esto, con las afirmaciones de los versículos 10, 12, 13, es un ejemplo de la originalidad de Pedro, aunque son numerosas las alusiones remotas a la destrucción de la tierra aun por fuego (Sal. 50:3; 97:3; 102:26; Isa. 34:4; 51:6; 66:15). Tal alusión consta en las palabras de Cristo: 'el cielo y la tierra

8 Mas, oh amados, no ignoréis esta una cosa: que un día delante del Señor es como mil años y mil años como un día.

9 El Señor no tarda su promesa, como algunos la tienen por tardanza; sino que es paciente para con nosotros, no queriendo que ninguno perezca, sino que todos procedan al arrepentimiento.

---

pasarán' (Mat. 24:35), en las del autor de Hebreos (12: 26, 27), y en las de Pablo (II Tes. 1:8). Muy notable es la implicación en Isa. 66:22."

3. *Narración de los detalles de este magno acontecimiento*—Vrs. 8-12.

Vs. 8. *Mas, oh amados;* por segunda vez en la epístola emplea el autor este término de afecto (véase versículo 1). *No ignoréis esta una cosa;* para no entender mal los profetas acerca de la venida de Señor, con todas las implicaciones de la misma, hay necesidad de tomar en cuenta la explicación que en seguida se da acerca del elemento de tiempo en la divina economía. *Un día delante del Señor es como mil años... etc.;* esta explicación, basada en Sal. 90:4, arroja luz sobre la aparente tardanza en el cumplimiento de las profecías respecto a la venida del Señor. Los dos mil años que han pasado desde su salida del mundo, son como dos días solamente —un mero punto de tiempo. Tratando de los planes y propósitos de Dios, el elemento de tiempo es cosa indiferente, dice el apóstol; y para reforzar esta idea, eleva el pensamiento del Salmista al segundo grado, por decirlo así, agregando las palabras: *y mil años como un día.* Su propósito es destruir ante sus lectores la fuerza del argumento envuelto en la burla de los falsos maestros, en el versículo 4. Los lectores de hoy día, como los de aquel tiempo, haríamos bien en tener presente esta misma verdad, en relación con la venida del Señor. Su advenimiento es inminente, sea que venga hoy, o de aquí en diez mil años.

Vs. 9. *El señor no tarda su promesa;* es decir, la de la

10 Mas el día del Señor vendrá como ladrón en la noche; en el cual los cielos pasarán con grande estruendo, y los elementos ardiendo serán deshechos, y la tierra y las obras que en ella están serán quemadas.

---

venida del Señor. (Véase Heb. 10:37). *Como algunos la tienen por tardanza;* en el sentido ordinario de la palabra *tardanza.* Con el hombre, la *tardanza* se debe a la indiferencia, al olvido, a la incapacidad, a la vacilación, etc.; no así con Dios, cuya *tardanza* se debe a un fin altísimo y exaltado, el cual el apóstol señala en seguida: *Sino que es paciente para con nosotros;* algunas versiones tienen *vosotros* en vez de *nosotros,* lo cual no afecta seriamente el sentido, pues lo que quiere decir el autor es que Dios es *paciente* para con el hombre. Hay un mundo de diferencia entre una *tardanza* de indiferencia, y una *paciencia,* una *longanimidad,* cuyo fin es la salvación del hombre. *No queriendo que ninguno perezca;* véanse las palabras del profeta: "Que no quiere la muerte del que muere dice el Señor Jehová; convertíos pues, y viviréis" (Eze. 18:32). *Sino que todos procedan al arrepentimiento;* he aquí el fin dignísimo del Dios misericordioso en su aparente *tardanza* en el cumplimiento de su promesa—dar amplio tiempo para que el hombre se arrepienta y vuelva a Dios. ¡Qué parecidas son estas palabras a las de Pablo!: "¿Os menospreciáis las riquezas de su benignidad, ignorando que su benignidad te guía al arrepentimiento?" (Rom. 2:4). (Compárese también I Tim. 2:4). Con todo esto queda bien contestada la pregunta de los burladores: "¿Dónde está la promesa de su advenimiento?" del versículo 4. Y ¿cuál es, en esencia, la contestación? Esta promesa, el cumplimiento de la cual marcará el fin del período asignado al hombre para su arrepentimiento, e iniciará el de su eterno castigo, está guardada, pero no olvidada ni descuidada, en el compasivo corazón de Dios, para tener su perfecto cumplimiento a su debido tiempo.

Vs. 10. *Mas el día del Señor vendrá como ladrón en la noche;* la comparación de la llegada del día del Señor con

11 Pues como todas estas cosas han de ser deshechas,
¿qué tales conviene que vosotros seáis en santas y pías
conversaciones,

---

la venida del ladrón sólo tiene que ver con lo inesperado
de su venida. Como vemos en las palabras de Cristo en
Mat. 24:44. Las palabras *en la noche* no constan en los
mejores manuscritos. La certeza de su venida, a pesar
de la mofa de los escarnecedores, se afirma con estas
palabras. *En el cual los cielos pasarán con grande estruendo;* las últimas tres palabras son la traducción de
una sola en el original, cuya pronunciación es onomoto-
péyica, es decir, se asemeja al ruido producido por la
acción aquí descrita. Es fácil que el autor, al escribir
esta aserción, haya tenido presente las palabras de
Isaías (Isa. 34:4), y también el dicho en Mar. 13:24, 25.
(Véanse también Heb. 1:10-12). *Los elementos ardiendo
serán deshechos;* como se ha dicho en el versículo 7,
el agente destructor en aquel gran día será el fuego. El
significado de *elementos* no es fácil determinar; quizás,
como alguno ha sugerido, quiere decir "las partes componentes del mundo físico." *La tierra y las obras que
en ella están, serán quemadas;* tal será el fin de todas
las obras del hombre, como también de los materiales que
componen la tierra. (Véanse Isa. 66:15; II Tes. 1:8).

Débese advertir que los manuscritos y de consiguiente,
las versiones, difieren entre sí en cuanto al verbo con
que termina este versículo. En vez de *serán quemadas,*
algunos tienen *no serán halladas,* pero la variación
no afecta seriamente el sentido de la afirmación, pues
en uno y en otro caso, desaparecerán *la tierra y las obras.*

Vs. 11. *Pues como todas estas obras han de ser deshechas;* ahora el autor procede a presentar dicha destrucción como base de una consideración bien seria en
cuanto a la vida práctica de sus lectores lo que hace
en forma interrogativa: *¿Qué tales conviene que vosotros
seáis... etc.?* En vez de... *en santas y pías conversaciones,* es más correcta la traducción de la Versión His-

12 Esperando y apresurándoos para la venida del día
de Dios, en el cual los cielos siendo encendidos serán
deshechos, y los elementos siendo abrasados, se fundi-
rán?
13 Bien que esperamos cielos nuevos y tierra nueva,
según sus promesas, en los cuales mora la justicia.

---

pano-Americana... *en santas costumbres y conducta
piadosa.* Un fin especial de la carta es el completo
desarrollo del carácter cristiano de los lectores, y el
autor dirige todos sus argumentos a dicho fin. En su
primera carta a estos mismos lectores (I Ped. 1:15),
coloca ante ellos el blanco para todo cristiano; y en las
dos, echa mano a toda consideración que pudiera con-
tribuir a este fin. En este versículo 11 presenta el asunto
en forma de pregunta abriendo así el camino para la
forma imperativa del versículo 14: "Procurad con diligencia....."

Vs. 12. *Esperando y apresurándoos para la venida del
día de Dios;* mejor,.... *apresurando la venida....* etc.
La siguiente cita tomada de *The Century Bible* viene muy
al caso: "Según el versículo 9, la longanimidad divina
se tarda a fin de dar oportunidad de arrepentirse a ciertas
personas; si todos aprovechan esta oportunidad, no habrá
necesidad de más tardanza. Además, la vida santa de los
creyentes es el más convincente testimonio al evangelio.
Cuando todos los cristianos practicaren las santas costumbres y la conducta piadosa, habrá perfeccionado la
iglesia su obra, porque ya no podrá hacer más para
ganar el mundo." Sólo aquí tenemos la expresión *la
venida del día de Dios,* siendo *el día del Señor* la forma
más usada, como en el versículo 10. Véase el versículo
10 para notas sobre la destrucción descrita en la última
parte de este versículo.

Vs. 13. *Bien que, etc.;* mejor, *empero, esperamos cielos
nuevos y tierra nueva;* he aquí la esperanza de los hijos
de Dios, esperanza basada en las palabras de Dios en
Isa. 65:17; 66:22. *En los cuales mora la justicia;* notable

14 Por lo cual, oh amados, estando en esperanza de estas cosas, procurad con diligencia que seáis hallados de él sin mácula, y sin reprensión, en paz.

---

contraste con la tierra actual. Muchas conjeturas ha habido en cuanto a estos *nuevos cielos y nueva tierra,* que serán exentos de todo mal. ¿Dónde estarán? ¿Ocuparán el mismo lugar ocupado ahora por la tierra y el cielo? ¿Habrá entonces dos cielos, el que ahora existe y el nuevo? Las Escrituras no nos capacitan para contestar todas estas preguntas. La referencia es probablemente a aquel cielo en el cual ha entrado Jesús, y donde no podrá entrar "ninguna cosa sucia, o que hace abominación; sino solamente los que están escritos en el libro de la vida del Cordero" (Apoc. 21:27). Bástanos saber que para después del día de juicio el Señor tiene preparado a los suyos un lugar infinitamente superior al que ocupan en esta vida.

4. *Solemne exhortación final*—Vrs. 14-18.

Vs. 14. *Por lo cual... estando en esperanza de estas cosas;* la idea de la primera cláusula se repite, por vía de énfasis y claridad, en la segunda, refiriéndose las dos a las grandes cosas predichas en los versículos anteriores—la venida del Señor, la destrucción de los cielos y la tierra, etc. *Procurad con diligencia que seáis hallados... etc.;* en el original las palabras *en paz* siguen después de *seáis hallados;* de manera que el mejor orden de las palabras en la traducción sería—*... que seáis hallados en paz de él... etc.* La frase *procurad con diligencia* es la traducción de una sola palabra, usada tres veces en esta epístola (1:15; 3:10; 3:14) y en que envuelve no sólo la idea de *diligencia,* sino la de *prisa* en el cumplimiento de la cosa expresada por el verbo. También es de notarse que las palabras traducidas *sin mácula, sin reprensión* (mejor, *sin mancha)* son las mismas empleadas en 2:13, con el prefijo privativo *a,* que significa negación, *sin.* De modo que los falsos maes-

15 Y tened por salud la paciencia de nuestro Señor; como también nuestro amado hermano Pablo, según la sabiduría que le ha sido dada, os ha escrito también,
16 Casi en todas sus epístolas, hablando en ellas de estas cosas, entre las cuales hay algunas difíciles de entender, las cuales los indoctos e inconstantes tuercen, como también las otras Escrituras, para perdición de sí mismos.

---

tros están representados, en 2:13, como "máculas" y "manchas"; a los lectores se les recomienda en este versículo que sean hallados *sin mácula y sin mancha* (The Century Bible). Compárese esta fervorosa exhortación con la de Pablo, al fin de su discusión de la resurrección (I Cor. 15:58). El Dr. Maclaren, erudito comentador bíblico, encuentra en este texto tres cosas que considera "las tres condiciones de toda vida noble"— "una esperanza brillante, un propósito soberano y un fervor diligente."

Vrs. 15, 16. *Tened por salud la paciencia de nuestro Señor:* repetición del pensamiento del versículo 9. *Como también nuestro amado hermano Pablo... os ha escrito;* es de notarse esta amigable referencia a Pablo, quien en cierta ocasión había reprendido muy fuertemente a Pedro por su "disimulación" (Gál. 1:11-14). N u e s t r o autor no sólo se refiere al apóstol de los gentiles con cariño; reconoce también su sabiduría, como divinamente inspirado para escribir con autoridad sobre las cosas de Dios. *Casi en todas sus epístolas;* mejor, *como también en todas sus epístolas* (Versión Hispano-Americana). Las expresiones de estos versículos parecen indicar que una de las cartas de Pablo (no sabemos cuál) abarcó a los lectores de esta de Pedro en sus destinatarios; y que luego Pedro hace otra alusión a las epístolas paulinas en general. *Hablando en ellas de estas cosas,* Pablo, en varias cartas suyas, trata de la venida del Señor, el día del juicio final, el bien vivir, etc.; y, sin duda algunas de ellas, además de la dirigida directamente a estos lectores habrían llegado a sus manos, por

17 Así que vosotros, oh amados, pues estáis amonestados, guardaos que por el error de los abominables no seáis juntamente extraviados, y caigáis de vuestra firmeza.

---

ejemplo, Efesios, Colosenses, Gálatas. *Entre las cuales hay algunas difíciles de entender;* admisión hecha por muchos desde aquel tiempo hasta la fecha. *Las cuales los indoctos e inconstantes*; la forma griega indica que estas dos palabras se refieren a las mismas personas; los *indoctos,* los que no han sido instruídos en las cosas espirituales, casi siempre son también *inconstantes,* "llevados por doquiera por todo viento de doctrina" (Efes. 4:14). *Tuercen;* sólo aquí se encuentra el original de la palabra en el Nuevo Testamento. El significado es *Torturar, esforzar,* y luego *pervertir,* al tratar de palabras como en este caso. *Como también las otras Escrituras;* con estas palabras el autor coloca los escritos de Pablo al mismo nivel con los demás escritos de la Biblia, tanto los del Antiguo Testamento como los del Nuevo, que, para aquel tiempo, habían sido escritos. *Para perdición de sí mismos;* tal es el resultado de *torcer* las Escrituras—de interpretarlas caprichosamente a fin de que rindan un sentido en consonancia con los deseos carnales. "En sus esfuerzos para destruir la Biblia, los hombres se destruyen a sí mismos."

Vs. 17. *Así que vosotros... guardaos;* este versículo empieza en el griego con la palabra *vosotros,* indicando así la intensa solicitud que sentía el apóstol por el bienestar espiritual de sus lectores, como también el manifiesto peligro en que ellos estaban. *Pues estáis amonestados;* mejor, *sabiéndolo de antemano* (Versión Hispano-Americana). Procede el autor en toda la epístola según el adagio inglés: *Forewarned, forearmed,* que, libremente interpretado, significa: "Quien ha sido amonestado de antemano, no dejará de armarse debidamente para la batalla." (Véase 1:2). *Que por el error de los abominables;* en 2:7 la palabra traducida por *abominables* es traducida

18 Mas creced en la gracia y conocimiento de nuestro Señor y Salvador Jesucristo. A él sea gloria ahora y hasta el día de la eternidad. Amén.

---

malvados, y consta sólo en estos dos versículos de la epístola. El autor en todo el capítulo 2 trata de exponer el *error* de estos *malvados. No seáis juntamente extraviados;* es claro, según el tenor de la epístola entera, que había gran peligro de esto. Los argumentos astutos de los falsos maestros (3:4), sus íntimas asociaciones con los fieles (2:13),—todo esto acentuaba un constante peligro para los lectores. *Y caigáis de vuestra firmeza;* el original tiene un adjetivo—*propia*—que no aparece en nuestra versión... *vuestra propia firmeza,* es decir, la *firmeza* que hasta ahora os ha caracterizado, la cual el escritor ve seriamente arriesgada. La amonestación es en contra de la apostasía. Compárense las palabras de Pablo: "Así que, el que piensa estar firme, mire que no caiga" (I Cor. 10:12).

Vs. 18. *Mas creced;* nótese el vivísimo contraste con lo del versículo anterior: En vez de *caer, creced;* en vez de *descender, ascended;* en vez de daros por *vencidos, venced.* En su primera carta les indica el alimento necesario para su crecimiento — "la leche espiritual, sin engaño," y en los versículos 5-7 del primer capítulo de la segunda, les explica el método del crecimiento; por lo tanto, quedan sin excusa si no crecen. *En la gracia y el conocimiento de nuestro Señor... etc.;* tenemos aquí por decirlo así, la dirección del crecimiento recomendado—en la *gracia* y *conocimiento* de Jesucristo; y es de notarse que ambas cosas se refieren directamente a Cristo. La *gracia* de Cristo: su inmerecido favor manifestado hacia nosotros, y los benéficos resultados en nuestra vida, en los cuales hemos de crecer. Luego en nuestro *conocimiento* de El hemos de crecer, aprendiendo intelectual y espiritualmente de El en nuestra experiencia cristiana. Por cuarta vez en la epístola, el apóstol se refiere a Cristo en este versículo no sólo como

Señor, sino como *Salvador* (1:1, 11; 3:2, 18); de modo que acentúa, en su último escrito, lo que proclamó ante el Sanedrín en Jerusalem: "Y en ningún otro hay salud; porque no hay otro nombre debajo del cielo, dado a los hombres, en que podamos ser salvos" (Hch. 4:12). Así es que sus lectores están preparados para tributar la alabanza a Cristo con que termina su epístola: *A él será gloria ahora y hasta el día de la eternidad.* Tanto había hecho Cristo por el autor, elevándolo de su humilde esfera donde llevaba el simple nombre de Simón, al nivel de llevar merecidamente el de *Pedro—roca—*que el agradecido corazón del escritor gozosamente se desborda en la exclamación gloriosa con que termina su epístola.

PRIMERA EPISTOLA DEL APOSTOL JUAN

OBSERVACIONES PRELIMINARES

I. Autor.

El nombre del autor no consta en la epístola, pero el testimonio de los escritores de los primeros siglos asigna la paternidad literaria al Apóstol Juan, autor del Evangelio que lleva su nombre. Palabras, frases, pensamientos, estilo—todo demuestra identidad entre los autores de los dos escritos. Los tres eruditos comentadores—Schultz, Holtzman y Brooke—aprueban la siguiente afirmación: "En toda la epístola apenas se encuentra un solo pensamiento que no conste en el Evangelio." Dice el Dr. Brooke, escribiendo en el *Critical and Exegetical Commentary:* "Ambos escritos (Evangelio y Epístola) tienen las mismas características, a saber, un reducido vocabulario; reiteración con pequeñas variaciones que expresan generalmente diferencias de sentido también pequeñas; y con sólo las palabras nuevas que requieren las diferencias de asuntos y las circunstancias, las cuales son éstas ampliamente capaces de explicar." Damos, pues, por sentado que el apóstol Juan, autor del Evangelio de Juan y del Apocalipsis, es autor también de nuestra epístola—"el apóstol al cual Jesús amaba."

II. Tema General.

Comunión con Dios, en la opinión de varios comentadores, es el tema general de la epístola; aunque el profesor Burton Scott Easton se expresa, en *The Abingdon Bible Comentary,* de la manera siguiente: "Si alguno pregunta: ¿A qué se asemeja Dios?, la respuesta es: Mira a Jesucristo, y apréndelo. Este es el tema único de nuestra epístola, afirmado y reafirmado en todas formas concebibles, y con toda clase de aplicación.... El carácter de Jesús es el carácter de Dios." No cabe duda de que las dos opiniones tienen mucho en su favor, como lo demuestra una ligera lectura de la epístola; pero la primera parece destacarse con más prominencia en la mente del autor. Otro comentador dice: "Tema: Comunión con Dios; su propósito: traer a sus lectores a esta comunión y asegurarlos contra la pérdida de la misma."

En el primer capítulo la idea de *comunión* es prominente (versículos 3, 6 y 7), y en el resto de la epístola el autor, directa o indirectamente, señala la esencia de ella y el modo de alcanzarla y de conservarla.

III. Ocasión o Propósito Especial de la Epístola.

Es evidente, desde la primera palabra de la epístola, que el autor está combatiendo los errores doctrinales de algunos contrincantes, aunque no hay mención expresa de ellos; pero se infiere de la línea de ataque seguida por el autor. Descúbrese fácilmente que los gnósticos, que pretendían saberlo todo, mejor que ningún otro grupo de aquel tiempo, tenían y propagaban los errores doctrinales combatidos en la carta, de los cuales un tal Cerinto fue el defensor más prominente. El gnosticismo era una combinación de la filosofía griega con las tradiciones religiosas del Oriente. Su principio fundamental era: la materia es esencialmente mala y el espíritu es esencialmente bueno. Por consiguiente la encarnación era imposible, pues envuelve la combinación de la materia con el espíritu, de lo esencialmente malo y lo esencialmente bueno. Cerinto hacía diferencia entre *Jesús* y el *Cristo,* enseñando que, desde su nacimiento hasta su bautismo, Jesús era humano—nada más—y que llegó a ser *el Cristo el Mesías,* en el acto del bautismo, dejando de serlo en su crucifixión, y muriendo él como hombre. La existencia de estos errores explican partes de la carta que, de otra manera, serían ininteligibles; por ejemplo, véase 1:1, donde el autor ataca fuertemente el error de que Jesús no encarnó, que su llamado cuerpo fue sólo un fantasma una ilusión óptica; 2:22, donde él contesta la falsedad de Cerinto; que Jesús y el Cristo eran seres enteramente distintos; y 5:6, donde refuta otro error de Cerinto: que sólo desde el bautismo hasta la crucifixión, Jesús fue *el Cristo*. (Resérvase la discusión de estos versículos algo obscuros hasta llegar a ellos en nuestro estudio de la carta). Estos, y otros errores de los gnósticos amenazaban seriamente la vida moral y espiritual de los lectores, siendo capaces de interrumpir su íntima comunión con Dios; y para evitar tan funesto resultado, el apóstol les dirige los sanos consejos de nuestra epístola.

IV. Destino.

En la epístola no hay indicación clara, en cuanto a su destino. La ausencia de referencias al Antiguo Testamento parece indicar que los destinatarios. eran gentiles. También las últimas palabras ("hijitos, guardaos de los ídolos" 5:21) favorecen esta opinión. La creencia tradicional de que fue dirigida la carta a las iglesias de Asia Menor, es probablemente correcta.

V. Fecha y Lugar de su Composición.

Tiene general aceptación la idea de que fue escrita la carta durante el período de 90 a 100 A. D. El año exacto no se puede precisar. Mucha discusión ha habido sobre la prioridad del Evangelio y de nuestra epístola. ¿Cuál de los dos fue escrito primero? Aunque esta pregunta no se puede contestar con certidumbre, hay indicaciones en la carta que parecen favorecer la prioridad del Evangelio. Algunas expresiones en los versículos 1-3 del primer capítulo, el cambio del tiempo del verbo, *escribir*, desde el presente al pasado, en 2:13, 14, y también el contenido de 2:21, parecen presuponer otro escrito anterior. Prevalece, pues, entre los comentadores la creencia de la prioridad del Evangelio a la epístola.

VI. Análisis.

Hay que admitir que nuestra epístola no se presta fácilmente a un análisis lógico y satisfactorio, puesto que el pensamiento no sigue ordenadamente hacia un blanco definido. Al contrario, el autor vuelve a repetirse varias veces, a fin de acentuar ciertas ideas sobresalientes que desea comunicar a sus lectores, como, por ejemplo: *Dios es luz, Dios es justo, Dios es amor*, etc. El siguiente análisis aunque dista mucho de ser satisfactorio, nos ayudará algo en nuestro estudio de la carta:

Introducción, 1:1-4.

I. Dios es luz, y para tener comunión con El, hay que andar en luz, 1:5-2:12.

II. Amonestación contra los anticristos, "que niegan que Jesús es el Cristo," 2:18-29.

III. Los hijos verdaderos de Dios: sus privilegios, obligaciones, etc., 3:1-24.

IV. La importancia y la manera de discernir entre los falsos y los verdaderos maestros, 4:1-6.

V. Dios es amor, y para tener comunión con El, hay que andar en amor, 4:7-21.

VI. La fe y sus frutos, 5:1-21.

Para no molestar al lector desde el principio con las subdivisiones de la epístola, éstas se reservan para dárselas en el curso de nuestros estudios de la misma.

LA PRIMERA EPISTOLA UNIVERSAL DEL APOSTOL JUAN

CAPITULO I

1 Lo que era desde el principio, lo que hemos oído, lo que hemos visto con nuestros ojos, lo que hemos mirado, y palparon nuestras manos tocante al Verbo de vida,

---

Introducción—Vrs. 1-4.

La forma de esta introducción no es la corriente en una epístola; se parece más bien a la de un ensayo. Sin embargo, el frecuente uso de la segunda persona ("os escribo," "no os engañe ninguno," "no creáis a todo espíritu," etc.) indica que el escrito tiene carácter epistolar.

Vs. 1. *Lo que era desde el principio;* esta expresión relaciona la epístola con el Evangelio de Juan, que empieza con las palabras: "En el principio era el Verbo;" y se refiere sin duda a Jesús. La eternidad del Hijo, pues, encabeza estos dos escritos del apóstol. *Lo que hemos oído;* todas las enseñanzas de Jesús, el testimonio de la voz del cielo en el monte de la Transfiguración (Juan fue uno de los tres que estuvieron con él en esta ocasión), todas las palabras dichas en las íntimas conversaciones con sus apóstoles—todo esto estaba fresco en la memoria del apóstol, y todo lo revela a sus lectores. *Lo que hemos visto con nuestros ojos;* al testimonio del oído el autor agrega el de la vista. El había visto el cuerpo de Jesús en su estado normal, y también este mismo cuerpo glorificado en la transfiguración ("Y vimos su gloria, gloria como del unigénito del Padre," Jn. 1:14). *Lo que hemos*

2 (Porque la vida fue manifestada, y vimos, y testificamos, y os anunciamos aquella vida eterna, la cual estaba con el Padre, y nos ha aparecido;)

---

mirado; mejor, *lo que hemos contemplado* (Nuevo Pacto). No sólo había el autor *visto,* sino había *mirado atentamente, contemplado,* el cuerpo de Jesús, indicando con esta expresión la improbabilidad de una equivocación en cuanto a la realidad, como decían los gnósticos acerca del cuerpo de Jesús. (Véase "Observaciones Preliminares," Sección III). *Y palparon nuestras manos;* presenta ahora el autor el testimonio del tercero de los cinco sentidos—el tacto—en prueba de la realidad del cuerpo de Jesús. Contra este triple testimonio, la teoría falsa de los gnósticos cae al suelo. *Tocante al Verbo de la Vida;* aquí también el autor sigue, más o menos, su propia caracterización de Jesús en su Evangelio (Jn. 1:1,3). Las cuatro expresiones anteriores de este versículo todas se refieren a este *Verbo de la Vida.* (Véanse Lu. 24:39; Jn. 20:27).

Vs. 2. *Porque la vida fue manifestada;* es decir, en la persona de Jesús. Dice Juan en Jn. 1:4—"En él (es decir, en el Verbo) estaba la vida." *Vimos y testificamos y os anunciamos aquella vida eterna;* el primero de estos tres verbos debe traducirse *hemos visto,* refiriéndose a lo que pasó en la vida de Jesús; los otros dos se refieren al acto de *testificar y anunciar* en la carta que Juan está escribiendo. Dice Jesús a sus apóstoles en Juan 15:27— "Y vosotros daréis testimonio porque estáis conmigo desde el principio;" y dice el apóstol Juan al terminar su Evangelio: "Este es aquel discípulo que da testimonio de estas cosas... y sabemos que su testimonio es verdadero" (Jn. 21:24). *La cual estaba (era) con el Padre;* antes de la encarnación—"desde el principio." (Véase Jn. 1:1). *Y nos ha aparecido;* mejor, *y fue manifestado a nosotros* (Versión Moderna). Por vía de énfasis, el autor repite aquí el pensamiento con que empieza este versículo; y no es vana la repetición, pues es una reafir-

3 Lo que hemos visto y oído, eso os anunciamos, para que también vosotros tengáis comunión con nosotros: y nuestra comunión verdaderamente es con el Padre, y con su Hijo Jesucristo.

4 Y estas cosas os escribimos, para que vuestro gozo sea cumplido.

---

mación del supremo hecho de la encarnación—hecho rechazado por los falsos maestros que nuestro autor combate en toda la carta. Este versículo parece ser una especie de paréntesis que sirve de explicación de lo dicho en el versículo primero; y en el versículo 3 el autor reasume el pensamiento suspenso al fin del primero.

Vs. 3. *Lo que hemos visto y oído;* repetición de lo dicho en el primer versículo, a fin de acentuar el pensamiento y abrir el camino para la presentación del propósito con que escribe. *Para que también vosotros tengáis comunión con nosotros;* participación en los conocimientos fundamentales que el autor está comunicando, envuelve comunidad de sentimientos de parte de los lectores; y esto les franquea la entrada a la plena comunión con el escritor y los demás apóstoles. Y nuestra comunión *verdaderamente es con el Padre y con su Hijo, Jesucristo;* la inferencia es que, si tenéis comunión con nosotros, la tendréis con el Padre y con el Hijo, la cual es la verdadera comunión cristiana. Téngase presente que la notable prominencia que el escritor da al Hijo en la carta, es debida en parte al hecho de que los gnósticos asignaban a Jesús un lugar muy inferior al del Padre. Juan trata de colocarle debidamente al mismo nivel con el Padre. Véase la petición de Jesús en Jn. 17:21.

Vs. 4. *Estas cosas os escribimos para que... etc.;* el gozo cristiano depende de la comunión con el Padre y con el Hijo, mencionada en el versículo 3. Estando los lectores en posesión de los hechos narrados en los versículos anteriores, y entrando así en plena comunión con el Padre y el Hijo, nada les faltará para que sus corazones rebosen de gozo. El autor, al escribir estas palabras,

5 Y este es el mensaje que oímos de él, y os anunciamos: Que Dios es luz, y en él no hay ningunas tinieblas.
6 Si nosotros dijéremos que tenemos comunión con él, y andamos en tinieblas, mentimos, y no hacemos la verdad;

---

parece haber tenido presente el dicho de Cristo: "Estas cosas os he hablado para que mi gozo esté en vosotros, y nuestro gozo sea cumplido" (Jn. 15:11).

Débese advertir que algunos manuscritos tienen *nuestro gozo,* en vez de *vuestro gozo.* Tan parecidos son estos pronombres posesivos del genitivo plural en el griego (hay diferencia de una sola letra), que es muy fácil confundirlos, como sin duda los copistas lo han hecho en varios textos del Nuevo Testamento.

I. *Dios es Luz, y para Tener Comunión con El, hay que Andar en Luz*—1:5-2:17.

1. *Pecadores todos por naturaleza, tenemos el remedio en la sangre de Cristo*—Vrs. 5-10.

Vs. 5. *Y este es el mensaje que oímos de él;* es decir, *de Cristo,* quien, fuera de toda duda, según el testimonio dado en los versículos anteriores, ha venido en la carne. *Que Dios es luz;* en la Biblia, la luz representa lo bueno, lo perfecto; y todo cuanto enseñaba Jesús acerca del Padre, tanto por sus palabras, como por su propio carácter, demuestra la perfección absoluta. No satisfecho el autor con esta afirmación positiva, añade la negativa: *Y en él no hay ningunas tinieblas,* expresando así de la manera más fuerte la identidad de Dios con la luz. Más adelante en la carta afirma dos veces el autor con igual confianza que "Dios es amor" (4:8, 16), presentando así otra fase del carácter divino; y en los dos casos procede inmediatamente a demostrar que, para tener comunión con Dios, hay que conformar nuestra conducta con dichos aspectos del carácter de Dios, andando en luz, andando en amor.

Vrs. 6, 7. *Si nosotros dijéremos... y andamos en ti-*

7 Mas si andamos en luz, como él está en luz, tenemos comunión entre nosotros y la sangre de Jesucristo su Hijo nos limpia de todo pecado.

8 Si dijéremos que no tenemos pecado, nos engañamos a nosotros mismos, y no hay verdad en nosotros.

_____

nieblas; nótese el contraste que el autor presenta entre _el decir_ y _el hacer,_ entre la profesión y la vida. Como "no hay ningunas tinieblas" en Dios, claro es que el andar en tinieblas es del todo incompatible con la misma naturaleza de Dios y, por lo tanto, hace imposible toda comunión con El, pues no puede haber comunión entre las tinieblas y la luz. No suaviza las palabras el apóstol al calificar tales pretensiones: _Mentimos, y no hacemos la verdad._ Mentirosos, hipócritas somos, si existe este contraste entre nuestras palabras y nuestra vida. _Mas si andamos en la luz.... tenemos comunión entre nosotros;_ andando en la luz, andamos con Dios, pues El "es luz;" y esto garantiza _comunión entre nosotros._ Además, el apóstol ha dicho en el versículo 3 que "nuestra comunión verdaderamente es con el Padre y con su Hijo, Jesucristo." _Y la sangre de Jesucristo... nos limpia de todo pecado;_ esto se refiere a los pecados que cometen los verdaderos hijos de Dios, que, aunque andan en la luz, tropiezan y caen en pecado. El Dr. Maclaren, erudito comentador escocés, opina que esta referencia es "al limpiamiento de santificación, más bien que al de justificación," es decir, que no se refiere el autor a la sangre derramada en la cruz, por medio de la cual obtenemos la justificación, sino a la sangre (que es la vida, Gén. 9:4) de Jesús que representa la misma vida de Jesús, comunicada a nosotros, y librándonos del dominio del pecado—un proceso progresivo en la vida del cristiano, y posible sólo al que anda en la luz.

Vs. 8. _Si dijéremos que no tenemos pecado;_ el benéfico efecto de la sangre de Jesús, aludido en el versículo anterior, depende de la actitud que asuma el cristiano hacia el pecado. La actitud descrita aquí, la de negar

9 Si confesamos nuestros pecados, él es fiel y justo para
que nos perdone nuestros pecados, y nos limpie de toda
maldad.

---

la existencia de pecado en la vida, fue la de algunos
gnósticos de aquel tiempo, quienes se jactaban de estar
exentos de pecado, de ser tan espirituales, que el pecado
no les podía tocar. El reconocimiento de la propia im-
perfección es esencial si el limpiamiento por la sangre
de Cristo ha de efectuarse en nosotros. *Nos engañamos
a nosotros mismos;* el cerrar los ojos a la existencia
del pecado en nosotros, es quizás la forma más peligrosa
del engaño propio. *Y no hay verdad en nosotros;* exentos
de la verdad más bien que exentos del pecado, están
los que se jactan de no tener pecado. Así es que, sin
designar por sus nombres a sus contrincantes en toda la
carta, desde estos primeros versículos les está propinando
golpe tras golpe, y esto con palabras cuyo sentido no es
difícil entender.

Vs. 9. *Si confesamos nuestros pecados;* una de dos cosas
podemos hacer en cuanto a nuestros pecados, a saber,
negarlos o confesarlos, y el resultado en los dos casos
es muy distinto: en aquél, "nos engañamos a nosotros
mismos" (versículo 8), quedándonos cargados de ellos;
en éste, quedamos libres de ellos y de toda culpabilidad.
La confesión parece ser la que se hace a Dios, como lo
demuestra la última parte del versículo; pero la que
se hace a nuestros hermanos no deja de tener también
su valor, como lo dice Santiago (Sant. 5:16). *El es fiel
y justo;* la referencia es a Dios, quien es fiel a sus promesas, cumpliéndolas al pie de la letra, y *justo,* por cuanto el sacrificio de Cristo ha hecho posible que "él sea
justo y el que justifica al que es de la fe de Jesús" (Rom.
3:26). *Para que nos perdone nuestros pecados.... etc.;*
mejor, *para perdonarnos nuestros pecados y limpiarnos
de toda iniquidad* (Versión Moderna). "La existencia de
pecados, aun en aquellos que han entrado en la comunidad cristiana, es un hecho patente. Pero esto no hace

10 Si dijéremos que no hemos pecado, lo hacemos a él
mentiroso, y su palabra no está en nosotros.

---

imposible aquella comunión con Dios que el pecado in-
terrumpe. En los que confiesan el hecho (del pecado),
Dios ha provisto su perdón y su quitamiento"—*The International Critical Commentary*. ¡Admirable provisión
ha hecho nuestro Padre misericordioso en favor de sus
errantes hijos!

Vs. 10. *Si dijéremos que no hemos pecado;* nótese la
diferencia entre esta condición y la del versículo 8;
ésta se refiere a la negación de haber cometido un acto
concreto de pecado; aquélla, a la negación de la existencia de pecados en nosotros. Cierto grupo de los gnósticos negaban las dos cosas. *Lo hacemos a él mentiroso;* es decir, damos un mentís a Dios, cosa bien seria,
por cierto; y el contexto demuestra que el apóstol hace
tal acusación contra sus contrincantes, sin designarlos
por nombre. *Y su palabra no está en nosotros;* el siguiente extracto de los escritos del comentador Westcott
viene bien aquí: "El término *palabra* es diferente de *verdad* en el versículo 8, como el proceso difiere del resultado. La *verdad* es la suma considerada objetivamente
de lo que la *palabra* expresa. La palabra, como poder
viviente, gradualmente hace efectiva la verdad a aquel
que la recibe. Además, palabra es personal, sugiriendo
el pensamiento de uno que habla: es la palabra de Dios.
Al contrario, verdad es abstracta, aunque esté incorpo-
rada en una persona." Así es que, en el corazón de aquel
que niegue que haya cometido pecado, no existe, no ha
entrado todavía, la palabra de Aquel que dijo: "Porque
todos hemos pecados." Tal negación es contradecir la
palabra de Dios, haciéndole a *El mentiroso*.

CAPITULO II

2 Hijitos míos, estas cosas os escribo, para que no pequéis; y si alguno hubiere pecado, abogado tenemos para con el Padre, a Jesucristo el justo;

---

2. *La solicitud del apóstol por el buen comportamiento de sus lectores*—Vrs. 1-6.

Vs. 1. *Hijitos míos;* La intensa solicitud del autor por sus lectores, y la franqueza con que les ha hablado en el capítulo anterior, le llevan a emplear este término de intimidad y afecto. *Estas cosas os escribo para que no pequéis;* las palabras *estas cosas* han de entenderse con referencia al propósito general de la carta, y no sólo a lo que acaba el autor de escribir. El noble blanco que pone delante de sus lectores es la perfección absoluta; y lo afirma aquí quizás para que no interpreten mal lo que ha dicho en los versículos 8 y 10 del capítulo anterior ("Si dijéremos que no tenemos pecado... etc.;" y "Si dijéremos que no hemos pecado... etc."). *Y si alguno hubiere pecado;* admitiendo desde luego la posibilidad de pecado en la vida de los cristianos a quienes escribe, a fin de fortalecerlos contra el pecado. El autor, a pesar de su misticismo, es, a la vez, práctico. Deseando ardientemente la impecabilidad de sus *hijitos,* reconoce el hecho de que no la han alcanzado todavía. *Abogado tenemos para con el Padre;* es interesante la palabra traducida por *Abogado,* que consta sólo en los escritos de Juan, y empleada por él cuatro veces en su Evangelio (14:16, 26; 15:26; 16:7) y aquí en este versículo; y traducida las cuatro veces en el Evangelio por *Consolador,* más bien que por *Abogado,* como en este versículo. El contexto parece justificar la traducción de *abogado*

2 Y él es la propiciación por nuestros pecados: y no solamente por los nuestros, sino también por los de todo el mundo.

aquí, pues se refiere a nuestro representante ante el Padre en la corte celestial, a *Jesucristo, el justo.* Este término *(Paráclito)* se aplica al Espíritu Santo las cuatro veces que se emplea en el Evangelio, pero ahora se aplica a Jesucristo, quien intercede por nosotros ante el Padre. "Como hombre verdadero *(Jesús)*, puede El presentar el caso en favor del hombre con perfecto conocimiento y con verdadera simpatía; como el ungido mensajero de Dios al hombre *(Cristo)*, El está naturalmente preparado para la tarea y aceptado por Aquel ante quien intercede. Como *justo,* puede El entrar a la Presencia, de la cual todo pecado excluye. El no necesita de ningún abogado a su favor."—*The International Critical Commentary.*

Vs. 2. *Y él es la propiciación por nuestros pecados;* la palabra traducida *propiciación* se encuentra sólo aquí y en 4:10 en el Nuevo Testamento, y significa "lo que lleva a uno a ser misericordioso y bondadoso; en este caso se refiere a la obra de Cristo por medio de la cual Dios perdona a los pecadores. Compárese Rom. 3:24-26." —*The Century Bible.* Jesús es *propiciación* y también *abogado;* lo primero lo capacita para lo segundo: por haberse ofrecido en propiciación. El tiene derecho de interceder a nuestro favor. Así es que las dos cosas son distintas y, sin embargo, íntimamente relacionadas entre sí. *Y no solamente por los nuestros, sino también ... etc.;* el sacrificio propiciatorio de Cristo no se limita a los apóstoles, ni a los judíos, ni a ninguna parte favorecida de la raza humana: abarca la humanidad entera. La intercesión de Cristo como abogado se limita a los hijos de Dios, pero no así la propiciación, pues ésta es eficaz para todo hijo de Adán. Esta gloriosa verdad proporciona base sólida para la obra misionera universal.

3 Y en esto sabemos que nosotros le hemos conocido, si guardamos sus mandamientos.

4 El que dice, Yo le he conocido, y no guarda sus mandamientos, el tal es mentiroso, y no hay verdad en él;

5 Mas el que guarda su palabra, la caridad de Dios está verdaderamente perfecta en él: por esto sabemos que estamos en él.

Vs. 3. *Y en esto sabemos que nosotros le hemos conocido;* en este versículo el autor da una norma por la cual uno puede medirse, a fin de saber si es o no hijo de Dios. La ocasional caída en pecado no es prueba inequívoca de que uno no haya conocido a Dios. La posibilidad de tales faltas de parte del cristiano se ha admitido en los últimos versículos del primer capítulo, como también el remedio de ellas. Luego sigue la norma verdadera: *Si guardamos sus mandamientos.* Esto quiere decir que si la tendencia dominante de nuestra vida fuere en favor de la observancia de los mandamientos de Dios, nos vemos justificados en creer que le hemos conocido. Repítese el mismo pensamiento en 3:22, 24. Compárese Jn. 14:15.

Vs. 4. *El que dice, Yo le he conocido, y no guarda...* etc.; he aquí notable contraste entre el 'decir' y el 'hacer' —entre 'palabras' y 'hechos'. Compárense las palabras de Jesús en Mat. 7:21, 22. *El tal es mentiroso... etc.;* en 1:6 y 8, donde tenemos casi las mismas palabras, el autor habla de "nosotros;" mientras aquí habla de *él,* refiriéndose, al parecer, al gnóstico que pretende conocerlo todo, pero que no conforma su vida a los mandamientos de Dios. En los dos casos cabe la calificación de "mentiroso" y ausencia de la "verdad."

Vs. 5. *Mas el que guarda su palabra;* vuelve el autor a la forma positiva del versículo 3, empleando esta vez el vocablo "palabra," en vez de "mandamientos," un cambio que parece ampliar algún tanto el pensamiento. *La caridad de Dios;* es decir, el amor del individuo para con Dios. Esta es la primera mención de "amor" en la epístola, asunto tan extensamente tratado en el capítulo

6 El que dice que está en él, debe andar como él anduvo.
7 Hermanos, no os escribo mandamiento nuevo, sino el mandamiento antiguo que habéis tenido desde el principio: el mandamiento antiguo es la palabra que habéis oído desde el principio.

---

4. *Está verdaderamente perfecta en El; mejor, en el tal se ha perfeccionado.* Dice Jesús: "Si me amáis, guardad mis mandamientos" (Jn. 14:15); luego el cumplimiento de este mandato es la consumación del amor. *Por esto sabemos que estamos en él; el estar en él* es ser cristiano verdadero. Juan nos da en la carta varias evidencias de la conversión verdadera; obediencia a los mandatos de Dios, amor a los hermanos (3:14) y posesión del Espíritu Santo (4:13).

Vs. 6. *El que dice que está en él;* las meras pretensiones verbales no bastan. En el versículo 5 el apóstol ha dado una evidencia inequívoca de cuando uno está en Cristo; y aquí acentúa el mismo pensamiento en otras palabras: *Debe andar como él anduvo.* El original es más enfático todavía que nuestra traducción. La Versión Moderna multiplica palabras a fin de imitar el griego: *Debe él mismo también andar así como él anduvo.* La conformidad de nuestra vida con la de Cristo demanda la observancia rigurosa de los mandamientos de Dios. (Véase Jn. 15:10). Noble dechado para el cristiano: la vida de Jesús.

3. *El mandamiento viejo, pero siempre nuevo—Vrs. 7-11.*

La aparente contradicción que se presenta en este párrafo sirve para acentuar el desenvolvimiento progresivo de las verdades fundamentales del Cristianismo. El mandamiento de amarse los unos a los otros, dado por Cristo a sus apóstoles unos sesenta años antes, era nuevo en el sentido de que no había perdido aún nada de su frescura, de su potencia, en todo este tiempo.

Vs. 7. *Hermanos;* los mejores manuscritos tienen, *Ama-*

8 Otra vez os escribo un mandamiento nuevo, que es
verdadero en él y en vosotros; porque las tinieblas son
pasadas, y la verdadera luz ya alumbra.

---

dos. No os escribo mandamiento nuevo, sino antiguo;
refiriéndose a aquel dado por Cristo la última noche
de su vida (Jn. 13:34). *Desde el principio;* desde el tiempo
de Cristo mismo. En 3:11 Juan emplea la misma expresión: *el mandamiento es la palabra que habéis... etc.;*
repetición, por vía de énfasis del pensamiento de la
cláusula anterior. El vocablo "palabra" empleado aquí
parece más amplio que "mandamiento," dos veces empleado en este versículo.

Vs. 8. *Otra vez os escribo un mandamiento nuevo;* es
decir, "lo que os escribo es nuevo en cierto sentido:"
Cristo lo calificó de "nuevo" cuando se le dio a sus discípulos, y esta calidad no la ha perdido en el transcurso
del tiempo. "El progreso cristiano no consiste en separarse de los hechos originales, los elementos del Evangelio, sino en penetrar más profundamente en los mismos, comprendiendo y experimentando así más su poder
y su influencia... Todos nuestros libros se limitan a
las letras del alfabeto. Y el progreso consiste no en avan-
zar más allá de la verdad inicial: 'Dios estaba en Cristo
reconciliando el mundo a sí,' sino en sumergirnos más
profundamente en la misma."—*Maclaren. Que es verdadero en él y en vosotros;* es dudoso el sentido verdadero de esta frase. El Nuevo Pacto la traduce de la
manera siguiente: *Lo cual es verdadero en cuanto a él,
y en cuanto a vosotros;* es decir, este mandamiento, considerado desde el punto de vista divino o desde el punto
de vista humano, es tan nuevo como cuando fue dado por
primera vez al hombre. *Porque las tinieblas son pasadas;*
referencia quizás a la incertidumbre y al estado transitorio de la antigua dispensación. *Y la verdadera luz ya
alumbra;* la luz de Aquel que dijo: "Yo soy la luz del
mundo" (Jn. 8:12); y que introdujo la nueva dispensación, bajo la cual "todas (las cosas) son hechas nuevas."

9 El que dice que está en luz, y aborrece a su hermano, el tal aun está en tinieblas todavía.

10 El que ama a su hermano, está en luz, y no hay tropiezo en él.

11 Mas el que aborrece a su hermano, está en tinieblas, y anda en tinieblas, y no sabe a donde va; porque las tinieblas le han cegado los ojos.

Vs. 9. *El que dice que está en luz;* el énfasis especial en esta frase, como lo indica el orden de las palabras en el original, cae sobre la palabra "dice." El autor trata en este versículo y en los dos siguientes de presentar un contraste entre el "decir" y el "hacer". Es obvia la conexión del pensamiento de este versículo con el del 8: ¿quién está dentro de la esfera de la luz verdadera que "ya alumbra"? Esto no se contesta con palabra. Compárense las palabras de Cristo: "No todo el que me dice, Señor, Señor... etc." (Mat. 7:21). *Y aborrece a su hermano;* un *hermano* en la fe, miembro de la misma familia de Dios. *El tal está en tinieblas todavía,* mejor, *en tinieblas está hasta ahora.* El odio y las tinieblas son compañeros. El odio y la luz no pueden caber en el mismo corazón y mucho menos el odio hacia un hermano en la fe. En el versículo 11, el autor se extiende más sobre este mismo pensamiento.

Vs. 10. *El que ama a su hermano está en luz;* mejor, *... mora en la luz.* El *amor* y la *luz* son compañeras permanentes, inseparables. El autor, con esta afirmación, prepara el camino para una mayor discusión de este mismo asunto, la cual tenemos en 3:14-16. *Y no hay tropiezo en él;* es decir, *no hay ocasión de tropiezo.* La luz hace visibles los obstáculos, los estorbos en el camino, quitando así todo peligro de tropezar. Véanse las palabras de Jesús en Jn. 11:9, 10 y las de Pedro en II Ped. 1:10.

Vs. 11. *Mas el que aborrece a su hermano;* el apóstol vuelve a tocar la nota del versículo 9, colocando el aborrecedor de su hermano en notable contraste con el

12 Os escribo a vosotros, hijitos, porque vuestros pecados os son perdonados por su nombre.

---

amador de su hermano, descrito en el versículo 10. Tres
cosas se afirman de tal desgraciado: *Está en tinieblas,
anda en tinieblas y no sabe a dónde va.* Funesta situación, por cierto. Pinta el escritor con colores vivos el
cuadro de uno andando en la oscuridad, bamboleándose,
tropezando con obstáculos invisibles, volviéndose sobre
sus pasos, sin poder llegar a su destino. Tal es el caso
de quien *aborrece a su hermano.* Y la razón está patente: *Las tinieblas le han cegado los ojos;* ejemplo notable de "La ley natural en el mundo espiritual" *(Drum-
mond).*

4. *Un consejo práctico basado en la experiencia de los
lectores*—Vrs. 12-17.

El autor, antes de dar su consejo acerca del amor al
mundo, apela a la experiencia de sus lectores. Las tres
clases en las cuales los divide, abarcan a toda edad y a
todo grado de experiencia—*hijitos, padres, mancebos;*
y es claro que el escritor reconoce a todos como quienes
han tenido una experiencia cristiana. No es posible determinar si el autor se refiere a personas de distintas
edades o a las de diferente madurez de experiencia
(probablemente a éstas), aunque las dos cosas están
íntimamente relacionadas. Otro punto de mucha discusión es el cambio del tiempo del verbo *escribir*, indicado
en nuestra versión por *escribo* y *he escrito.* La duda
consiste en si el autor hace referencia en las oraciones
introducidas por *os he escrito* a un escrito anterior (su
Evangelio u otra carta suya), o sólo a lo que ha dicho
ya en la presente carta. El contexto parece favorecer
la última suposición.

Vs. 12. *Os escribo a vosotros, hijitos;* la palabra traducida "hijitos" es diferente de la que tiene la misma traducción (hijitos) en los versículos 13 y 18, pero parece
referirse a las mismas personas. Es un término de ca-

13 Os escribo a vosotros, padres, porque habéis conocido a aquel que es desde el principio. Os escribo a vosotros, mancebos, porque habéis vencido al maligno. Os escribo a vosotros, hijitos, porque habéis conocido al Padre.

---

riño aplicado con frecuencia por un maestro a sus discípulos, indicando aquí quizás a los de corta edad, y, por consiguiente, nuevos en la fe. *Porque vuestros pecados os son perdonados;* a pesar de su corta edad, el autor los reconoce como verdaderos hijos de Dios, habiéndoles sido perdonados sus pecados. *Por su nombre;* por el nombre de Cristo, quien, por su sacrificio, ha hecho posible que se alcance el perdón.

Vs. 13. *Padres;* los maduros en la fe, los de larga experiencia cristiana. *Porque habéis conocido a Aquel que es desde el principio;* no sólo habían ellos conocido a Cristo en el perdón de sus pecados, como los "hijitos:" lo habían conocido en su larga experiencia, ganando nuevos conocimientos de El día tras día. La frase *desde el principio* recuerda 1:1 y también Jn. 1:1. *Mancebos;* esta palabra sirve de puente entre *hijitos y padres,* completando así la feligresía entera de la iglesia. *Porque habéis vencido al maligno;* es decir, al diablo. El apóstol reconociendo el lugar importante que ocupa la idea de una lucha triunfante en la mente del mancebo, clasifica su conversión como victoria sobre el gran enemigo de sus almas. Y esta victoria inicial debe ser prenda de futuras victorias semejantes de parte de los jóvenes. (Véase 5:18). *Os escribo a vosotros, hijitos;* aquí es donde el autor cambia el tiempo de su verbo, empleando el llamado "aorista epistolar," es decir, se coloca en el lugar de sus lectores, viendo el tiempo del acto de escribir como cosa del pasado. La mejor traducción sería: *os he escrito.* También, como se ha dicho en la nota sobre el versículo 12, la palabra "hijitos" aquí es, en el original, diferente, pero la diferencia de significado es muy poca. *Porque habéis conocido al Padre;* "Todos los cristianos

14 Os he escrito a vosotros, padres, porque habéis conocido al que es desde el principio. Os he escrito a vosotros, mancebos, porque sois fuertes, y la palabra de Dios mora en vosotros, y habéis vencido al maligno.

15 No améis al mundo, ni las cosas que están en el mundo. Si alguno ama al mundo, el amor del Padre no está en él.

---

tenían una experiencia de Dios, aunque sólo los maduros conocían a Cristo como el que es desde el principio.' La vida cristiana empieza con un sentido de parentesco con el Padre, por Cristo; más tarde el intelecto consagrado tiene oportunidad de meditar sobre la filiación eternal."—*The Century Bible*. Esta segunda mención de "hijitos," al fin de este versículo, pertenece más bien al versículo 14, pues con ella empieza el autor la repetición de las tres clases enumeradas en los versículos 12 y 13.

Vs. 14. *Os he escrito ... padres ... etc.*; el apóstol repite aquí *verbatim* sus palabras del versículo 13, en su primera mención de *padres,* y esto, como si no pudiera haber otra razón más apropiada. *Mancebos ... y habéis vencido al maligno;* nótense las dos razones que el autor añade a la que ha dado en el versículo 13: reconoce la fuerza espiritual y moral de los mancebos, atribuyéndola, a la vez, al hecho de que *la palabra de Dios mora* en ellos. Con esta misma *palabra* tres veces Cristo venció al mismo "maligno;" y sólo con esta arma puede el cristiano salir triunfante.

El contenido de los versículos 12, 13 y 14 forma una base sólida para la urgente exhortación de los tres versículos siguientes.

Vs. 15. *No améis al mundo;* es de notarse que en las palabras dirigidas a los tres grupos en los versículos anteriores, no se menciona el "amor," el sentimiento dominante de la religión cristiana; de lo cual se puede inferir que sus afectos estuviesen divididos entre Dios y el mundo. Parece que Juan emplea la palabra "mundo,"

16 Porque todo lo que hay en el mundo, la concupiscencia de la carne y la concupiscencia de los ojos,
y la soberbia de la vida, no es del Padre, mas es del
mundo.

17 Y el mundo se pasa, y su concupiscencia, mas el que
hace la voluntad de Dios, permanece para siempre.

---

en el sentido de "el mundo... aparte de, y opuesto a
Cristo; la esfera en la cual la vida es enteramente egoís-
ta."—*Dr. W. H. Bennett. Ni las cosas que están en el
mundo;* pasa el escritor desde el mundo en general a
las cosas particulares que están en el mundo. En el
versículo 16 se enumeran tres de estas cosas, y el lector
fácilmente podrá figurarse otras semejantes. *Si alguno
ama al mundo, el amor del Padre... etc.;* compárense
las palabras de Jesús en Mat. 6:24. Dios y el mundo son,
en la mente de Juan, los "dos señores" que solicitan el
amor del hombre. En amor al mundo excluye el amor
a Dios. El hombre tiene que escoger entre los dos.

Vs. 16. *Porque todo lo que hay en el mundo;* el apóstol
robustece su aserción del versículo 15 con el contenido
de éste, señalando tres prominentes cosas del mundo que
se oponen abiertamente a las cosas de Dios. *La concupiscencia de la carne;* los deseos, tendencias, pasiones
impuras que siente la carne. *La concupiscencia de los
ojos;* el deseo desordenado producido por la vista de
las cosas atractivas del mundo—las riquezas, los placeres,
etc. Compárese la experiencia de la mujer en Gén. 3:6.
La soberbia de la vida; mejor, *la vanagloria de la vida*
(Versión Moderna). Esta resulta de la posesión de grandes riquezas, de alta posición política o social, de fama
excesiva, etc. *No es del Padre, mas es del mundo;* mejor,
No procede del Padre, sino del mundo (Versión Hispano-
Americana). El amor a estas cosas, o a otras semejantes,
hace imposible el amor a Dios, pues los dos son mutuamente exclusivos, porque proceden de fuentes enteramente opuestas.

Vs. 17. *Y el mundo se pasa y su concupiscencia;* he aquí

18 Hijitos, ya es el último tiempo: y como vosotros habéis oído que el anticristo ha de venir, así también al presente han comenzado a ser muchos anticristos; por lo cual sabemos que es el último tiempo.

---

otra razón por qué no apegarse al mundo: el mundo, con todo cuanto le pertenece, es transitorio. Sus riquezas, su fama—todo pasará; nada de lo terrenal es permanente. Véase I Cor. 7:31. *Mas el que hace la voluntad de Dios;* en el juicio del apóstol, esto es igual a decir: *El que ama a Dios,* pues quien ama a Dios, se regocija en hacer su voluntad. *Permanece para siempre;* notable contraste con lo transitorio de todo lo mundanal. El que, movido por amor, conforma sus actividades a la voluntad de Dios, vivirá aún en el mundo presente, por su influencia, después de su muerte; y en el mundo allende la tumba alcanzará una bendita inmortalidad. Tal es la "herencia incorruptible" de que se habla en I Ped. 1:4.

5. *Amonestación contra los anticristos*—Vrs. 18-21.

Vs. 18. *Hijitos;* Juan emplea este término de afecto, como en 2:1, refiriéndose a todos sus lectores. *Ya es el último tiempo;* el autor, como los creyentes en general del primer siglo, esperaba la pronta venida del Señor; y, como dice él al fin de este capítulo, la apariencia de los *anticristos,* que habían sido predichos por Cristo (Mat. 24:5, 24) y por Pablo (II Tes. 2:3, 4), le convenció de que el *último tiempo,* es decir, el período inmediatamente antes de dicha venida había llegado. Este *último tiempo* se ha extendido hasta nuestros días y no sabemos hasta cuándo se extenderá todavía. *Como habéis oído que el anticristo ha de venir;* es claro que se había generalizado entre los creyentes de aquellos tiempos, la creencia de la venida de un *anticristo,* aunque la palabra *anticristo* no se encuentra en el Nuevo Testamento fuera de las epístolas de Juan (I Jn. 2:18, 22; 4:3; II Jn. 7). Véase también 4:3. Es fácil que este *anticristo* sea el mismo individuo

19 Salieron de nosotros, mas no eran de nosotros, porque si fueran de nosotros, hubieran cierto permanecido con nosotros, pero salieron para que se manifestase que todos no son de nosotros.

---

nombrado por Pablo como "el hombre de pecado, el hijo de perdición," en II Tes. 2:3. Las siguientes citas demuestran que los creyentes habían sido debidamente informados en cuanto a la venida de los opositores del verdadero Cristo: Mat. 24:5, 24; Jn. 5:43; Hch. 20:30; II Tes. 2:3; I Tim. 4:1; II Tim. 3:1-5. *Al presente han comenzado a ser muchos... etc.*; para los últimos años del primer siglo, cuando Juan escribió nuestra carta, unos 60 años después de la crucifixión, los falsos maestros se habían multiplicado; y esto, a juicio de Juan, era prueba inequívoca de la llegada del *último tiempo*.

Vs. 19. *Salieron de nosotros;* habían sido miembros de la iglesia; fue un movimiento dentro de la misma iglesia. Compárense las palabras de Pablo a los ancianos de la iglesia de Efeso (donde Juan está escribiendo): "Y de vosotros mismos se levantarán hombres que hablen cosas perversas... etc." (Hch. 20:30). *Mas no eran de nosotros;* habían recibido la palabra sólo en la cabeza, pero no en el corazón; eran creyentes de palabra, no de hecho, como, por desgracia, son muchos miembros de hoy día. *Porque si fueran de nosotros... etc.;* mejor, *pues si de nosotros hubiesen sido, habrían permanecido con nosotros.* (Versión Hispano-Americana). Los cristianos de corazón se regocijan en la compañía de los de su clase. La salida de estos falsos maestros de la compañía de los fieles demuestra una diferencia fundamental entre aquéllos y éstos. Los cabritos no se hallan bien entre las ovejas. *Pero salieron para que se manifestase que todos no son de nosotros;* la palabra *no* no está bien colocada en nuestra Versión. El orden de las palabras en la Versión Moderna representa mejor la idea del original... *que no todos son de nosotros;* es decir, que no todos los miembros de nuestro grupo son siempre verdaderos creyentes. La salida

20 Mas vosotros tenéis la unción del Santo, y conocéis todas las cosas.

21 No os he escrito como si ignoraseis la verdad, sino como a los que la conocéis, y que ninguna mentira es de la verdad.

22 ¿Quién es mentiroso, sino el que niega que Jesús es el Cristo? Este tal es anticristo, que niega al Padre y al Hijo.

---

de los falsos viene a ser un beneficio para los fieles, pues pone de manifiesto la diferencia entre buenos y malos.

Vs. 20. *Mas vosotros tenéis la unción del Santo*; es decir, del Hijo o del Padre (Véanse II Cor. 1:21; Heb. 1:9), como cumplimiento de las palabras de Cristo: "Mas el Consolador, el Espíritu Santo, al cual el Padre enviará en mi nombre, él os enseñará todas las cosas... etc." (Jn. 14:26). Pablo, en II Cor. 1:21, hace referencia a esta misma unción. El apóstol expresa en estas palabras su convicción de que esta unción del Espíritu les hará comprender lo falso de las enseñanzas de estos anticristos, evitando así el que fuesen engañados por ellas. *Y conocéis todas las cosas;* expresión general que corresponde a las palabras de Cristo: "El os enseñará todas las cosas." Esta unción les hará discernir entre la verdad y el error, entre lo verdadero y lo falso.

Vs. 21. *No os he escrito como si ignoraseis la verdad...* etc.; mejor, *os he escrito no porque no sabéis la verdad, sino porque la sabéis. (Nuevo Pacto)*. No quiere el autor que sus lectores interpreten mal el que les haya escrito sobre estas cosas: no es por juzgarlos ignorantes de la verdad—al contrario, su conocimiento de la verdad proporciona la causa, o sea, la ocasión de su escrito, toda vez que dicho conocimiento les ayudará a comprender su punto de vista.

6. *El punto capital de los errores de los anticristos—* Vrs. 22-25.

Vs. 22. *¿Quién es mentiroso sino el que niega que Jesús es el Cristo?;* he aquí el error céntrico de los falsos maes-

23 Cualquiera que niega al Hijo, este tal tampoco tiene al Padre. Cualquiera que confiesa al Hijo, tiene también al Padre.

24 Pues lo que habéis oído desde el principio, sea permaneciente en vosotros. Si lo que habéis oído desde el

---

tros: el negar que Jesús era el Mesías verdadero. Una vez aceptado este error, otros muchos nacen de él. "Ningún otro representa tan completamente lo falso como el que niega que Jesús es el Cristo."—*Brooke*. La última frase del versículo anterior abre el camino para esta pregunta, que, en efecto, es un modo perspicaz de afirmar la verdad envuelta en la misma. El estigmatizar de una vez al autor de tal negación, de "mentiroso," sería el modo más eficaz de salvar a los lectores de su funesta influencia. *Este tal;* el que acaba de mencionarse. *Es anticristo, que niega al Padre y al Hijo;* el negar que Jesús es el Cristo envuelve también la negación del Padre, quien varias veces había dado testimonio a su Hijo; y, como dice el Dr. Brooke, en *The International Critical Commentary:* "El espíritu del anticristo halla su más completa expresión en la negación del Padre y del Hijo."

Vs. 23. Este versículo afirma negativa y positivamente la íntima relación que existe entre el Padre y el Hijo; y sirve, a la vez, de explicación del versículo 22. *Cualquiera que niega al Hijo, este tal tampoco ... etc.;* esto se sigue lógicamente del hecho de que "el Padre está manifestado e interpretado en el Hijo."—*Brooke*. El apóstol, al parecer tiene presente sus propias palabras en Jn. 1:18, y las de Cristo en Jn. 14:9. *Cualquiera que confiesa al Hijo ... etc.;* la forma positiva de la misma verdad. Tan íntimamente están relacionados el Padre y el Hijo, que la confesión del uno lleva consigo la confesión del otro. Así es que la mentira de los anticristos quedó doblemente refutada, y la verdad que el autor trata de establecer, doblemente confirmada.

Vs. 24. *Pues lo que habéis oído desde el principio;* la prominencia en el original del pronombre *vosotros* re-

principio fuere permaneciente en vosotros, también vosotros permaneceréis en el Hijo y en el Padre.

25 Y esta es la promesa, la cual él nos prometió, la
vida eterna.

---

quiere más énfasis que la que se expresa en nuestra
versión. *En cuanto a vosotros;* (Versión Moderna), se
justifica por la posición del pronombre al principio del
versículo, contrastando así a sus lectores con los anticristos de referencia. La frase: *lo que habéis oído desde el
principio,* es una llamada a los primeros principios evangélicos que los lectores oyeron desde la época en que por
primera vez se les predicaba el Evangelio. *Sea permaneciente en vosotros;* mejor, *permanezca en vosotros... etc.*
(Versión Moderna). No hay necesidad de cosas nuevas;
las verdades fundamentales del evangelio no cambian;
no caben en el sistema cristiano las novedades que tratan
los anticristos de introducir. *Si lo que habéis oído... etc.;*
otra vez seguiremos la Versión Moderna: *Si permaneciere
en vosotros lo que desde el principio habéis oído.* Cumplida
esta condición, seguirá el resultado apetecido: *También
vosotros permaneceréis en el Hijo y en el Padre;* la permanencia de la verdad en el corazón asegura las buenas
relaciones con el Hijo y con el Padre.

Vs. 25. *Y esta es la promesa, la cual él nos prometió;* a
primera vista no es fácil ver la relación entre esto y el
versículo anterior; pero si recordamos que el permanecer
en el Hijo y el Padre constituye en sí *la vida eterna (Jn.
17:3,)* percibiremos la relación. En otras palabras, el
cumplimiento con lo descrito en el versículo 24 es la
realización de la promesa que Dios nos ha dado. Véanse 1:2; 5:11; Jn. 17:2,3. *La vida eterna;* la palabra *vida*
es una de las predilectas de este escritor; su Evangelio
abundan en el uso de ella; y uno de los objetos de esta
carta es "...para que sepáis que tenéis vida eterna."
(5:13). Empéñase en hacer que sus lectores comprendan
que esta vida está en el Hijo, y que, por lo tanto, ellos
han de dar a El su debido lugar. (5:11, 12).

26 Os he escrito esto sobre los que os engañan.

27 Pero la unción que vosotros habéis recibido de él, mora en vosotros, y no tenéis necesidad que ninguno os enseñe; mas como la unción misma os enseña de todas cosas, y es verdadera, y no es mentira, así como os ha enseñado, perseveraréis en él.

---

7. *Enseñanza del Espíritu*—Vrs. 26-29.

Vs. 26. *Os he escrito esto sobre... etc.;* es decir... *sobre los que tratan de engañaros,* refiriéndose a los falsos maestros. El original de esta frase no justifica la aserción de que dichos maestros hayan alcanzado éxito en sus esfuerzos, pero están trabajando enérgicamente con este fin. El autor dice a sus lectores: "Estad alertas."

Vs. 27. *Pero la unción que vosotros... etc.;* lo que se ha dicho en la nota sobre el principio del versículo 24, se aplica también aquí: *En cuanto a vosotros,* expresa la idea del original respecto a la palabra *vosotros.* La *unción* es la misma mencionada en el versículo 20 (Véase la nota sobre el mismo). *Mora en vosotros;* esta *unción* no fue cosa pasajera; habiéndola recibido una vez, el cristiano puede gozarla permanentemente. *No tenéis necesidad que ninguno os enseñe;* el siguiente extracto de *The Century Bible* arroja luz sobre este pasaje: "¿Por qué entonces les escribirá el apóstol? Para confirmarlos por su autoridad en contra de los falsos maestros, y para recordarles que no tenían necesidad de nuevas enseñanzas, sino de conservar lo que ya conocían y de buscar la dirección del Espíritu en sus esfuerzos para aplicar viejas verdades a nuevas circunstancias." Nótense las distintas cosas mencionadas acerca de la enseñanza de la unción: se extiende a *todas cosas; es verdadera;* está exenta de toda *mentira.* Todo esto justifica la confianza del autor en sus lectores, con tal que sigan ellos bajo la dirección del Espíritu. *Así como os ha enseñado* ...etc.; mejor, *así como ella os ha enseñado, así vosotros permanecéis en él* (Versión Moderna). La idea parece ser que, como ellos están todavía bajo el tutelaje del

28 Y ahora, hijitos, perseverad en él; para que cuando apareciere tengamos confianza, y no seamos confundidos de él en su venida.

29 Si sabéis que él es justo, sabed también que cualquiera que hace justicia, es nacido de él.

Espíritu, con quien Cristo lo ha ungido, esto es prueba inequívoca de que están en Cristo. Es muy cierto lo que dice *The Century Bible* sobre este pasaje: "Aunque hay duda respecto al original y a la traducción, es claro el sentido general. El pasaje afirma que los lectores pueden obtener dirección verdadera del Espíritu que mora en ellos."

Vs. 28. *Y ahora, hijitos, perseverad en él;* como en el versículo anterior, *permaneced* es preferible. La exhortación, tomándola en conexión con el versículo 27, es a que los lectores, estando en Cristo, permanezcan en El. Hasta aquí el escritor ha venido dirigiendo la vista de sus lectores hacia atrás, pero ahora la dirige hacia adelante: *Para que cuando apareciere;* pensamiento siempre presente en la mente de los escritores de las epístolas la segunda venida del Señor. Juan vuelve al asunto en 3:2, a fin de decirnos algo sobre la admirable transformación que se efectuará en nosotros cuando lo veamos. *Tengamos confianza;* esto significa "...libertad de palabra... la actitud de hijos hacia su padre, en contraste con la de esclavos hacia su amo."—*Dr. David Smith* (en *The Expositor's Greek Testament). Y no seamos confundidos de él en su venida;* mejor... *delante de él... etc.;* Esto es lo contrario de *tener confianza* de la frase anterior. En 4:17 el autor identifica la venida del Señor con "el día del juicio." El Dr. Brooke llama la atención al hecho de que la palabra traducida aquí *venida,* refiriéndose a la venida del Señor, consta treinta y una veces en el Nuevo Testamento y que trece de éstas están en los escritos de Juan.

Vs. 29. *Si sabéis que él es justo;* la referencia es a Cristo, de cuya venida se ha hablado en el versículo 28. *Sa-*

bed también que cualquiera que hace justicia... etc.;
el autor, con estas palabras, presenta una regla con que
se puede identificar a los hijos verdaderos de Dios. Los
que ajustan su conducta según los principios de la justicia, los mismos principios que son inherentes al carácter divino, éstos, y sólo éstos, son hijos de Dios. Con
más claridad aun el autor anuncia la misma verdad
en 3:10: "En esto son manifiestos los hijos de Dios, y
los hijos del diablo: cualquiera que no hace justicia no
es de Dios."

CAPITULO III

3 Mirad cuál amor nos ha dado el Padre, que seamos llamados hijos de Dios: por esto el mundo no nos conoce, porque no le conoce a él.

III. Los Hijos Verdaderos de Dios, sus Privilegios, Obligaciones, etc.—3:1-24.

1. *El presente y el futuro de los hijos es debido al amor de Dios*—Vrs. 1-3.

Vs. 1. *Mirad cuál amor nos ha dado el Padre;* esta es la primera mención en la epístola del amor de Dios para con el hombre. En 1:10 y 15 hay referencia al amor de parte del hombre. El amor divino es uno de los tres ciclos de pensamiento que presenta el autor en la carta (Gray), siendo *luz* y *justicia* los otros dos; y la introducción del *amor* aquí servirá para preparar a los lectores para la discusión detallada del asunto que tenemos en el capítulo 4. Juan es el "apóstol de amor," y, al introducir el asunto del amor divino, lo hace con una expresión de admiración ante la grandeza y la sublimidad del mismo. *Que seamos llamados hijos de Dios;* la idea de *hijos* se sigue naturalmente de la frase "nacido de él," de 2:29. Este título honorífico—*hijos de Dios*— es debido al amor admirable de Dios—admirable, por cierto, por su calidad, como también por su inmensidad (Véase Jn. 1:12). Hay aquí una omisión, en nuestra versión, de unas palabras que constan en los mejores manuscritos: *y lo somos;* no sólo *somos llamados hijos de Dios—lo somos* en realidad. Dice Juan en su Evangelio (1:12), "... dióles potestad de ser hechos hijos de Dios... etc." *Por esto el mundo no nos conoce ... etc.;* no es extraño que, no conociendo *a él,* (es decir, a Dios manifestado en Jesús) no conozcan a los que llevan el título de "hijos de Dios."

2 Muy amados, ahora somos hijos de Dios, y aun no se ha manifestado lo que hemos de ser; pero sabemos que cuando él apareciere, seremos semejantes a él, porque le veremos como él es.

3 Y cualquiera que tiene esta esperanza en él, se purifica, como él también es limpio.

No conociendo al Padre, no pueden conocer a los hijos del Padre. Este es uno de los muchos pasajes de la Escritura que acentúan la diferencia fundamental entre los hijos de Dios y los hijos del mundo. (Véanse Jn. 16:3; 17:25).

Vs. 2. *Ahora somos hijos de Dios;* el autor repite, por vía de énfasis, la aserción del versículo anterior; lo hace también por vía de contraste con otra aserción más maravillosa aun, en cuanto a la perspectiva que se presenta a los mismos hijos: *y aun no se ha manifestado lo que hemos de ser.* Ni Cristo ni los escritores bíblicos han aclarado este punto tan interesante al creyente; sólo unas vislumbres se nos dan de lo que les espera a los hijos de Dios. Véanse Jn. 14:1; Rom. 8:29; Fil. 3:21. *Pero sabemos que ... seremos semejantes a él;* es mucho ser semejantes a Cristo, más de lo que nuestra imaginación puede abarcar; y esta milagrosa transformación se efectuará en su venida. *Porque le veremos como él es;* "Ahora vemos por espejo, en obscuridad; mas entonces veremos cara a cara" (1 Cor. 13:12). Véase también Col. 3:3, 4. Al ver a nuestro Señor "cara a cara," en toda su perfección, las imperfecciones que nos afligen en la vida presente desaparecerán, y nuestro ideal será realizado. Sublime blanco, por cierto es el de los hijos de Dios. "Lo que los hombres vieron de Jesús de Nazaret, cuando El manifestó su gloria bajo las limitaciones de la vida humana, los elevó a ser hijos de Dios, en el caso de todos los que lo recibieron. ¡Cuánto más poder transformador habrá en la visión de El, como El es, ya no velado más por las condiciones de la vida terrenal!"—*Brooke.*

Vs. 3. *Cualquiera que tiene esta esperanza;* es decir, la de experimentar esta transformación. *Se purifica, como El también es limpio;* "Donde realmente existe tal espe-

4 Cualquiera que hace pecado, traspasa también la ley; pues el pecado es transgresión de la ley.
5 Y sabéis que él apareció para quitar nuestros pecados, y no hay pecado en él.

ranza, tienen que haber esfuerzos por conseguir la pureza. La esperanza cristiana es incompatible con la indiferencia moral... Los que aparecían ante Dios en las fiestas judaicas, tenían primero que purificarse de toda impureza ceremonial. La esperanza de aparecer en la presencia de Dios, y de ver a Cristo como El es, necesariamente inspira a su posesor con el deseo de deshacerse de toda contaminación capaz de obscurecer la visión de Dios."—*Brooke.*

2. *Los Hijos de Dios y el Pecado*—Vrs. 4-12.

En estos versículos el autor desarrolla el pensamiento presentado en el versículo 3, a saber, la purificación propia que el cristiano trata de efectuar, en vista de la esperanza que tiene de ver a Cristo cara a cara en su venida. Esta purificación consiste en deshacerse del pecado, lo cual se ha hecho posible por causa de la obra de Cristo.

Vs. 4. *Cualquiera que hace pecado, traspasa... etc.;* más satisfactoria es la traducción de la Versión Moderna: *Todo aquel que comete el pecado, comete también ilegalidad porque el pecado es ilegalidad.* La palabra traducida aquí *ilegalidad* no se refiere exclusivamente a violación, o transgresión de la ley mosaica, sino a ley en general, tanto la de Cristo como la de Moisés. En el versículo 11 el autor cita el mandamiento de Cristo respecto al amor mutuo entre hermanos. La desobediencia de este mandamiento es, a juicio del apóstol, uno de los más serios pecados. (Véase versículo 14). La naturaleza misma de todo pecado es la indiferencia a, o descuido de, la ley; y tal es así, que dice Pablo: "Donde no hay ley, tampoco hay transgresión" (Rom. 4:15).

Vs. 5. *Y sabéis que El apareció para quitar nuestros pecados;* los mejores manuscritos dicen *los pecados* en

6 Cualquiera que permanece en él, no peca; cualquiera que peca, no le ha visto, ni le ha conocido.

7 Hijitos, no os engañe ninguno: el que hace justicia, es justo, como él también es justo.

---

vez de *nuestros pecados*. Esto fue el fin de su encarnación; y esto proporciona también la base de la purificación personal que procuran alcanzar los hijos de Dios (vs. 3). Véase Jn. 1:29. *No hay pecado en El;* su exención del pecado le capacita para cargar con el pecado del hombre. La impecabilidad de Jesús resalta en las Escrituras: Jn. 8:46; 2 Cor. 5:21; Heb. 4:15; 1 Ped. 2:22.

Vs. 6. *Cualquiera que permanece en El, no peca;* a primera vista, esto parece contradecir lo dicho en 1:8— "Si dijéremos que no tenemos pecado... no hay verdad en nosotros;" pero la idea del autor parece ser que todo aquel que vive en íntima comunión con Cristo, no lleva una vida de pecado. Esto difiere mucho de caer de vez en cuando en el pecado, a lo que está expuesto todo cristiano. También hay verdad en el siguiente comentario de San Agustín sobre este pasaje: *"In cuantum in ipso menet, in tantum non peccat"* ("Hasta donde uno permanece en El, hasta allí está exento del pecado"). *Cualquiera que peca;* es decir, que voluntariamente escoge una vida de pecado. *No le ha visto, ni le ha conocido;* no se refiere el apóstol a una vista, o un contacto corporal, sino espiritual. Tan incompatible es una vida dedicada al pecado con el carácter perfecto de Jesús, que la persona que lleva tal vida, declara mediante su conducta, su ignorancia de Aquel cuya vida es la esencia de la perfección.

Vs. 7. *No os engañe ninguno;* se empeña el autor, en este versículo y el siguiente, en aclarar la característica fundamental de los que son hijos de Dios y de los que no lo son; y sobre este punto había gran peligro de que los falsos maestros engañaran a los lectores; la actitud de uno hacia el pecado es la marca inequívoca de su carácter. *El que hace justicia, es justo;* el original lleva

8 El que hace pecado es del diablo; porque el diablo
peca desde el principio. Para esto apareció el Hijo de
Dios, para deshacer las obras del diablo.

9 Cualquiera que es nacido de Dios, no hace pecado,
porque su simiente está en él; y no puede pecar, porque
es nacido de Dios.

---

consigo la idea de la práctica constante de la justicia—
no la práctica ocasional de ella. La vida exterior y constante es el índice fidedigno del corazón. *Como El también es justo;* la justicia de Cristo es el sublime dechado
para el hijo de Dios; y la práctica de esta virtud identifica a uno como miembro de la divina familia. (Véase
versículo 3).

Vs. 8. *El que hace pecado;* es decir, el que voluntariamente escoge el pecado, y vive en el pecado, *es del diablo;* como la práctica de la justicia identifica a uno como hijo de Dios, así también la práctica del pecado identifica a uno como hijo del diablo. La conducta es índice, en los dos casos, del carácter, y éste determina el
parentesco espiritual. Véanse Jn. 8:44; Hch. 13:10. *Porque el diablo peca desde el principio;* siguiendo así la
tendencia corrompida de su naturaleza. "El era el padre del pecado, trajo el pecado al mundo, y lo mantiene
en el mundo viviendo en los corazones de sus propios hijos, y así conduciéndolos a la transgresión; y persua-
diendo a otros que no pueden ser salvos de sus pecados
en esta vida, a fin de morar en sus corazones."—*Clarke.*
Para esto apareció el Hijo de Dios, para deshacer ... *etc.;*
mejor... *para destruir las obras del diablo.* Obra magna es ésta de Cristo. La obra del diablo es la de destruir,
hasta donde fuere posible, la obra de Dios; Cristo vino
para contrarrestar esta obra destructora, y para restau-
rar todo a su primitiva perfección; y en este combate
desigual, el triunfo quedará con el más fuerte: "El que
en vosotros está, es mayor que el que está en el mundo"
(4:4). Véase también Gén. 3:15.

Vs. 9. *Cualquiera que es nacido de Dios;* y así ha sido
hecho hijo de Dios. *No hace pecado;* no vive en el peca-

10 En esto son manifiestos los hijos de Dios, y los hijos del diablo: cualquiera que no hace justicia, y que no ama a su hermano, no es de Dios.

11 Porque este es el mensaje que habéis oído desde el principio: Que nos amemos unos a otros.

---

do, no se deleita en la práctica del pecado. El original justifica esta interpretación. *Porque su simiente está en él;* participa el nacido de Dios de la misma naturaleza divina. El hijo participa de la misma naturaleza del padre que lo engendró. *Y no puede pecar;* aquí también la idea es que no puede llevar una vida de pecado: la tendencia general de su vida no será hacia el pecado. *Porque es nacido de Dios;* y, por lo mismo, como se ha dicho ya, participa de la misma naturaleza de Dios. El contenido de este versículo es repetición, por vía de énfasis, del pensamiento del versículo 6, y que se repite otra vez en 5:18.

Vs. 10. *En esto son manifiestos los hijos de Dios...* etc.; insiste el autor en su división de los hombres en las dos clases: *los hijos de Dios y los hijos del diablo.* Para él, no hay terreno intermedio; e insiste también en señalar el distintivo de los dos. *Cualquiera que no hace justicia;* el mismo elemento que es mencionado en el versículo 7, pero presentado aquí en forma negativa, y con la notable adición: *y que no ama a su hermano.* La nota del amor hermanable ocupa un lugar muy prominente en la carta. En 2:9-11 se introduce este tema en relación con la luz que emana de Dios mismo; aquí se presenta como distintivo del hijo de Dios; y estas dos referencias preparan los ánimos de los lectores para la discusión más detallada del asunto que tenemos en el capítulo 4. *No es de Dios;* modo enfático de decir: "es hijo del diablo." Las explicaciones de este versículo aclaran bien la diferencia fundamental entre los hijos de Dios y los hijos del diablo.

Vs. 11. *Porque este es el mensaje... etc.;* el apóstol se deleita en volver la vista atrás y recordar las misma pa-

12 No como Caín, que era del maligno, y mató a su hermano. ¿Y por qué causa le mató? Porque sus obras eran malas, y las de su hermano justas.
13 Hermanos míos, no os maravilléis si el mundo os aborrece.
14 Nosotros sabemos que hemos pasado de muerte a vida, en que amamos a los hermanos. El que no ama a su hermano, está en muerte.

labras del Maestro—palabras dichas unos sesenta años antes. (Véanse 1:5; 2:25). *Que nos amemos unos a otros;* estas palabras de Cristo las cita el autor para justificar su aserción en el versículo 10: "Y que no ama a su hermano."

Vs. 12. *No como Caín... etc.;* es de notarse que el apóstol, para demostrar la verdad de su teoría en cuanto a aquel "que hace pecado," escoge el caso de Caín, el primer hermano de la raza, quien, movido por envidia levantó su mano contra Abel. También el autor de la Epístola a los Hebreos y Judas citan el mismo caso (Heb. 11:4; Judas 11). La explicación de su nefando acto es que: *era del maligno* y, por lo tanto, *sus obras eran malas.* El autor de la breve historia de este acontecimiento en Gén. 4:4-8, no nos cuenta otras malas obras de Caín; y Juan se contenta con sólo señalar el origen de su crimen: él *era del maligno;* el odio, más bien que el amor, llenaba su corazón.

3. *La Manifestación Práctica del Amor Hermanable—* Vrs. 13-18.

Vs. 13. *No os maravilléis si el mundo os aborrece;* esta amonestación se relaciona con el caso de Caín: como él, por ser del maligno, aborrecía a su hermano, es natural que el mundo, por la misma razón, aborrezca a los hijos de Dios. También las palabras de Cristo a este mismo efecto, estarían presentes en la mente del escritor (Jn. 15:18, 19; 17:14).

Vs. 14. *Nosotros sabemos que hemos pasado... etc.;* en este versículo el apóstol presenta el amor hermana-

15 Cualquiera que aborrece a su hermano, es homicida;
y sabéis que ningún homicida tiene vida eterna permaneciente en sí.

16 En esto hemos conocido el amor, porque él puso su
vida por nosotros: también nosotros debemos poner nuestras vidas por los hermanos.

---

ble como prueba inequívoca del nacimiento espiritual; y
esto lo afirma positiva y negativamente: *El que no ama
a su hermano, está en muerte.* Es esta la segunda vez
que, en nuestra epístola, el autor atribuye suprema importancia al amor de hermano. En 2:9, 10, lo hace bajo
figura de la luz y las tinieblas, donde "está en tinieblas,"
corresponde a *está en muerte* de este versículo, y "está
en luz," a *hemos pasado de muerte a vida.*

Vs. 15. *Cualquiera que aborrece a su hermano, es homicida;* otra vez el apóstol confirma su propio dicho, citando las palabras de Cristo (Mat. 5:21, 22). El hecho de
ser uno *homicida* denota también su parentesco con el
diablo, quien "homicida ha sido desde el principio" (Jn.
8:44). *Y sabéis que ningún homicida tiene... etc.;* apela el autor al juicio de sus lectores: inconcebible es que,
en el corazón del homicida, exista la vida eterna. Es interesante notar el frecuente uso del verbo, *saber (o conocer)* en esta carta. La explicación de esto se encuentra en
el hecho de que los falsos maestros, titulados *los gnósticos
(los que saben),* pretendían *saberlo todo.* El apóstol, con
el frecuente uso del verbo *saber,* les da a entender que,
a pesar de su arrogante pretensión de poseer todos los
conocimientos posibles, los fieles hermanos también *sa-
bían* algunas cosas, acentuando él esto con el uso treinta y una veces de palabras que significan *saber o conocer.*
Como ejemplos, véanse los versículos 2, 5, 14, 15, 16,
19, 20 y 24 de este capítulo 3.

Vs. 16. *En esto hemos conocido el amor;* la palabra *esto*
se refiere al ejemplo de Cristo, narrado en la cláusula siguiente—el ejemplo más sublime que el mundo jamás ha
visto. *Porque El puso su vida por nosotros;* Cristo mismo

17 Mas el que tuviere bienes de este mundo y viere a su hermano tener necesidad, y le cerrare sus entrañas, ¿cómo está el amor de Dios en él?

18 Hijitos míos, no amemos de palabra ni de lengua, sino de obra y en verdad.

---

dijo: "Nadie tiene mayor amor que éste, que ponga alguno su vida por sus amigos" (Jn. 15:13). He aquí la manifestación suprema de amor. *También nosotros debemos poner nuestras vidas... etc.;* "El sacrificio que hizo Cristo de Sí mismo es no sólo una revelación del amor perfecto; es también una norma para el amor humano." —*The Century Bible.* El apóstol es intensamente místico—el más místico de todos los escritores del Nuevo Testamento; sin embargo, el elemento práctico no deja de manifestarse en sus escritos. El amor de Cristo manifestado en su sacrificio debe reproducirse en la vida de sus siervos.

Vs. 17. *Mas el que tuviere bienes de este mundo... ¿cómo está el amor de Dios en él?* Otra manera práctica en que el amor hermanable debiera manifestarse. Es rara la vez en que uno necesita morir por su hermano, pero frecuentes las veces cuando puede y debe manifestarle su amor, compartiendo con él sus *bienes de este mundo,* es decir, las cosas materiales, las necesidades de la vida; y, en el concepto del apóstol, el no querer hacerlo es prueba inequívoca de la ausencia del *amor de Dios* de su corazón. La forma interrogativa acentúa más la verdad que el autor trata de expresar. Esta pregunta es el eco del espíritu de la iglesia primitiva respecto al deber de cuidar de los hermanos necesitados.

Vs. 18. *No amemos de palabra ni de lengua;* el amor no es cosa de meras palabras. La superficialidad es ajena al espíritu del apóstol. Compárense las palabras de Santiago respecto de la fe (Sant. 2:16). *Sino de obra y en verdad;* si nuestro amor es sincero, genuino, se manifestará en obras; si de veras amamos a nuestro hermano, le prestaremos la mano en la hora de su necesidad.

19 Y en esto conocemos que somos de la verdad, y tenemos nuestros corazones certificados delante de él.

20 Porque si nuestro corazón nos reprendiere, mayor es Dios que nuestro corazón y conoce todas las cosas.

El amor que sólo está en la punta de la lengua, no ha nacido en el corazón, ni merece el título de amor.

4. Evidencias de Nuestra Unión Intima con Dios.—Vrs. 19-24.

La siguiente paráfrasis de este párrafo tomada de *The Century Bible,* arroja luz sobre el pensamiento del autor: "El conocimiento interior del amor sincero nos asegura que nuestras vidas están rendidas a la verdad del Evangelio; y, a pesar de nuestro conocimiento del pecado, nos hace descansar con confianza segura en los recursos infinitos del poder y la sabiduría de Dios. Empero una buena conciencia, basada en la obediencia leal, nos capacita para presentar confiadamente nuestras necesidades ante Dios, y para creer que El las satisfará. Su ley se resume en fe en Cristo y amor al hombre. La prueba de que estemos en Cristo, y El en nosotros, está en nuestra obediencia y en nuestra posesión de su espíritu."

Vrs. 19, 20. La relación entre estos versículos parece ser más íntima que la que la traducción de nuestra versión indica. Es preferible la traducción de la Versión Hispano-Americana: *En esto conoceremos que somos de la verdad, y haremos seguro nuestro corazón delante de él, si nuestro corazón nos reprocha en cualquier cosa; que Dios es mayor que nuestro corazón, y lo sabe todo.* La palabra *esto* aquí se refiere a lo que precede en el versículo 18. El amor a nuestro hermano, "de obra y en verdad," nos servirá de evidencia de que somos genuinos hijos de la verdad. Los dos verbos *conocer y hacer,* están correctamente traducidos en la versión arriba citada, como perteneciente al tiempo futuro, pues esto corresponde tanto al original, como también al pensamiento del autor.

21 Carísimos, si nuestro corazón no nos reprende, confianza tenemos en Dios;
22 Y cualquier cosa que pidiéremos, la recibiremos de él, porque guardamos sus mandamientos, y hacemos las cosas que son agradables delante de él.

Haremos seguro nuestro corazón; es decir, tranquilizaremos nuestra conciencia, disipando así toda duda de nuestra parte. *Si nuestro corazón nos reprocha en cualquiera cosa;* si la convicción de nuestro pecado nos intranquiliza, como es natural al cristiano verdadero, el alivio vendrá al recordar la seguridad del perdón mediante la sangre de Cristo (1:9). *Que Dios es mayor que nuestra conciencia, y lo sabe todo;* otra vez citamos las palabras de *The Century Bible:* "El infinito poder y conocimiento de Dios nos aseguran que sus bondadosos propósitos no serán frustrados por las debilidades de nuestros corazones. El versículo se refiere a los cristianos cuyos esfuerzos por alcanzar la santidad son estorbados por sus constantes debilidades."

Vs. 21. *Si nuestro corazón no nos reprende (reprocha);* el autor quiere dejar el asunto bien afianzado por todos lados; en el versículo 20 dice él: "Si nuestro corazón nos reprocha," y aquí dice: "Si nuestro corazón no nos reprocha;" y en este caso, como en aquél, expresa perfecta satisfacción: *Confianza tenemos en Dios;* siendo él justo, poderoso y misericordioso, con perfecta confianza podemos dejarlo todo en sus manos, sabiendo que "si tenemos la convicción de nuestra propia sinceridad, y de que no practicamos engaño alguno, ni usamos de ninguna máscara, entonces tenemos confianza en Dios; podemos apelar a El respecto a nuestra sinceridad; y podemos venir con confianza al trono de la gracia y hallar gracia en todo tiempo de necesidad," y, por lo tanto, dice el apóstol:

Vs. 22. *Y cualquiera cosa que pidiéremos, la recibiremos, porque guardamos ... etc.;* esta perfecta armonía con Dios y obediencia a sus mandamientos son la condición

23 Y éste es su mandamiento: Que creamos en el nombre de su Hijo Jesucristo, y nos amemos unos a otros como nos lo ha mandado.

24 Y el que guarda sus mandamientos, está en él y él en él. Y en esto sabemos que él permanece en nosotros, por el Espíritu que nos ha dado.

---

sine qua non de la oración eficaz. Las siguientes citas comprueban este hecho: 5:14; Mar. 11:24; Jn. 9:31; 15:7; 16:23, 24. Las palabras de este versículo nos proporcionan la explicación de las muchas "llamadas" oraciones no contestadas. Piden en vano aquello que no guardan sus mandamientos ni practican lo agradable a Dios.

Vs. 23. *Y éste es su mandamiento;* no se contenta el apóstol con meras generalidades; quiere dejar a sus lectores sin excusa alguna; por lo tanto, especifica *que creamos en el nombre de su Hijo.* "Esta es la obra de Dios, que creáis en Aquel que él ha enviado" (Jn. 6:29). *Y nos amemos unos a otros;* repetidas veces, Juan llama la atención a este mandamiento de Jesús. No deja de hacer mención de la fe (5:4) y la esperanza (3:3), pero para él, como para Pablo, "la mayor de ellas es la caridad," es decir, el amor (1 Cor. 13:13).

Vs. 24. *Y el que guarda sus mandamientos, está en él... etc.;* mejor... *permanece en Dios y Dios en él.* (Versión Hispano-Americana). Es cierto que el original tiene... *en él y él en él,* pero esto es ambiguo en castellano y por esto se emplea la palabra *Dios* dos veces en vez de *él,* donde es claro que el pronombre se refiere a Cristo o a Dios. El apóstol se acordaría de las palabras de Jesús en Jn. 17:21-23, donde El presenta la íntima unión que existe entre los suyos, el Hijo y el Padre. *Y en esto sabemos que él permanece en nosotros;* es dudoso si la palabra *esto* se refiere a lo que procede o a lo que sigue—probablemente a lo último, a saber, a las palabras: *Por el Espíritu que nos ha dado.* En este caso el pensamiento del escritor es que el Espíritu Santo en nuestro corazón nos da testimonio al hecho de que Dios está

CAPITULO IV

4 Amados, no creáis a todo espíritu, sino probad los espíritus si son de Dios; porque muchos falsos profetas son salidos en el mundo.

IV. La Importancia y la Manera de Discernir Entre los Falsos y los Verdaderos Maestros—Vrs. 1-6.

En esta sección de la epístola el autor vuelve a tocar el asunto discutido brevemente en 2:18-25, empeñándose en que los fieles no sean engañados por los "falsos profetas," los cuales habiendo salido de la iglesia apostólica (2:19), ahora se dirigen con sus enseñanzas al mundo que les presta oídos ("y el mundo les oye"). Antes de salir de la iglesia, ellos se habían esforzado por dominarla, pero los fieles habían frustrado sus esfuerzos ("los habéis vencido"). La confesión de Jesucristo como verdadero hombre y verdadero Dios—confesión que los gnósticos del primer siglo no admitían—era el distintivo por excelencia de los fieles, y servía para distinguirlos del espíritu de error que animaba a los falsos maestros.

Vs. 1. *No creáis a todo espíritu;* es decir, a todo aquel que profesaba enseñar por inspiración divina. *Sino probad los espíritus si son de Dios;* más adelante el apóstol da dos normas con que probar los espíritus: su actitud hacia la naturaleza de Jesús (2-3) y hacia las enseñanzas apostólicas (6). Compárense las palabras de Pablo respecto del mismo asunto ("discreción de espíritus;") "...los profetas hablen dos o tres, y los demás juzguen;" "Si alguno a su parecer es profeta... reconozca lo que os escribo," etc. (I Cor. 12:10; 14:29, 37). *Porque muchos falsos profetas son salidos en el mundo;* el gran número de éstos aumenta el peligro para los fieles. Es

2 En esto conoced el Espíritu de Dios: todo espíritu que confiesa que Jesucristo es venido en carne es de Dios:
3 Y todo espíritu que no confiesa que Jesucristo es venido en carne, no es de Dios: y éste es el espíritu del anticristo, del cual vosotros habéis oído que ha de venir, y que ahora ya está en el mundo.

---

fácil que el autor aluda a los que habían salido de la iglesia (2:19).

Vrs. 2, 3. *En esto conoced el Espíritu de Dios;* sólo aquel que llene el requisito que sigue ha de ser reconocido como inspirado por Dios y, por tanto, autorizado para enseñar a la asamblea. *Todo espíritu que confiesa que Jesucristo es venido en carne... etc.;* esto precisamente es lo que negaban los falsos maestros de referencias, como vemos desde las primeras palabras de la epístola (1:1). Tenemos la clara afirmación de la encarnación, doctrina fundamental de los fieles del primer siglo, en Jn. 1:14—"Y aquel Verbo fue hecho carne y habitó entre nosotros, etc." Con esto concuerda el dicho de Pablo: "Dios ha sido manifestado en carne" (1 Tim. 3:16). Acentúa nuestro autor que esta manifestación en la carne fue cosa verdadera, y no una mera ilusión óptica, como pretendían los falsos profetas. Esta norma podía fácilmente aplicarse a todos los maestros.

Vs. 3. *Y todo espíritu que no confiesa que Jesucristo ...etc.;* los documentos orginales de esta frase difieren un tanto entre sí, y el mejor de ellos tiene ...*que no confiesa a Jesús;* aunque no hay diferencia en el pensamiento. El espíritu que niega la encarnación, no ha de ser reconocido como de Dios. Así es que positiva y negativamente el apóstol acentúa la prominencia de la doctrina de la encarnación en el sistema del Cristianismo: el negarla es ponerse desde luego fuera de la esfera de los profetas verdaderos de Dios. *Y éste es el espíritu del anticristo... etc.;* volviendo otra vez a lo dicho en 2:18 respecto a los *anticristos,* quienes ya se multiplican en el mundo. Vemos, pues, que para fines

4 Hijitos, vosotros sois de Dios, y los habéis vencido; porque el que en vosotros está, es mayor que el que está en el mundo.

5 Ellos son del mundo; por eso hablan del mundo, y el mundo los oye.

6 Nosotros somos de Dios: el que conoce a Dios, nos oye, el que no es de Dios, no nos oye. Por esto conocemos el espíritu de verdad y el espíritu de error.

---

del primer siglo, la herejía cundía en la iglesia primitiva, amenazando la paz y la tranquilidad de los fieles.

Vs. 4. *Vosotros sois de Dios;* no vacila el escritor en clasificar a sus lectores entre los que confiesan que Jesús "es venido en carne"—prueba inequívoca de que son *de Dios. Y los habéis vencido;* es decir, habían vencido a los herejes, no permitiendo que se enseñorearan de la iglesia. Luego explica la causa de su triunfo: *Porque el que está en vosotros es mayor que el... etc.;* Juan mide la potencia de Dios con la del diablo—"el príncipe de este mundo"—afirmando la superioridad de aquélla, por medio de la cual los suyos habían *vencido.* (Véanse Rom. 8:31; 1 Cor. 2:12; Efes. 2:2; 6:12, 13).

Vrs. 5, 6. Estos versículos presentan un contraste notable entre *ellos,* los falsos maestros, y *nosotros,* los fieles. El apóstol trata de distinguir con toda claridad entre estos dos grupos. Del primero, afirma que *son del mundo;* y esto explica el hecho de que *hablan del mundo,* y de que *el mundo los oye.* Identificados con el mundo, y ajenos a toda influencia espiritual, es lo más lógico que su habla sea mundanal, y que el mundo les preste oídos. No así el otro grupo: *Nosotros somos de Dios;* y por lo tanto, nuestras enseñanzas versan sobre las cosas de Dios, cosas que interesan a los que participan del espíritu de Dios. Por esto es que *el que conoce a Dios nos oye;* y al contrario, *el que no es de Dios, no nos oye.* Los mundanos no se interesan en las cosas divinas. Como dice el comentador en *The Century Bible:* "Había oposición abierta entre "ellos," los falsos maestros, y "nosotros," los verdaderos discípulos de los apóstoles; y el

7 Carísimos, amémonos unos a otros, porque el amor es
de Dios. Cualquiera que ama, es nacido de Dios, y conoce a Dios.

---

verdadero creyente es conocido por su comunión con
"nosotros." Compárense Jn. 8:47; 10:27; 2 Cor. 10:7. *Por
esto conocemos el espíritu de verdad y el espíritu de
error;* La palabra *esto* se refiere a lo dicho en estos mismos versículos. El apóstol deja bien delineadas las mar-
cas distintivas de los dos grupos.

V. *Dios es Amor, y para Tener Comunión con él, hay que Andar en Amor—4:7-21.*

Nuestro autor es el apóstol "a quien Jesús amaba;" y
nuestro epístola es por excelencia el escrito del amor de
toda la Biblia. En 2:7-11 introduce este tema; en 3:11-18
vuelve a tocar su tesis predilecta; y aquí en esta sección
nos presenta una discusión del amor del todo compara-
ble con la del apóstol Pablo en 1 Cor. 13.

1. *El amor, el distintivo de los hijos de Dios*—Vrs. 7-10.

Vs. 7. *Carísimos;* La misma palabra traducida "amados" en versículos 1 y 11, y debe tener la misma traducción aquí. *Amémonos unos a otros;* esto es el "mandamiento antiguo," y, a la vez, "el mandamiento nuevo," de
2:7, 8. Este mandato del Maestro dado a sus apóstoles
en aquella "última noche," resonaba todavía en la memoria del apóstol después de unos sesenta años. *Porque el amor es de Dios;* base sólida, inmejorable, para
la exhortación que acaba de darse e introducción admirable a las dos afirmaciones que siguen: *Cualquiera que
ama es nacido de Dios, y conoce a Dios.* Todo aquel que
manifiesta en su vida la práctica constante del principio
de amor, principio que tiene su origen en Dios, demuestra a las claras que mantiene para con Dios una relación que sólo puede resultar de un nacimiento espiritual; y esto asegura pleno conocimiento de Dios. Tan
altamente estima el apóstol el divino principio del amor.

8 El que no ama, no conoce a Dios, porque Dios es amor.

9 En esto se mostró el amor de Dios para con nosotros, en que Dios envió a su Hijo unigénito al mundo, para que vivamos por él.

10 En esto consiste el amor: no que nosotros hayamos amado a Dios, sino que él nos amó a nosotros, y ha enviado a su Hijo en propiciación por nuestros pecados.

Vs. 8. *El que no ama, no conoce a Dios;* la negativa de lo dicho en el versículo 7, pero el autor quiere, por vía de énfasis, dar expresión a los dos lados de la cuestión, y corrobora su negación con el sublime aserto en cuanto al carácter de Dios: *Porque Dios es amor.* No es una extravagancia decir que el autor nos da aquí la más sublime verdad de la revelación, porque de ella resultan todos los beneficios resultados del evangelio. No sólo es de Dios el amor, como se ha dicho en el versículo 7, sino que el carácter de Dios se puede resumir en una sola palabra: *Amor.* Y no contento con decirlo una sola vez, lo repite en el versículo 16.

Vs. 9. *En esto se mostró... en que Dios envió a su Hijo unigénito... etc.;* repetición del pensamiento de Jn. 3:16. El amor, que forma, por decirlo así, el mismo carácter de Dios, no es inerte; es activo, busca maneras de mostrarse; y su más gloriosa manifestación fue enviar a su *Hijo unigénito al mundo* en favor del hombre. Es de notarse que sólo Juan, de los escritores del Nuevo Testamento, aplica el término *unigénito* a Cristo, y él lo hace cinco veces aquí y en Jn. 1:14, 18; 3:16, 18. Otros escritores le aplican el adjetivo *primogénito* (Véanse Rom. 8:29; Heb. 1:6; Apoc. 1:5). *Para que vivamos por él;* su misión fue la de dar vida—vida espiritual. Juan ha dicho (3:14): "El que no ama a su hermano, está en muerte;" y de esta muerte Cristo vino a sacarnos. Véase 5:11.

Vs. 10. *En esto consiste el amor;* es decir, la más maravillosa manifestación de amor. *No que nosotros hayamos amado a Dios;* no hay maravilla ninguna en esto.

11 Amados, si Dios así nos ha amado, debemos también nosotros amarnos unos a otros.
12 Ninguno vio jamás a Dios. Si nos amamos unos a otros, Dios está en nosotros, y su amor es perfecto en nosotros.

---

pues es la cosa más natural. Habiéndonos amado Dios primero a nosotros (versículo 19), ¿qué cosa más lógica que nosotros hayamos correspondido a este amor? *Sino que él nos amó a nosotros;* esto sí es el milagro del amor, la sublime maravilla del Evangelio—el que Dios nos haya amado, a pesar de nuestra absoluta carencia de título a su amor. *Y ha enviado a su Hijo en propiciación... etc.;* por segunda vez el apóstol emplea aquí esta palabra—*propiciación.* Véanse las notas sobre 2:2, donde se encuentra el primer uso del término.

2. *Tres indicios de nuestra unión con Dios*—Vrs. 11-16.

Vs. 11. *Si Dios así nos ha amado, debemos también... etc.;* el inmenso amor que impulsó a Dios a enviar a su Hijo como sacrificio por nuestros pecados, debería servirnos de inspiración para el cultivo del amor hermanable. En el versículo 20 tilda de mentiroso a aquel que pretende amar a Dios, si al mismo tiempo no ama a su hermano. (Véase Jn. 13:34).

Vs. 12. *Ninguno vio jamás a Dios;* casi las mismas palabras que tenemos en Jn. 1:18. Véase también 1 Tim 6: 16. Comparando estas palabras con la pregunta del versículo 20, parece que el pensamiento del autor es que si nos amamos unos a otros, tendremos ante nuestra vista una manifestación de amor bien digna de ser comparada con aquel amor con que Dios nos ha amado. *Si nos amamos unos a otros;* nótense los dos favorables resultados del cumplimiento de esta condición: *Dios está (permanece) en nosotros,* y además: *Su amor es perfecto en nosotros;* mejor,.... *se ha perfeccionado, etc.* (Versión Hispano-Americana). Con respecto al primero: siendo Dios puro amor, es de esperarse que donde reina el

13 En esto conocemos que estamos en él, y él en nosotros, en que nos ha dado de su Espíritu.

14 Y nosotros hemos visto y testificamos que el Padre ha enviado al Hijo para ser Salvador del mundo.

15 Cualquiera que confesare que Jesús es el Hijo de Dios, Dios está en él y él en Dios.

---

amor hermanable, allí ha de permanecer el Dios de amor; luego, la presencia del amor hermanable comprueba la presencia de Dios. El segundo resultado mencionado arriba parece indicar que el amor entre hermanos es la mejor representación del amor divino que jamás ha visto el mundo, reflejando éstos más y más la imagen del Dios invisible.

Vs. 13. *En esto conocemos que estamos en él, y él en nosotros;* estas dos frases: *Estamos en él, y él en nosotros,* representan la más íntima comunión entre Dios y los suyos; y, como se ha dicho en "Observaciones Preliminares," uno de los fines especiales de la carta es el de establecer y conservar esta comunión. *En que nos ha dado de su espíritu;* en 3:24 tenemos esta misma expresión. La presencia del Espíritu Santo en el corazón del creyente es prueba inequívoca de la íntima comunión entre él y Dios. (Véase Rom. 8:16).

Vs. 14. *Y nosotros hemos visto y testificamos, etc.;* la referencia es probablemente a lo que el autor ha *testificado* en sus escritos; por ejemplo, 1:1, 2; Jn. 1:14; 3:16, etc. *Que el Padre ha enviado al Hijo para ser Salvador del mundo;* esto es la suma y sustancia de todos los escritos de Juan. (Véanse Jn. 4:42; 20:31; 21:24).

Vs. 15. *Cualquiera que confesare que Jesús es el Hijo de Dios;* cosa que negaban rotundamente los falsos maestros y que Juan está combatiendo en toda la carta; y cosa también que envuelve la deidad de Jesús. "Dios, a quien nadie ha visto, tiene que ser conocido mediante la encarnación; y los que no reconocen a Dios en Jesús, no pueden conocerlo."—Prof. W. H. Bennett, en *The Century*

16 Y nosotros hemos conocido y creído el amor que Dios tiene para con nosotros. Dios es amor; y el que vive en amor, vive en Dios, y Dios en él.

17 En esto es perfecto el amor con nosotros, para que tengamos confianza en el día del juicio; pues como él es, así somos nosotros en este mundo.

Bible. (Véanse 2:22, 23; 4:2; 5:1). *Dios está en él, etc.;* (Véase la nota sobre el versículo 13).

Vs. 16. *Nosotros hemos conocido y creído el amor...* *etc.;* otra vez el autor, asociándose con sus lectores, da solidariamente su testimonio personal a un hecho fundamental del cristianismo. La apelación a la experiencia cristiana es incontestable. *Dios es amor;* repetición de la verdad trascendental de la revelación (versículo 8) y digna de ser repetida en cada página de las Sagradas Escrituras. *El que vive en amor;* el que permanece en el ambiente perenne del amor, practicándolo él mismo e inspirándoselo a los demás. *Vive en Dios... etc.;* tercera repetición, en casi las mismas palabras, del pensamiento de la íntima comunión con Dios (Véanse versículos 13, 15, 16). ¡Tan solícito es el apóstol para fomentar esta comunión entre sus lectores!

3. *Otro motivo por qué cultivar el amor: El amor echa fuera el temor*—Vrs. 17-21.

Vs. 17. *En esto es perfecto el amor con nosotros;* mejor, *En esto se ha perfeccionado el amor en nosotros.* La palabra *esto* se refiere a lo que se ha dicho en el versículo 16. Esta íntima relación entre el Dios, que es todo amor, y los suyos, que viven en el ambiente del amor, sirve para perfeccionar en nosotros el divino sentimiento del amor. Y todo esto tiene miras hacia el futuro: *Para que tengamos confianza en el día del juicio;* el hijo de Dios, que se ha perfeccionado en el amor para con Dios y para con sus hermanos, habiendo cumplido así con los dos grandes mandamientos, no tendrá de qué avergonzarse al estar ante el Juez Supremo en el día del juicio; libertad, confianza, será su afortunada suer-

18 En amor no hay temor; mas el perfecto amor echa fuera el temor: porque el temor tiene pena. De donde el que teme, no está perfecto en el amor.

19 Nosotros le amamos a él, porque él nos amó primero.

20 Si alguno dice, Yo amo a Dios, y aborrece a su hermano, es mentiroso. Porque el que no ama a su herma-

---

te. (Véase 2:28). *Pues como él es, así somos nosotros en este mundo;* nuestra identificación con Cristo en experiencias humanas—aborrecidos por el mundo, la misma actitud hacia el pecado, etc.,—todo esto vendrá a nuestra ayuda al encontrarnos ante su tribunal. Para el cristiano es mucho poder decir: "En este mundo estoy por completo identificado con Cristo."

Vs. 18. *En amor no hay temor;* las dos cosas son incompatibles; tal es así, que entrado el amor, se retira el temor: *El perfecto amor echa fuera el temor;* quedando así dueño del corazón. *Porque el temor tiene pena;* es decir, envuelve, trae consigo, la idea de pena. *De donde el que teme, no está perfecto en el amor;* mejor... *no se ha perfeccionado en el amor* (Versión Hispano-Americana). Como se ha indicado en los versículos 16, 17, el perfeccionamiento del amor se efectúa sólo viviendo en comunión íntima con Dios, la fuente de todo amor. El que cumple con este requisito, llegará a perfeccionarse en el amor, y desde luego desaparecerá todo vestigio de temor; tal parece ser el pensamiento del autor.

Vs. 19. *Nosotros le amamos a él;* los mejores manuscritos tienen sólo las palabras: *Nosotros amamos.* En este caso el autor trata de darnos la fuente de todo amor, es decir, el amor de Dios y el amor hacia el hombre: *Porque él nos amó primero;* el amor nació en el corazón de Dios, y el hombre en su estado perdido cayó bajo los rayos de este amor. He aquí la sublime maravilla del amor sugerida en el versículo 10.

Vs. 20. *Si alguno dice: Yo amo a Dios... etc.;* con la misma franqueza que le caracteriza en toda la carta, el

no al cual ha visto, ¿cómo puede amar a Dios a quien
no ha visto?

21 Y nosotros tenemos este mandamiento de él: Que
el que ama a Dios, ame también a su hermano.

---

autor califica de *mentiroso* a aquel que pretende amar
a Dios sin amar a su hermano (Véase 2:4). Luego deja
confuso al autor de tal pretensión con las palabras: *El
que no ama a su hermano ... ¿Cómo puede amar a
Dios ... etc?* Dios es invisible (versículo 12), pertenece
Él a la esfera del espíritu, esfera intangible, por decirlo
así, para el hombre; mientras *su hermano,* con quien
tiene relaciones sociales, religiosas, etc., y quien (es de
suponerse) refleja las virtudes del Maestro ("Como él es,
así somos nosotros en este mundo"), no es el recipiente
de su amor. El apóstol deja al lector la contestación
de esta pregunta, con la cual se justifica al usar el término *mentiroso.*

Vs. 21. *Y tenemos este mandamiento de él;* además de
la psicológica imposibilidad de amar a Dios y de aborrecer a nuestro hermano al mismo tiempo, como se
ha demostrado en el versículo 20, el autor añade el mandamiento del Maestro respecto al amor hermanable, mandamiento que ha resonado en su memoria a través de
los años. Este recuerdo debe poner fin a toda vacilación
en cuanto a este deber imprescindible.

CAPITULO V

5 Todo aquel que cree que Jesús es el Cristo, es nacido de Dios: y cualquiera que ama al que ha engendrado, ama también al que es nacido de él.

VI. *Los Frutos de Fe*—Vrs. 1-21.

En los capítulos anteriores el apóstol ha presentado desde distintos puntos de vista el asunto del amor; y en este capítulo, aunque no abandona por completo este tema, pasa a acentuar más la fe, señalando algunos de sus frutos y algo acerca de la relación entre el amor y la fe—Por la fe aceptamos a Jesús como el Cristo, llegando así a ser hijos de Dios, y a amar a los demás hijos (1); por la fe vencemos el mundo (4, 5); por la fe aceptamos el triple testimonio de Dios acerca de su Hijo (6-10); por la fe nos acercamos a Dios en oración (14, 15); por la fe llegamos a la seguridad de nuestra salvación (19, 20).

1. *El parentesco entre la fe, el amor y la obediencia* —Vrs. 1-5.

Vs. 1. *Todo aquel que cree que Jesús es el Cristo ... etc.;* repetición de lo dicho en 4:2. Compárese 4:7. *Cualquiera que ama al que ha engendrado*; es decir, a Dios que ha engendrado al Hijo y a todos sus hijos. *Ama también al que es nacido de él;* esto abarca a todo hijo de Dios. Esta afirmación presupone que el amor al padre de familia se extenderá lógicamente a la siguiente generación y no parece irracional tal suposición, dado el caso de que la naturaleza del hijo ha de corresponder en lo general con la del padre.

2 En esto conocemos que amamos a los hijos de Dios, cuando amamos a Dios, y guardamos sus mandamientos.
3 Porque este es el amor de Dios, que guardemos sus mandamientos, y sus mandamientos no son penosos.
4 Porque todo aquello que es nacido de Dios vence al mundo: y esta es la victoria que vence al mundo, nuestra fe.

Vs. 2. *En esto conocemos que amamos... etc.;* si *amamos a Dios y guardamos sus mandamientos,* por dos motivos podemos *conocer* que amamos a nuestros hermanos: primero, porque, en el concepto de Juan, el amar a Dios lleva consigo el amar a los hijos de Dios (versículo 1); segundo, la observancia de los mandamientos abarca naturalmente el mandamiento de amar a nuestro hermano (4:21).

Vs. 3. *Porque este es el amor de Dios, que guardemos... etc.;* esta afirmación sirve de explicación al versículo 2, donde se ha hablado de amar a Dios y de guardar sus mandamientos son actos tan íntimamente relacionados, siendo uno la expresión del otro, que en el habla se pueden emplear recíprocamente. (Véase Jn. 14:15). *Y sus mandamientos no son penosos;* luego, la tarea de guardarlos no implica cosa irracional ni gravosa. Vienen al caso aquí las palabras de Cristo: "Mi yugo es fácil, y ligera mi carga" (Mat. 11:30).

Vs. 4. *Porque todo aquello que es nacido de Dios vence al mundo;* esto se dice en prueba de la afirmación al fin del versículo 3: Los mandamientos, al hombre no nacido de Dios, pueden parecer penosos; pero el caso es que todo lo nacido de Dios—nótese la palabra *todo*— alcanza la victoria sobre las fuerzas contrarias del mundo. Claro es, pues, que el nacido de Dios tiene algún socorro que el mundo ignora; y el secreto se ha revelado ya en 4:4—"El que en vosotros está, es mayor que el que está en el mundo." Compárense las palabras de Pablo: "En Cristo todo lo puedo" (Fil. 4:13). *Y esta es la victoria ...nuestra fe;* la fe, operando en el corazón del hombre,

5 ¿Quién es el que vence al mundo, sino el que cree que Jesús es el Hijo de Dios?
6 Este es Jesucristo, que vino por agua y sangre: no por agua solamente sino por agua y sangre. Y el Espíritu es el que da testimonio: porque el Espíritu es la verdad.

---

le da valor frente a las dificultades de la vida y, por fin, la victoria sobre todo enemigo. En relación con esto, léase el capítulo 11 de Hebreos.

Vs. 5. *¿Quién es el que vence al mundo, sino el que cree ... ?*; habiendo presentado la fe en el versículo 4 como instrumento de la victoria, el autor aquí señala el objeto, el ser, en el que la fe tiene que concentrarse: en *Jesús* como el *Hijo de Dios*, volviendo así al pensamiento de 4:15 y 5:1. Sólo en Jesús, verdadero hombre y verdadero Dios, podremos salir triunfantes en la lucha de la vida. "Mas a Dios gracias, que nos da la victoria por el Señor nuestro Jesucristo" (I Cor. 15:57).

2. *El múltiple testimonio a Jesús como Hijo de Dios y Salvador del mundo—Vrs. 6-12.*

Al acercarse al fin de su carta, el apóstol se empeña en poner fuera de toda duda la verdadera naturaleza de Jesús, y así en dar el golpe de muerte al error básico de los falsos maestros, algunos de los cuales creían que El llegó a ser el Cristo en el bautismo, y dejó de serlo antes de su crucifixión.

Vs. 6. *Este es Jesucristo que vino por agua y sangre;* las palabras *agua* y *sangre* se refieren al bautismo y a la crucifixión de Jesús, más bien que a la "sangre y agua" que salieron de su cuerpo cuando un soldado le hirió el costado con una lanza, en la cruz (Jn. 19:34). *No por agua solamente, sino por agua y sangre;* la insistencia en la sangre es para acentuar el hecho de que Jesús murió siendo el Mesías: que no dejó de ser el Mesías antes de morir, como afirmaban los falsos maestros. La sangre o la muerte en la cruz fue parte esencial de la misión

7 Porque tres son los que dan testimonio en el cielo, el Padre, el Verbo, y el Espíritu Santo: y estos tres son uno.

8 Y tres son los que dan testimonio en la tierra, el Espíritu, y el agua, y la sangre: y estos tres concuerdan en uno.

---

del Mesías; y el hecho de que Jesús derramó su sangre, comprobaba que El fue el Mesías.

Vs. 7. Los mejores documentos originales omiten lo que consta como el séptimo versículo en nuestra versión. De los 113 manuscritos hechos antes de la invención de la imprenta, sólo uno lo tiene (Clarke); de modo que la gran mayoría de la evidencia está en contra de su autenticidad. Por lo tanto, el versículo 7 se omite en las mejores versiones castellanas, y la última mitad del versículo 6 ocupa el lugar del versículo 7.

Y el Espíritu es el que da testimonio; al testimonio del agua y de la sangre, el autor añade el del Espíritu, quien, en el bautismo y en otras ocasiones, dio testimonio de Jesús como el Hijo de Dios. El Espíritu es la verdad; así lo dijo Jesús en Juan 15:26—"Empero cuando viniere el Consolador... el Espíritu de verdad... él dará testimonio de mí." Así es que este testimonio del Espíritu fue predicho por Jesús, juntamente con la afirmación de que el Espíritu es la pura verdad.

Vs. 8. Y tres son los que dan testimonio en la tierra; no constan las palabras en la tierra en los mejores documentos; ni se necesitan para completar el sentido; pues, como alguno ha dicho, no hay necesidad de testimonio en el cielo. Este triple testimonio del Espíritu, del agua y de la sangre basta para establecer el título de Jesús como Hijo de Dios, pues el número de testigos llenó el requisito de la ley de Moisés sobre cuestiones legales (Deut. 18:6; Mat. 18:16). Y estos tres concuerdan en uno; hay perfecta armonía en el testimonio que dan los tres: todos tienden a confirmar la validez de las pretensiones de Jesús.

9 Si recibimos el testimonio de los hombres, el testimonio de Dios es mayor; porque éste es el testimonio de Dios, que ha testificado de su Hijo.

10 El que cree en el Hijo de Dios, tiene el testimonio en sí mismo: el que no cree a Dios, le ha hecho mentiroso; porque no ha creído en el testimonio que Dios ha testificado de su Hijo.

Vs. 9. *Si recibimos el testimonio de los hombres;* como lo hacía la ley de Moisés: "Y en vuestra ley está escrito que el testimonio de dos hombres es verdadera" (Jn. 8:17). *El testimonio de Dios es mayor;* el apóstol se adhiere al argumento de Jesús mismo en Jn. 5:31-37, en su controversia con los judíos, después de haber sanado al paralítico de Betesda. *Porque este es el testimonió de Dios, que ha testificado ... etc.;* es algo obscuro el sentido de estas palabras. La traducción de la Versión Hispano-Americana aclara algún tanto el pensamiento: *Pues es el testimonio de Dios, que él testificó acerca de su Hijo,* donde la palabra "que" no es pronombre relativo, sino conjunción. "El sentido general es: El testimonio de Dios, la suma y sustancia de revelación, es un testimonio a Cristo y a su Evangelio."—*The Century Bible.*

Vs. 10. *El que cree en el Hijo de Dios, tiene el testimonio .... etc.;* el creyente no tiene que ir lejos para buscar este testimonio que el Padre ha dado acerca de su Hijo; pues lo tiene en su propio corazón. Otra vez el autor apela a la experiencia personal. Dos veces en el Apocalipsis se refiere a este "testimonio de Jesucristo" (Apoc. 12:17; 19:10). El Espíritu Santo en el corazón del creyente proporciona este testimonio. (Véase Rom. 8:16). *El que no cree a Dios, le ha hecho mentiroso;* el incrédulo no sólo no tiene este testimonio; lo que es mil veces peor, él da un mentís a Dios. Véase la nota sobre 1:10. *Porque no ha creído en el testimonio ... etc.;* el no creer el testimonio es negar la verdad del testimonio, y esto es hacer mentiroso a Dios.

11 Y este es el testimonio: Que Dios nos ha dado vida eterna; y esta vida está en su Hijo.

12 El que tiene al Hijo, tiene la vida: el que no tiene al Hijo de Dios, no tiene la vida.

13 Estas cosas he escrito a vosotros que creéis en el nombre del Hijo de Dios, para que sepáis que tenéis vida eterna, y para que creáis en el nombre del Hijo de Dios.

Vs. 11. *Y este es el testimonio;* el apóstol no quiere dejar a sus lectores en duda acerca del *testimonio de* referencia les señala concretamente dicho testimonio. *Que Dios nos ha dado vida eterna;*—en 2:25 el autor presenta la vida eterna como cumplimiento de la promesa de Dios; aquí la presenta como cosa actualmente poseída por los creyentes. Juan, más que ningún otro escritor del Nuevo Testamento, acentúa la idea de la vida. *Y esta vida está en su Hijo;* esta verdad se opone diametralmente a las enseñanzas de los falsos maestros, quienes asignaban a Jesús un puesto inferior en la escala de los seres creativos. Las dos afirmaciones de este versículo constituyen la esencia misma del Evangelio. "En él estaba la vida, y la vida era la luz de los hombres." "Yo soy el camino, y la verdad, y la vida," etc. (Jn. 1:4; 14:4); Véase también 2:9 de nuestra epístola. A estas verdades céntricas del Evangelio testifican el Espíritu, el agua y la sangre (versículo 8).

Vs. 12. *El que tiene al Hijo, tiene la vida;* esto se sigue lógicamente de la última aserción del versículo 11. *El que no tiene al Hijo ... etc.;* si el tener al Hijo constituye la vida, el no tenerlo constituye la carencia de la vida. Claro es, pues, que el tener o no tener al Hijo, es la cuestión trascendental del Evangelio. El versículo entero es el eco de Juan 3:36. Véanse también Jn. 6:40, 47.

3. *La confianza en la oración inspirada, por una firme convicción de que tenemos al Hijo de Dios*—Vrs. 13-17.

Vs. 13. Es defectuosa la traducción en nuestra versión de este versículo, siendo preferible la de la Versión

14 Y esta es la confianza que tenemos en él, que si demandáremos alguna cosa conforme a su voluntad, él nos oye.

15 Y si sabemos que él nos oye en cualquiera cosa que demandáremos, sabemos que tenemos las peticiones que le hubiéremos demandado.

Hispano-Americana: *Estas cosas os he escrito a vosotros que creéis en el nombre del Hijo de Dios para que sepáis que tenéis vida eterna.* *Estas cosas;* puede referirse a lo que procede en los versículos anteriores de este mismo capítulo, o al contenido entero de la carta. *A vosotros que creéis en el nombre del Hijo de Dios;* en contraste con los falsos maestros que no creían en El. Desde el versículo 5 el apóstol ha venido exaltando a Jesús como el Hijo de Dios y la fuente de la vida; y aquí les explica a sus lectores el porqué de tanto énfasis: *Para que sepáis que tenéis vida eterna.* Con estas palabras el autor relaciona el propósito especial de la carta con el de su Evangelio (Véase Jn. 20:31). Nótese la diferencia: el Evangelio fue escrito (mayormente) para los que no habían creído, con el fin de que creyesen en Jesucristo, y así, alcanzasen la vida eterna, la epístola fue escrita a los creyentes en Cristo, con el fin de confirmarlos en la fe.

Vs. 14. *Y esta es la confianza que tenemos en él;* aquí por tercera vez en la carta Juan menciona la *confianza* que corresponde al que está en Cristo. (Véanse 3:21; 4:17). *Si demandáremos (pedimos) alguna cosa conforme a su voluntad;* la *confianza* en este caso tiene que ver con la oración. Juan nos asegura que podemos hacer lo que el autor de las Epístolas a los Hebreos recomienda que hagamos (Heb. 4:16; 10:22). Nótese la condición propuesta —*conforme a su voluntad.* Pablo nos da luz sobre la manera de saber si una cosa es o no conforme a la voluntad de Dios (Rom. 8:26, 27. Véase también Sant. 4:3). *El nos oye;* compárense las palabras de Jesús sobre la oración (Jn. 14:13, 14; 15:7).

Vs. 15. *Y si sabemos que él nos oye ... sabemos que*

16 Si alguno viere cometer a su hermano pecado no de muerte, demandará y se le dará vida; digo a los que pecan no de muerte. Hay pecado de muerte, por el cual yo no digo que ruegue.

---

tenemos ... etc.; el conseguir el oído de Dios asegura la contestación de nuestras peticiones. Tal confianza es la que corresponde al fiel siervo de Dios.

Vs. 16. Es bien obscuro el sentido de este versículo, sobre el cual mucho se ha escrito, sin poder disipar la obscuridad. La duda tiene que ver con el significado de las palabras *pecado no de muerte* y *pecado de muerte.* Unos opinan que la referencia es al pecado contra el Espíritu Santo (Mat. 12:31-32); pero no parece muy probable esta interpretación. Otros entienden que el autor se refiere a pecados contra la ley civil; en este caso el *pecado de muerte* sería aquella violación de la ley civil que merecía la pena de muerte, según los estatutos civiles, sin que el magistrado tuviese autoridad para modificar la pena; mientras en otros casos menos serios, dicho magistrado tenía, en ciertos casos, facultad de aplicar otra clase de castigo. En aquel caso, sería en vano orar por el sentenciado; en este caso la oración valdría mucho. Algo se pudiera decir en favor y también en contra de esta interpretación.

Otros todavía opinan que la referencia es a algunas distinciones a la ley judaica, como, por ejemplo, la idolatría, la violación del Sábado, la blasfemia, el incesto, etc., pecados castigados por la muerte. El *pecado no de muerte* sería pecado menos grave, como el de ignorancia, descuido, etc. La interpretación, que parece estar más de acuerdo con el tenor general de la carta, es que el apóstol se refiere al pecado de la apostasía, el completo y voluntario abandono del evangelio y la aceptación de las herejías de los falsos maestros. Compárense 2:18, 19; 4:1-6; II Juan 10, 11. En Heb. 6:4-6 tenemos la afirmación dogmática de que la apostasía no tiene perdón, toda vez que el apóstata está "crucificando de nue-

17 Toda maldad es pecado; mas hay pecado no de muerte.

18 Sabemos que cualquiera que es nacido de Dios, no peca; mas el que es engendrado de Dios, se guarda a sí mismo, y el maligno no le toca.

19 Sabemos que somos de Dios, y todo el mundo está puesto en maldad.

---

vo al Hijo de Dios, y le expone a vituperio." Si este es el pensamiento de nuestro autor, claro es que este versículo no da base para la clasificación de pecados mortales y pecados veniales, que hacen los teólogos de Roma.

Vs. 17. *Toda maldad es pecado;* mejor, *toda injusticia ...etc.* Compárense 3:4. *Mas hay pecado no de muerte;* insiste el autor en que hay distintos grados de pecado, como lo ha indicado en el versículo 16; no todos conducen a la muerte espiritual, o sea, al abandono voluntario del camino de la salvación.

4. *Resumen del terreno asegurado que ocupa el creyente—Vrs. 18-21.*

Es de notarse el aire de finalidad, de certidumbre, indicado por la tres veces repetida palabra "sabemos," en los versículos 18, 19, 20. Los gnósticos pretendían saberlo todo; el apóstol insiste en que los apóstoles y los demás cristianos también *saben algo;* que los falsos maestros no monopolizan el mundo del *saber.*

Vs. 18. *Sabemos que cualquiera... no peca;* no vive en el pecado, como en 3:9. Véase nota. *Mas el que es engendrado de Dios se guarda;* consciente de su peligro, está siempre alerta. *Y el maligno no le toca;* el diablo, su gran enemigo, no encuentra ni dónde ni cuándo, atacarlo. (Véase Efes. 4:27).

Vs. 19. *Sabemos que somos de Dios;* pertenecemos a El, por haber sido "comprados por precio" (I Cor. 6:20) y librados "de este presente siglo malo" (Gál. 1:4). *Y todo el mundo está puesto en maldad;* mejor, *el mundo entero yace en el maligno* (Versión Hispano-Americana). Fu-

20 Empero sabemos que el Hijo de Dios es venido, y nos ha dado entendimiento para conocer al que es verdadero; y estamos en el verdadero, en su Hijo Jesucristo. Este es el verdadero Dios, y la vida eterna.

21 Hijitos, guardaos de los ídolos. Amén.

---

nesto cuadro, por cierto: el mundo entero reposando contento bajo la influencia del diablo. Este versículo es un resumen de 4:4-6.

Vs. 20. *Empero sabemos que el Hijo de Dios es venido;* esta es la verdad tantas veces afirmada en la carta (2:22, 23; 3:8; 4:9, 15; 5:1-5), y cosa negada por los falsos maestros. *Y nos ha dado entendimiento para conocer al que es verdadero;* con la venida y las enseñanzas de Jesús los suyos han recibido una iluminación desconocida antes. Véase Jn. 17:3. La referencia parece ser a Jesús el Hijo, más bien que al Padre. Véanse Apoc. 3:7, 14; 19:11, para la aplicación del término, *el verdadero,* a Jesús. *Y estamos en el verdadero, en su Hijo, Jesucristo;* no sólo lo conocemos: estamos en El; de manera que no puede haber comunión más íntima que la que tenemos con El. *Este es el verdadero Dios;* afirmación categórica de la deidad de Jesús con la cual el apóstol aplasta a sus contrincantes, quienes negaban rotundamente que el Hijo de Dios hubiera venido en la carne. *Y la vida eterna;* siendo Jesús divino, *siendo Dios,* encierra en sí el supremo bien del hombre—la *vida eterna.* Más allá de esto, no se dirigen los anhelos del corazón humano.

Vs. 21. *Guardaos de los ídolos;* a primera vista no aparece la relación de esta admonición con lo que precede. Pero si Cristo es Dios, como acaba de decirse, El, y sólo El, debe ser objeto de la adoración. Dios es espíritu y debe ser adorado "en espíritu y en verdad" sin el uso de pinturas, esculturas, ni otras cosas por el estilo. Además, los lectores vivían en medio de gentes dadas a la idolatría—sus templos, sus ciudades, sus hogares estaban pletóricos de ídolos y, por lo tanto, nunca sería por demás una amonestación de *guardarse de los ídolos.*

SEGUNDA Y TERCERA
EPISTOLAS DE JUAN

OBSERVACIONES PRELIMINARES

Estas dos epístolas, las más breves del Nuevo Testamento, son tan similares que se pueden incluir en unas mismas observaciones.

I. Autor.

Una vez admitida la paternidad literaria de la Primera Epístola de Juan, no hay dificultad en determinar la de las otras dos, generalmente atribuídas a este apóstol. Tan marcada es la similaridad de pensamiento, de palabras, de construcciones gramaticales, etc., en las tres, que una ligera lectura basta para convencer a uno que todas son producto del mismo autor. Sin embargo de esto, la Iglesia Primitiva tardó mucho en aceptar las dos últimas como escritos del apóstol Juan, debido al hecho de que los primeros dos siglos produjeron una cosecha abundante de escritos apócrifos, lo cual hacía necesario tener sumo cuidado de parte de la Iglesia para distinguir entre lo verdadero y lo falso. Además, siendo nuestras dos epístolas de carácter privado, es probable que hayan tardado mucho en llegar al conocimiento del público, apareciendo en medio de un sinnúmero de escritos apócrifos.

Son anónimas las dos epístolas, como lo es también la primera, empezando ambas con las palabras—"El anciano," título que se refiere probablemente a la avanzada edad del autor, más bien que a su puesto oficial. Compárese la expresión de Pablo en Filemón 9.

Vivía en Efeso, en el tiempo del apóstol Juan, un tal "Juan el anciano," y en los primeros siglos muchos le atribuían estas dos epístolas pero más tarde, después de larga discusión, el consenso de opinión aceptó las

dos como producto del apóstol Juan, y desde entonces
han formado parte del canon del Nuevo Testamento.

II. Destino.

La segunda carta fue dirigida "a la señora elegida y
a sus hijos." ¿Sería esa "señora" una persona o una
iglesia personificada? Sobre esto ha habido diversidad
de opinión. Es cierto que la tercera carta fue dirigida
a una persona, y esto sugiere que lo mismo pasa con la
segunda; pero las instrucciones y admoniciones de ella
son más apropiadas para una iglesia que para un individuo. Este punto queda en duda, con la probabilidad
en favor de la interpretación figurada.

III. Ocasión y Propósito.

La segunda carta, como la primera, gira al rededor
del peligro inminente de los "muchos engañadores," "los
anticristos" que amenazaban la sana doctrina de los
creyentes. Estos son los mismos "falsos maestros" de
la primera carta, quienes "no confiesan que Jesucristo
ha venido en carne" (7). Señala el autor el peligro de
tener el más mínimo contacto con los tales (10, 11).

Gayo, a quien es dirigida la tercera carta, había ofrecido hospitalidad a ciertos hermanos (para él) desconocidos, y el autor le escribe encomiando su conducta
y recomendando esta clase de cooperación con los mensajeros de la verdad. Contrasta la conducta de dos
miembros de la iglesia de Gayo—Diótrefes y Demetrio
—respecto a su actitud hacia los mensajeros de la verdad.

IV. Tiempo y Lugar de su Composición.

Sobre estos puntos las cartas no proporcionan ningunos
datos. La probabilidad es que fueran escritas las dos en
Efeso, donde el apóstol pasó la mayor parte de su ministerio, y dentro del período de los años 90 a 95.

V. Análisis.

1. *La segunda.*

(1) La salutación, Vrs. 1-3.
(2) Recomendación de andar en amor, Vrs. 4-6.
(3) Amonestación en cuanto a los engañadores, Vrs. 7-11.
(4) Conclusión, Vrs. 12-13.

2. *La tercera.*

(1) La salutación, Vrs. 1-2.
(2) Encomio de la conducta de Gayo, Vrs. 3-8.
(3) Los dos casos de Diótrefes y Demetrio, Vrs. 9-12.
(4) Conclusión, Vrs. 13-15.

LA SEGUNDA EPISTOLA DEL APOSTOL JUAN

1 El anciano a la señora elegida y a sus hijos, a los cuales yo amo en verdad y no yo solo, sino también todos los que han conocido la verdad.

---

1. Introducción—Vrs. 1-3.

Vs. 1. *El anciano;* como se ha dicho en "Observaciones Preliminares," (Sección I), hay duda acerca del sentido de esta palabra aquí, como también en III Jn. vs. 1. Es más probable que se refiera a la *edad* que al *oficio* del escritor. El apóstol Juan tendría en aquel tiempo unos 90 o 95 años, de modo que con debida razón podría titularse "el anciano." Sin embargo, es muy posible que la referencia sea al puesto oficial del autor. Para una discusión de la identidad del autor, véanse "Observaciones Preliminares." *Señora elegida;* sobre esta expresión véanse también "Observaciones Preliminares" (Sección II), donde se da la preferencia a la interpretación figurada, o sea, una iglesia hermana, más bien que una persona. Las últimas palabras de este versículo parecen favorecer esta interpretación: "Y no yo solo, sino también todos los que... etc." Más probable es que una iglesia, y no una señora, haya gozado de la extensa fama y el afecto aquí mencionados. *Y a sus hijos;* si nuestra interpretación figurada es la correcta, los *hijos* serían los miembros de la iglesia. *A los cuales yo amo, etc.;* imposible es que Juan dicte aún una breve carta, sea a un individuo o sea a una iglesia, sin hacer resonar la nota fundamental de su alma: "el amor." (Véase III Jn. vs. 1). *Y no yo solo, sino también... etc.;* como se ha insinuado arriba, esto demuestra la extensa fama y el afecto de que gozaba el grupo al cual está dirigida la carta. Cuatro veces consta la palabra "verdad" en los tres versículos de esta

2 Por la verdad que está en nosotros, y será perpetuamente con nosotros:

3 Sea con vosotros gracia, misericordia, y paz de Dios Padre, y del Señor Jesucristo, Hijo del Padre, en verdad y en amor.

4 Mucho me he gozado, porque he hallado de tus hijos, que andan en verdad, como nosotros hemos recibido el mandamiento del Padre.

---

salutación. El autor está preparando el camino para su ataque a los "engañadores" (7), quienes, en oposición a la verdad, tratan de desviar los pies de los fieles. "La verdad es la fe cristiana como la iglesia apostólica la entendía, en oposición a los secuaces de los falsos maestros. Esta verdad es el lazo de unión entre el escritor y los que están en comunión con él, y aquellos a quienes él se dirige. Compárense I Jn. 4:6; III Jn. 1."—*The Century Bible.*

Vrs. 2, 3. *Por la verdad que está... y será perpetuamente... etc.;* tan importante es esta "verdad," que el apóstol, con la afirmación de que ella permanece ahora, y siempre permanecerá en nosotros, trata de hacerla la base de la bendición pronunciada en las palabras que siguen: *Sea con vosotros gracia, misericordia, y paz;* forma de bendición muy usada, con pequeñas variaciones, por los apóstoles (véanse I Ped. 1:2; I Tim. 1:2; Apoc. 1:4). Nótese la procedencia dual de estas cosas: *De Dios Padre, y del Señor Jesucristo.* Los mejores manuscritos omiten la palabra "Señor," teniendo sólo:... *y de Jesucristo, Hijo del Padre.* "El apóstol persiste en acentuar la concepción milagrosa de Cristo; cosa que negaban rotundamente los gnósticos—doctrina fundamental de nuestra salvación."—*Clarke. En verdad y amor;* feliz combinación de las dos gracias fundamentales de nuestra fe, combinación que asegura éxito en la vida del cristiano.

2. *Exhortación a andar en amor*—Vrs. 4-6.

Vs. 4. *Mucho me he gozado, porque he hallado... etc.;* gratas noticias acerca de la pureza en la fe, de parte de

5 Y ahora te ruego, señora, no como escribiéndote un nuevo mandamiento, sino aquel que nosotros hemos tenido desde el principio, que nos amemos unos a otros.
6 Y este es amor, que andemos según sus mandamientos. Este es el mandamiento: Que andéis en él, como vosotros habéis oído desde el principio.

---

los "hijos," habían llegado a los oídos del anciano apóstol, quien, en sus tres epístolas, aboga por tal pureza, contendiendo eficazmente en contra de los falsificadores de la verdad. No es de extrañarse el que tales noticias le hayan causado gran gozo. (Véase III Jn. 3, 4). *Como nosotros hemos recibido... etc.;* mejor, *conforme el mandamiento que recibimos del Padre* (Versión Hispano-Americana). "El mandamiento" de referencia parece ser el de amarse unos a otros, que fue dado por Cristo (I Jn. 3:23; 4:21; Jn. 13:34); de modo que fue recibido del Padre por conducto del Hijo.

Vs. 5. *Y ahora te ruego... que nos amemos unos a otros,* este versículo sirve de explicación de la palabra "mandamiento," que aparece en el versículo 4. No puede el apóstol deshacerse de este mandamiento fundamental del cristianismo, pues lo da primero en su Evangelio, y en sus tres epístolas ensalza el amor como la suprema virtud de nuestra fe (Jn. 13:34; I Jn. 2:7, 8; II Jn. 5; III Jn. 6, 7). Véanse las notas sobre 2:7, 8 de la primera carta.

Vs. 6. *Y este es amor;* es decir, la verdadera manifestación de amor. *Que andemos según sus mandamientos;* esta explicación es casi una repetición de I Jn. 2:5; 5:3, sobre los cuales pasajes véanse las notas correspondientes. *Este es el mandamiento;* es decir, *el mandamiento por excelencia. Que andéis en él;* parece referirse al *amor.* (Véase Juan 13:34).

3. *Amonestación en cuanto a los engañadores*—Vrs. 7-11.

Son varios los epítetos que aplica nuestro autor a los falsos maestros que están molestando a los fieles: "Men-

7 Porque muchos engañadores son entrados en el mundo, los cuales no confiesan que Jesucristo ha venido en carne. Este tal el engañador es, y el anticristo.

8 Mirad por vosotros mismos, porque no perdamos las cosas que hemos obrado, sino que recibamos galardón cumplido.

---

tirosos," "hijos del diablo," "falsos profetas," "engañadores" "anticristos." Esta variedad de términos descriptivos demuestra lo serio del peligro que amenazaba a las iglesias de aquel tiempo.

Vs. 7. *Porque muchos engañadores... etc.;* mejor... *han salido al mundo.* (Versión Moderna). Esta traducción aclara el hecho de que dichos *engañadores* salieron de las mismas iglesias, como se dice en I Juan 2:18-19. En efecto, como cierto comentador ha dicho: "Los versículos 5-7 son casi un mosaico de frases tomadas de la Primera Epístola." *Los cuales no confiesan que... etc.;* véanse las notas sobre 2:22 y 4:3. *Este tal el engañador es, y el anticristo;* el apóstol afirma positivamente lo que expresa en forma interrogativa en I Juan 2:22. (Véase también 2:18).

Vs. 8. *Mirad por vosotros mismos... etc.;* los mejores manuscritos tienen la segunda persona de los verbos *perder* y *recibir, perdáis* y *recibáis,* en vez de la primera; y esto concuerda mejor con la exhortación: *Mirad por vosotros.* Los lectores son los que están en peligro de *perder,* etc. *Las cosas que hemos obrado;* en esta frase el apóstol se asocia con sus lectores; lo que se había alcanzado hasta la fecha, fue obra de la cooperación del autor y de sus lectores. (Compárense Gál. 3:4; Heb. 10:32, 35, 36). *Sino que recibáis galardón cumplido;* Juan desea lo mejor posible para "la señora elegida" y "sus hijos;" y, reconociendo que cualquiera relajación en sus creencias, y, por consiguiente, en su vida espiritual, resultaría en una mengua correspondiente de su galardón, les exhorta a que estén en guardia contra las enseñanzas ilusorias de los engañadores.

9 Cualquiera que se rebela, y no persevera en la doctrina de Cristo, no tiene a Dios: el que persevera en la doctrina de Cristo, el tal tiene al Padre y al Hijo.

10 Si alguno viene a vosotros, y no trae esta doctrina, no lo recibáis en casa, ni le digáis: ¡bienvenido!

11 Porque el que le dice bienvenido, comunica con sus malas obras.

Vs. 9. *Cualquiera que se rebela y no persevera en la doctrina de Cristo;* mejor, todo aquel que, en vez de permanecer en la doctrina de Cristo, avanza más allá de ella. Esta *doctrina de Cristo* será lo mismo que "la doctrina de los apóstoles," de Hch. 2:42. En Juan 7:16, Cristo habla de "mi doctrina," es decir, la suma de sus enseñanzas acerca de su persona, su oficio, su misión, etc. Parece que había en aquellos tiempos, algunos que pretendían "haber ido más allá de la fe apostólica y haber penetrado en misterios todavía más profundos." *No tiene a Dios;* no lo conocen, no están en contacto con El. *El que persevera (permanece) en la doctrina de Cristo;* sin quitar ni añadir nada. Compárese Apoc. 22:19. Los mejores documentos originales omiten aquí las palabras *de Cristo,* aunque el contexto hace ver claramente que la referencia es a la doctrina de Cristo. *El tal tiene al Padre y al Hijo;* el apóstol insiste en la imposibilidad de conocer al Padre sino por conducto del Hijo. (Véanse Juan 14:7, 9-11; I Juan 2:23.

Vrs. 10, 11. La prohibición y la explicación de estos versículos demuestran la intensidad de convicción, de parte del apóstol, respecto del peligro que pudiera resultar de las enseñanzas de los falsos maestros. La tradición cuenta que Juan rehusó quedarse bajo el mismo techo con Cerinto, el célebre gnóstico. Algunos tildarían a Juan de intransigente, pero la suya fue una intransigencia de prudencia, y no de obstinación. El apóstol Pablo recomienda casi lo mismo en Rom. 16:17. El permitir que un hereje tomara la palabra en una asamblea religiosa sería, para el público, poner el sello de aprobación a sus enseñanzas.

12 Aunque tengo muchas cosas que escribiros, no he querido comunicarlas por medio de papel y tinta; mas espero ir a vosotros, y hablar boca a boca, para que nuestro gozo sea cumplido.
13 Los hijos de tu hermana elegida te saludan. Amén.

---

4. Conclusión—Vrs. 12-13.

Vs. 12. *Aunque tengo muchas cosas que escribiros*, etc.; dado el intenso interés que manifiesta el autor en los asuntos de los hermanos a quienes está dirigida la carta —ya a una señora con sus hijos, ya a una iglesia—no es extraño que él no quede satisfecho con lo poco que ha dicho en una carta tan breve. Además, hay cosas que demandan un trato que no se puede dar *por medio del papel y tinta*. La entrevista personal que tiene él proyectada, cuando podrán hablar *boca a boca*, serviría no sólo para mejor entendimiento mutuo, sino para llenar de *gozo a* todos los interesados. El apóstol repite estos mismos sentimientos al terminar su tercera epístola (III Juan 13, 14).

Vs. 13. *Los hijos de tu hermana elegida;* probablemente los miembros de la iglesia de Efeso, de la cual Juan era pastor. La palabra "amén" no consta en los mejores manuscritos.

Esta breve carta contiene muy poco que no consta en la primera. El Dr. Clarke llama la atención al hecho de que, de los trece versículos, ocho son más o menos una repetición de pensamientos que constan en la primera epístola; y como ella, encarece "la doctrina de Cristo."

LA TERCERA EPISTOLA DEL APOSTOL JUAN

1 El anciano al muy amado Gaio, al cual yo amo en verdad.

2 Amado, yo deseo que tú seas prosperado en todas cosas, y que tengas salud, así como tu alma está en prosperidad.

3 Ciertamente me gocé mucho cuando vinieron los hermanos y dieron testimonio de tu verdad, así como tú andas en la verdad.

---

1. *Salutación*—Vrs. 1-2.

Vs. 1. *El anciano;* el autor emplea el mismo título con el cual empieza su segunda carta. Véanse notas sobre I Jn. 1. *Al muy amado Gayo, a quien, etc.;* Gayo fue un nombre muy común en aquellos tiempos, siendo una forma del nombre romano *Cayo.* Otras cinco veces en el Nuevo Testamento tenemos mención de personas de este nombre, pero no hay evidencia de alguna conexión de éstos con el *Gayo* de este versículo. Sobre el afecto que el apóstol manifiesta por Gayo, compárese II Jn. 1.

Vs. 2. *Yo deseo;* mejor, *yo ruego,* es decir, en oración a Dios. *Que tú seas prosperado en todas cosas;* mejor, *...En todas las cosas.* El apóstol se interesa en el bienestar material de Gayo. *Y que tengas salud;* su interés se extiende también a su bienestar corporal. Pero lo más notable es la medida de la prosperidad material y corporal que le desea: *Así como tu alma está en prosperidad.* El pide que su prosperidad llegue al nivel de su estado espiritual—indicación inequívoca de una prosperidad espiritual bien recomendable de parte de Gayo.

2. *Encomio de la conducta de Gayo*—Vrs. 3-8.

Vs. 3. *Ciertamente me gocé mucho cuando vinieron ...*

4 No tengo yo mayor gozo que éste, el oir que mis hijos andan en la verdad.

5 Amado, fielmente hace todo lo que haces para con los hermanos, y con los extranjeros,

---

etc.; mejor, *pues me gocé mucho, etc.* Compárese II Jn. 4, donde el apóstol expresa el mismo sentimiento. Las buenas noticias acerca de la pureza de la doctrina de Gayo y también de su conducta—*como tú andas en la verdad*—traídas por un grupo de hermanos que habían llegado de parte de éste, llenaron de gozo el corazón del anciano apóstol, quien tanto se interesa en el bienestar de todos sus hijos, como lo manifiesta en el versículo siguiente.

Vs. 5. *No tengo mayor gozo que este, el oír... etc.;* he aquí el sentimiento del verdadero pastor. La expresión parece indicar que Gayo era uno de los convertidos del apóstol. Compárense las palabras de Pablo en I Cor. 4:15.

Vs. 5. *Fielmente haces todo lo que haces para con los hermanos;* expresión de sincero elogio respecto a la hospitalidad que Gayo había brindado a cierto grupo de hermanos que recientemente habían pasado por su pueblo. Nótese el contraste con las instrucciones dadas en II Jn. 10, 11, acerca de unos llamados hermanos que "no traen esta doctrina." El espíritu hospitalario de Gayo es del todo recomendable. (Véase Heb. 13:2). *Y con los extranjeros;* mejor, *aun siéndote desconocidos* (Versión Hispano-Americana). Nuestra versión da la idea de dos clases distintas, pero el original parece indicar un solo grupo. La hospitalidad cristiana no se limita a hermanos conocidos; se extiende aún a los desconocidos. En aquellos tiempos abundaban hermanos errabundos que andaban predicando la palabra en todas partes, y siendo pobres, dependían de la hospitalidad de los creyentes en los distintos pueblos visitados.

6 Los cuales han dado testimonio de tu amor en presencia de la iglesia: a los cuales si ayudares como conviene según Dios, harás bien.

7 Porque ellos partieron por amor de su nombre, no tomando nada de los Gentiles.

Vs. 6. *Los cuales han dado testimonio de tu amor ante la iglesia;* algunos de estos hermanos habían visitado la iglesia bajo el cargo del apóstol, y en culto público habían dado testimonio de la notable hospitalidad de Gayo. El *amor* de este hermano fue de la clase recomendada por el apóstol en I Jn. 3:18. *A los cuales si ayudareis, etc.;* mejor, *a quienes harás bien en asistir en su viaje de un modo digno de Dios* (Nuevo Pacto). Parece que los mismos hermanos tenían proyectado otro viaje a la iglesia de Gayo, y el apóstol recomienda que él les ayude en lo posible en esta segunda visita, tanto con su acostumbrada hospitalidad, como con algo para los gastos de viaje, acompañándolos una escolta de hermanos en su salida para otra parte. Tal fue la costumbre entre los cristianos de aquel entonces (Rom. 15:24). La frase—*de un modo digno de Dios*—es significativa, indicando la dignidad y la importancia de la misión que llevaban los hermanos.

Vs. 7. *Porque ellos partieron;* es decir, al emprender la santa misión que llevaban. *Por amor de su nombre;* el original no tiene el pronombre, *su,* sino sólo el artículo definitivo, de modo que la mejor traducción sería: *Por amor del Nombre* con mayúscula, por ser ya entre los primitivos cristianos palabra antonomástica, refiriéndose al nombre de Cristo. (Véase Hch. 5:41). *No tomando nada de los gentiles;* "rehusando probablemente aceptar la hospitalidad de los gentiles inconversos, y, por lo tanto, necesitando más de la de los cristianos. Una visita a una casa gentil implicaba contacto con la idolatría. Los predicadores no desearían tener ningún compromiso con los paganos a quienes se dirigen; como Pablo rehusaba aceptar ayuda de varias de las iglesias que él mismo fundó (I Cor. 9:18)."—*The Century Bible.*

8 Nosotros, pues, debemos recibir a los tales, para que seamos cooperadores a la verdad.

9 Yo he escrito a la iglesia: mas Diótrefes, que ama tener el primado entre ellos, no nos recibe.

10 Por esta causa, si yo viniere, recordaré las obras que hace parlando con palabras maliciosas contra nos-

---

Vs. 8. *Nosotros, pues, debemos recibir a los tales;* la palabra traducida *recibir* significa *recibir gozosamente, dar la bienvenida, acoger.* La palabra, *pues,* presenta los dos hechos del versículo 7 como argumentos en favor de ofrecer a los hermanos la debida hospitalidad; y la última parte del versículo agrega otro argumento al mismo efecto, de mayor peso todavía: *Para que seamos cooperadores a la verdad.* Abriendo nuestras casas gozosamente a los mensajeros de la verdad, llegamos a ser cooperadores con los mismos en su divina misión.

3. Los dos casos de Diótrefes y Demetrio—Vrs. 9-12.

Vs. 9. *Yo he escrito a la iglesia;* los mejores documentos originales tienen la palabra *algo,* que no consta en nuestra versión—*Yo he escrito algo, etc.* La referencia podrá ser a la Segunda Epístola, o a otra que se ha perdido. Dicha carta, al parecer, no dio buen resultado y ahora escribe a Gayo, prominente miembro de la iglesia, con el fin de alcanzar su propósito. *Mas Diótrefes;* palabra que significa "¡Nutrido por Zeus!" (Bennett). No sabemos qué oficio tenía este individuo en la iglesia; lo que sabemos es que *"ama tener la primacía entre ellos;"* hombre ambicioso, mandón, reacio a todo consejo. Su tipo ha durado hasta la fecha, y ha causado disturbios en muchísimas iglesias. *No nos recibe;* esto quiere decir que se valía de su influencia para que la iglesia no prestara oídos a las recomendaciones del apóstol. Esto parece indicar que Diótrefes ocupaba un puesto prominente en la iglesia, como lo indica también el versículo 10.

Vs. 10. Este versículo contiene la única nota en la epístola que nos recuerda el apellido que Jesús dio a Juan

otros; y no contento con estas cosas, no recibe a los hermanos, y prohibe a los que los quieren recibir, y los echa de la iglesia.

11 Amado, no sigas lo que es malo, sino lo que es bueno. El que hace bien es de Dios: mas el que hace mal, no ha visto a Dios.

12 Todos dan testimonio de Demetrio, y aun la misma

---

y a Santiago—"Boanerges, que es, Hijos del trueno" (Mar. 3:17). La actitud de Diótrefes a su carta de recomendación acerca de los hermanos despertó en nuestro autor algo de los "truenos" que el Maestro descubrió en su carácter cuando lo nombró apóstol. Compárese Lu. 9:54. *Por esta causa... recordaré... etc.;* es claro que Juan tenía proyectada una visita a la iglesia de Gayo, y al llegar allá mediría su influencia con la de su contrincante. No dice como lo hará: sólo dice *recordaré,* que implica que tratará con él según merece su ofensiva conducta. La palabra traducida *parlando* consta sólo aquí en el Nuevo Testamento. *Y no contento con estas cosas, no recibe... prohibe... los echa de la iglesia;* otras tres acusaciones presenta el apóstol en contra de Diótrefes, y cada una harto grave y bien merecedora de la exhibición del 'trueno" apostólico que, sin duda, será desplegada. Tal actitud hacia *los hermanos,* mensajeros de la verdad, no deja de despertar la justa indignación del apóstol.

Vs. 11. *Amado, no sigas lo que es malo;* dada la conducta de Diótrefes, apela Juan a Gayo, a fin de solicitar su cooperación en sus esfuerzos por conseguir de parte de la iglesia una favorable recepción a los hermanos de referencia. (Véase Sal. 34:14). *El que hace bien... el que hace mal... etc.;* la conducta de Diótrefes habla de por sí, demostrando claramente que él *no ha visto a Dios.* "Si sabéis que él es justo, sabed también que cualquiera que hace justicia es nacido de Dios" (I Ped. 2:29). Véase también I Jn. 3:6, 9.

Vs. 12. El caso de Demetrio presenta un contraste no-verdad: y también nosotros damos testimonio; y vosotros habéis conocido que nuestro testimonio es verdadero.

13 Yo tenía muchas cosas que escribirte; empero no quiero escribirte por tinta y pluma:

14 Porque espero verte en breve, y hablaremos boca a boca.

15 Paz sea contigo. Los amigos te saludan. Saluda tú a los amigos por nombre.

---

table con el de Diótrefes. Dice el Dr. Clarke, hablando de Demetrio: "Otro miembro tal vez de la iglesia donde estuvo Gayo; o podría haber sido uno de aquellos que el apóstol recomienda a Gayo; o posiblemente, el portador de esta carta de Juan a Gayo. El parece haber sido una persona excelente; *todos testificaban* de su justicia; *la verdad,* el Cristianismo mismo, *daba testimonio* de él; y los mismos *apóstoles* agregaban el suyo." Sobre la afirmación: *Vosotros habéis conocido... etc.,* véase Jn. 21:24.

4. *Conclusión.* Vers. 13-15.

Vrs. 13,14. *Yo tenía muchas cosas que escribirte, etc.;* véanse las notas sobre II Jn. 12, donde el apóstol ha empleado casi las mismas palabras. El versículo 14 afirma su propósito de visitar a Gayo dentro de poco, propósito aludido en el versículo 10, con las palabras: "Si yo viniere."

Vs. 15. Varias versiones dan las palabras de este versículo como parte del versículo 14. *Paz sea contigo;* forma de salutación y de despedida común en aquel entonces. (Véanse Jn. 14:27; 20:19; I Ped. 5:14). Es de notarse que el apóstol Pablo nunca emplea esta forma de despedida; prefiriendo él la palabra *gracia,* en vez de *paz* en todas sus cartas, excepción hecha de la Primera a los Corintios, donde tenemos: "Mi amor... sea con todos vosotros." El uso de la palabra *amigos* (dos veces) en vez de *hermanos,* en este versículo, parece indicar que el autor se limita a sólo una parte de los miembros en cada iglesia, tal vez al grupo que simpatizaba con él. En este caso, es de sospecharse que aun en la iglesia del apóstol hubiera algunos que simpatizaran con Diótrefes. (Bennett). Esta conjetura se basa en este uso de la palabra *amigo*, referente a los miembros de la iglesia, cosa que sucede sólo aquí en el Nuevo Testamento. También las palabras *por nombre* parecen favorecer la idea de que el término amigos no abarca al cuerpo entero de miembros.

Esta breve epístola demuestra la intensidad del espíritu misionero de parte del anciano apóstol, quien por largos años había pregonado el infinito amor de Dios para con el mundo que "yace en el maligno." Empéñase él por abrir camino libre para los mensajeros de la verdad.

EPISTOLA DE JUDAS

OBSERVACIONES PRELIMINARES

I. El Autor.

El hecho de que se mencionan en el Nuevo Testamento cinco personas que llevaban el nombre de Judas, ha dado lugar a mucha discusión sobre cuál de estas cinco escribió esta epístola. Las cinco son: "Judas, hermano de Jacobo, y Judas Iscariote" (Luc. 6:16), apóstoles de Cristo; Judas, hermano de Jesús (Mat. 13:55); Judas, el Galileo (Hech. 5:37); y Judas de Jerusalem, quien fue uno de los dos enviados por la iglesia de Jesuralem con Bernabé y Pablo, después del concilio celebrado en dicha ciudad (Hech. 15:27). Sin entrar en detalles de esta discusión, basta decir que la opinión general favorece la paternidad literaria de Judas, hermano de Jesús. Sin duda, podemos eliminar a Judas el Galileo y a Judas Iscariote de esta lista. Poco, casi nada, se puede decir en favor del Judas de Jerusalem, compañero de Silas dejando solo al apóstol de este nombre y al hermano de Santiago en la arena. Si el autor hubiera sido apóstol, sin duda lo habría dicho en su introducción, como lo hacen Pablo y Pedro, en vez de presentarse sólo como "siervo de Jesucristo." Además, la referencia a los "apóstoles de nuestro Señor Jesucristo," en el versículo 17, indica que el autor no pertenece a este grupo.

Aceptamos, pues, el consenso de opinión que señala a Judas, hermano carnal de Cristo, y así hermano de Jacobo, como autor de esta epístola.

II. Ocasión Especial de su Composición.

Es obvio, desde las primeras palabras de la epístola, que el espíritu del autor está intensamente conmovido por causa del mal ejemplo y las malas palabras de algunos falsos maestros que habían "entrado encubiertamente" (4) en el grupo de los fieles; y que, mediante la representación desfavorable que él da de ellos, trata de salvar a aquéllos de tan infausta influencia. Es interesante la teoría del Dr. Charles Biggs, colaborador en el *International Critical Commentary,* quien opina que la segunda carta de Pedro, a la cual ésta es muy parecida, fue escrita primero, y que el apóstol, alarmado por los errores e inmoralidades de los falsos maestros que iban extendiéndose por todas partes, mandó copia de su epístola a Judas, quien escribió inmediatamente una circular a las iglesias bajo su jurisdicción, amonestándoles en contra de dichos maestros. Tal hipótesis, a juicio del Dr. Biggs, explica la similaridad y las diferencias entre las dos cartas. Hay que admitir que esta teoría es del todo verosímil, y hasta que otra más razonable se presente, se puede aceptar como explicación del propósito u ocasión de la composición de la epístola que ahora estudiamos.

III. *Rasgos Característicos.*

Por la vehemencia de sus invectivas y la multiplicación de términos raros en el Nuevo Testamento, se parece mucho a la segunda carta de Pedro. Es muy solícito el autor por la conservación de la pureza de la "fe que ha sido una vez dada a los santos" (3), y esta solicitud explica la intensidad de estilo que se nota en toda la carta, que es, en su estilo literario, una combinación de algunas características de la profecía del Antiguo Testamento y las de la literatura apocalíptica (Dr. Salmond, en *The Pulpit Commentary*). "Judas escribió una epístola bien breve, por cierto, pero pletórica de palabras severas y de gracia celestial."—*Orígenes.* Sus enérgicas amonestaciones contra la impiedad, y sus igualmente enérgicas exhortaciones a los fieles, no dejarían de producir en el ánimo de sus lectores impresiones profundas y permanentes.

IV. *Los Destinatarios de la Epístola, Lugar y Fecha de su Composición.*

Judas dirige su escrito a "los llamados, santificados ...y conservados... etc." (1), pero no hay indicación en cuanto al sitio donde éstos vivían—probablemente en Asia Menor. La ausencia de tal indicación justifica la clasificación que de universal se da a nuestra carta. Tampoco hay datos que arrojen luz sobre la fecha y el lugar de su composición. Según la opinión del Dr. Biggs. (Sección II de estas "observaciones"), fue escrita la epístola inmediatamente después de la fecha de la Segunda de Pedro, es decir, un poco antes de la destrucción de Jerusalem, o sea en 67 o 68. También la ausencia de estos datos sobre el particular nos deja en ignorancia en cuanto al *lugar* de su composición, aunque el tenor general de la misma sugiere la conjetura de que fue escrita en Palestina, quizás en Jerusalem.

V. *Análisis.*

Introducción. Vrs. 1-2.
1. El porqué de la carta. Vrs. 3-4.
2. Casos del castigo de Dios contra los rebeldes. Vrs. 5-7.
3. Descripción detallada de las falsos maestros. Vrs. 8-16.
4. Exhortaciones fervorosas a sus lectores. Vrs. 17-23.
5. Doxología. Vrs. 24-25.

LA EPISTOLA UNIVERSAL DE JUDAS

JUDAS, siervo de Jesucristo, y hermano de Jacobo, a los llamados santificados en Dios Padre, y conservados en Jesucristo:

2 Misericordia, y paz, y amor os sean multiplicados.

Salutación introductoria. Vrs. 1-2.

Vs. 1. *Judas;* nombre muy común entre los judíos en el tiempo del Nuevo Testamento, y, en el original, idéntico con el nombre del traidor de Cristo—*Judas Iscariote*—y también con el nombre de la tribu, *Judá.* Véanse "Observaciones Preliminares," Sección I, para una discusión de los cinco individuos de este nombre en el Nuevo Testamento. El autor de esta carta era, con toda probabilidad, hermano de Jesús (Mat. 13:55). *Siervo de Jesucristo;* titúlese el autor *siervo (esclavo),* como Santiago (Sant. 1:1), y no *apóstol* como Pedro (1 Ped. 1:1), ni *siervo y apóstol* (2 Ped. 1:1). Esto indica que el autor no era apóstol del Señor. *Hermano de Jacobo;* éste sería el pastor de la iglesia de Jerusalem (Hech. 15:13), autor de la epístola que lleva su nombre (Véanse notas sobre Sant. 1:1), y también hermano de Jesús (Gál. 1:9). *A los llamados, santificados . . . conservados . . . etc.;* los mejores manuscritos tienen *amados,* en vez de *santificados;* y con este cambio, es preferible la siguiente traducción: *A los llamados, amados en Dios Padre, y guardados por Jesucristo.* Nótese en estas tres palabras—*llamados, amados, guardados*—un color distintamente paulino, sobresalientes en Rom. 1:7 y 8:30, 39.

Vs. 2. *Misericordia y paz, y amor;* estas tres virtudes cristianas eran ya la posesión de los lectores, como lo son

3 Amados, por la gran solicitud que tenía de escribiros de la común salud, me ha sido necesario escribiros amonestándoos que contendáis eficazmente por la fe que ha sido una vez dada a los santos.

---

de todos los fieles; pero el escritor desea que ellos las poseyeran en mayor abundancia. Esta idea de abundancia también nos trae a la memoria varias expresiones del apóstol Pablo. (Véanse Rom. 15:13; 2 Cor. 1:5; Fil. 1:9; 1 Tes. 3:12, etc.).

I. El Porqué de la Epístola: el Peligro que Resulta de los Falsos Maestros. Vrs. 3-4.

Vs. 3. *Amados;* tres veces en esta breve carta (3,17,20) el autor aplica este título de afecto cristiano a sus lectores, lo cual demuestra que, a pesar de la severidad de sus invectivas contra los enemigos de la verdad, tenía un corazón susceptible al sentimiento de amor. *Por la gran solicitud que tenía de escribiros;* mejor, *mientras yo daba gran empeño en escribiros.* La forma del participio y el infinitivo de esta frase, en el original, indica que el autor había abrigado por algún tiempo el propósito de escribir a los destinatarios, es decir, que su determinación de hacerlo no fue cosa de momento. *De la común salud;* mejor, *sobre nuestra común salvación* (Versión Hispano-Americana); es decir, la *salvación* en la cual todos —escritor y destinatarios—participaron. Véase la expresión de Pablo—"la común fe"—en Tit. 1:4. *Me ha sido necesario escribiros;* la forma de estos dos verbos parece indicar que esta *necesidad* le vino de repente; y tanto es así, que algún comentador ha concebido la idea de que la recepción de una copia de la segunda epístola de Pedro le alarmó de tal grado que inmediatamente se resolvió a escribir esta carta, en la cual relata muchas cosas que constan en la de Pedro. (Véanse Observaciones Preliminares, Sección II). *Amonestándoos que contendáis eficazmente por la fe;* he aquí el motivo que impulsó a Judas a escribir su carta. Viendo el peligro que amenazaba el sistema de verdad que titula él *la fe,* procede a incitar a

4 Porque algunos hombres han entrado encubiertamente, los cuales desde antes habían estado ordenados
para esta condenación, hombres impíos, convirtiendo la
gracia de nuestro Dios en disolución, y negando a Dios que
solo es el que tiene dominio y a nuestro Señor Jesucristo.

---

sus lectores al combate necesario para la debida defensa del mismo. Véanse Fil. 1:27 y 1 Tim. 6:12, para semejantes amonestaciones de parte del apóstol Pablo. No
hay sugestión aquí de que los lectores hayan sido indiferentes en cuanto a su defensa de la fe; pero en vista
del nuevo peligro que se presenta (versículo 4), hay necesidad de intensificar la lucha en favor de ella. *Que ha
sido una vez dada a los santos;* el adverbio traducido *una
vez* lleva consigo la idea de *una vez para siempre.* La palabra *santos* aquí, como en las epístolas de Pablo, quiere
decir *cristianos.* Esta última frase del versículo indica
cierta finalidad en cuanto a la entrega al hombre de las
verdades del evangelio: no ha de haber repetición de ella.
Pero ha habido y sin duda, habrá en el futuro variedad
en la expresión, interpretación y aplicación de estas verdades, cada generación tratando de expresar y aplicarlas
según su modo de entenderlas.

Vs. 4. *Porque algunos hombres han entrado encubiertamente;* en este versículo aduce el apóstol la razón
de su fervorosa amonestación del versículo 3—en efecto,
el porqué de su carta. Estos *algunos hombres* son los mismos "maestros falsos" de 2 Ped. 2:1, según se ve en la descripción de ellos que sigue en este mismo versículo. (Véanse las notas sobre 2 Ped. 2:1). De alguna manera ellos
se habían identificado con el grupo de los fieles sin de-
clarar sus herejías que trataban de propagar—cosa que
se ha repetido miles de veces en la historia subsecuente
del Cristianismo: *Los cuales desde antes habían estado
ordenados para esta condenación;* referencia, tal vez, a
las numerosas amenazas divinas contra los falsos profetas del Antiguo Testamento y a las profecías de Cristo
en Mat. 24:24; Mar. 13:22, etc. Véanse también Hech.

5 Os quiero pues amonestar, ya que alguna vez habéis sabido esto, que el Señor habiendo salvado al pueblo de Egipto, después destruyó a los que no creían:

20:29, 30; 2 Ped. 2:3. *Hombres impíos;* una sola palabra en el original, y palabra predilecta del autor, pues consta (en distintas formas) cuatro veces en el versículo 15, y otra vez en el 18, donde nuestra versión tiene *malvados,* en vez de *impíos. Convirtiendo la gracia de Dios en disolución;* es decir, tornando la libertad que viene por la gracia, en libertinaje. (Véase Gál. 5:13). *Y negando a Dios que solo es el que tiene dominio* . . . *etc.;* mejor, *Y niegan al único Soberano y Señor nuestro Jesucristo.* (Versión Hispano-Americana). Estos falsos maestros negaban a Cristo con su conducta, no con sus palabras, pues en este caso no habrían podido identificarse con los fieles. Los documentos originales difieren entre sí en el griego de esta frase, algunos teniendo, y otros omitiendo, la palabra *Dios.* Según aquéllos, la referencia es al Padre y al Hijo, como en nuestra versión; según éstos, la referencia es al Hijo solo, como *Soberano* y *Señor.* La duda no es fácil de resolver. La mayoría de las versiones optan por la omisión de la palabra *Dios,* refiriendo las palabras *Soberano* y *Señor* a Cristo.

II. Tres Casos del Castigo de Dios Contra los Rebeldes —Vrs. 5-7.

Vs. 5. *Os quiero, pues, amonestar;* mejor, *recordar* que *amonestar,* pues los casos que siguen son bien conocidos de ellos, como el autor luego dice: *Ya que alguna vez habéis sabido esto;* mejor: *Ya que de una vez lo conocéis todo* (Versión Moderna). Todo esto es para explicar el uso de la palabra *recordar,* con que en el original empieza este versículo. *Que el Señor, habiendo salvado al pueblo* . . . *después destruyó* . . . *etc.;* en estas palabras casi se deja oír la voz de Pablo en sus amonestaciones a los corintios contra la incredulidad (I Cor. 10:5, 9; véase también Heb. 3:7-19). El cambio de la actitud de

6 Y a los ángeles que no guardaron su dignidad, mas dejaron su habitación, los ha reservado debajo de oscuridad en prisiones eternas hasta el juicio del gran día.

7 Como Sodoma y Gomorra, y las ciudades comarcanas, las cuales de la misma manera que ellos habían fornicado, y habían seguido la carne extraña, fueron puestas por ejemplo, sufriendo el juicio del fuego eterno.

Dios hacia su pueblo, indicado por los verbos *salvar* y *destruir,* en este versículo, se debe al cambio, de parte del pueblo, de una actitud de *fe* a una de *incredulidad*: *los que no creían,* fueron destruidos.

Vs. 6. *Y a los ángeles que no guardaron su dignidad... los ha reservado... etc.;* este triste caso de los ángeles caídos es el mismo narrado en II Ped. 2:4, y los dos relatos se basan, al parecer, en el *Libro de Enoc,* más bien que en la Biblia. "En el fragmento muy obscuro, Gén. 6:1-4, se nos dice que 'los hijos de Dios' tomáronse mujeres de 'las hijas de los hombres' con desastrosos resultados. Basándose en esto, el *Libro de Enoc* forjó una leyenda elaborada de la caída de los ángeles por concupiscencia. *'El Paraíso Perdido'* presenta una concepción independiente de la idea de la caída de los ángeles, basada más bien en Luc. 10:18 y Apoc. 12:7, 9, que en este pasaje. Pocas son las frases de este versículo que no se encuentran en un contexto similar en *Enoc*."—*The Century Bible.* La expresión — *los ha reservado debajo de oscuridad en prisiones eternas hasta el juicio del gran día*—corresponde en pensamiento, si no en palabras, a la de Pedro; "habiéndolos despeñado en el infierno, con cadenas de oscuridad, los entregó para ser reservados al juicio" (II Ped. 2:4; véanse las notas sobre este texto).

Vs. 7. *Como Sodoma y Gomorra;* este bien conocido caso también fue citado por Pedro (II Ped. 2:6); y Judas añade: *Y los ciudades comarcanas* (Gén. 19:24, 25). *Las cuales, de la misma manera que ellos;* es decir, que los hombres de Sodoma y Gomorra. *Habían fornicado y habían seguido . . . etc.;* los habitantes de Sodoma y

8 De la misma manera también estos soñadores aman-
cillan la carne, y menosprecian la potestad, y vituperan
las potestades superiores.

Gomorra practicaban las más groseras formas de inmoralidad, y los de las *ciudades comarcanas* seguían su
ejemplo y por lo tanto, sufrieron el mismo castigo, el
cual se expresa en las palabras: *Fueron puestos por ejemplo, sufriendo... etc.* Pedro explica a quienes *fueron
puestos por ejemplo:* "Poniéndolas por ejemplo a los que
habían de vivir sin temor y reverencia de Dios" (II Ped.
2:6). La destrucción repentina de estas ciudades ha
servido de escarmiento a los malhechores en todas las
generaciones. Compárense las palabras de Pablo (en
II Tes. 1:8, 9) descriptivas del insigne castigo de los desobedientes cuando Cristo venga para juzgar el mundo.

III. Descripción detallada de los falsos Maestros—Vrs. 8-16.

Vs. 8. *De la misma manera... etc.;* de las muchas
traducciones que se han hecho de este versículo, es preferible la de la Versión Hispano-Americana: *A pesar de
lo cual, delirando éstos también de igual modo, mancillan
la carne, desacatan toda soberanía y blasfeman de las
glorias celestiales.* Son tres los graves cargos que presenta el autor contra los malhechores de referencia, y
éstos corresponden a los de Pedro en II Ped. 2:10. *A pesar
de lo cual;* estas cinco palabras representan una sola
en el original, y la idea es: a pesar de la funesta destrucción de los habitantes de Sodoma y Gomorra. *Delirando éstos también;* con sus sueños de poder seguir
pecando, sin tener que sufrir el castigo correspondiente.
Luego sigue el primer cargo: *Mancillan la carne;* el mismo pecado de los de Sodoma y Gomorra—las formas más
despreciables de inmoralidad. *Desacatan toda soberanía;* no respetan los poderes civiles, ni los que admi-
nistran la disciplina eclesiástica. En una palabra, son
una ley a sí mismos—anarquistas consumados. *Blasfe-*

9 Pero cuando el arcángel Miguel contendía con el diablo, disputando sobre el cuerpo de Moisés, no se atrevió a usar de juicio de maldición contra él, sino que dijo: El Señor te reprenda.

10 Pero éstos maldicen las cosas que no conocen; y las cosas que naturalmente conocen, se corrompen en ellas, como bestias brutas.

---

man de las glorias celestiales; la palabra traducida *celestiales* no consta en el griego de este versículo; así es que los traductores la escriben con letra cursiva, indicando que es una inferencia del contexto, más bien que una traducción. El uso de la palabra *glorias* parece indicar que la referencia es a cosas *celestiales.* Si es así, bien serio es este tercer cargo que lanza el apóstol contra los falsos maestros: no respetan ni los seres celestiales quienes, revestidos, como están, de la gloria del mismo cielo, merecen todo el respeto de que el hombre es capaz.

Vs. 9. *Pero cuando el arcángel Miguel contendía . . . etc.;* dos veces en el Antiguo Testamento (Dan. 10:13 y 12:1) tenemos mención de *Miguel,* y en Apoc. 12:7; pero la referencia de este versículo no parece ser a estos textos, sino más bien a un incidente narrado en cierto escrito apocalíptico judaico titulado *Asunción de Moisés,* del cual existen sólo unos breves fragmentos. Afirman varios de los Padres Griegos que consta este incidente en dicha obra, aunque no hay mención de él en ninguno de los fragmentos existentes. La enseñanza de la referencia, interpretada a la luz del versículo 10, parece ser que toda crítica de los seres que pertenecen al mundo de los espíritus, corresponde a Dios, y no al hombre. Véase el caso de Josué, "el gran sacerdote," y Satán, su "adversario," en Zac. 3:1, 2, cuando Jehová le dijo: "Jehová te reprenda."

Vs. 10. *Pero estos maldicen las cosas que no conocen;* metiéndose en las cosas que pertenecen a la esfera del espíritu, lo que quizás se refiere con especialidad a la

11 ¡Ay de ellos! porque han seguido el camino de Caín,
y se lanzaron en el error de Balaam por recompensa, y
perecieron en la contradicción de Coré.

última expresión del versículo 8. *Y las cosas que natu-*
ralmente conocen . . . etc.; el original favorece la siguiente traducción del resto de este versículo: *Y en las*
que conocen por instinto natural como seres irracionales,
en ellas se corrompen (Versión Hispano-Americana). Esto se refiere a las cosas de la carne, practicando las
cuales, ellos habían caído en horribles inmoralidades
(versículos 7, 8). Así es que, en lo desconocido y en lo
conocido, su modo de proceder es un insigne fiasco.
(Véase II Ped. 2:12).

Vs. 11. *Ay de ellos;* con tres ejemplos de la antigua
historia, el autor justifica esta exclamación de desgracia
con referencia a los malhechores. Caín, Balaam y Coré,
los tres citados aquí, se destacan en dicha historia por
sus enormes pecados contra Dios. *Porque han seguido*
en el camino de Caín; vemos en Gén. 4:8 que Caín fue
homicida; y aunque los hombres de referencia no eran
culpables de este pecado (cuando menos, no consta tal
cosa en la epístola)), como en el caso de Caín, habían
escogido el camino malo, y demuestran en su conducta
que son capaces de llegar a este extremo. *Y se lanzaron*
en el error de Balaam por recompensa; el verbo traducido
se lanzaron indica que este acto fue efectuado con ansia,
con fluidez, por decirlo así, como líquido derramado de
una vasija. Véanse Núm. 22:5, 7, para el incidente de
Balaam, y las notas sobre II Ped. 2:15. Y perecieron en la
contradicción de Coré; la rebelión contra Moisés, con
la destrucción repentina y completa de él y de todos
sus secuaces, representa, de una manera trágica, la insigne destrucción que espera a los falsos maestros de quienes se trata; y el autor, con la claridad de visión de los
antiguos profetas, ve el castigo como cosa ya cumplida,
hablando de él en el tiempo pasado del verbo: *perecieron.*

JUDAS, vs. 12, 13

12 Estos son manchas en vuestros convites, que banquetean juntamente, apacentándose a sí mismos sin temor alguno: nubes sin agua, las cuales son llevadas de acá para allá de los vientos: árboles marchitos como en otoño, sin fruto, dos veces muertos y desarraigados;

13 Fieras ondas de la mar, que espuman sus mismas abominaciones; estrellas erráticas a las cuales es reservada eternalmente la oscuridad de las tinieblas.

Vs. 12. *Estos son manchas en vuestros convites;* o mejor aun, *estos son escollos en vuestras comidas de amor fraternal* (Versión Hispano-Americana). Como el marinero no ve el peligro del escollo, escondido debajo del agua, así los fieles no perciben el peligro que la presencia de estos hipócritas presentan en sus *ágapes. Que banquetean juntamente, apacentándose a sí mismos sin temor alguno;* en cuanto a la apariencia, son iguales a todos los demás; saben esconder bajo un exterior hipócrita los malos intentos de sus corazones, sin manifestar ninguna inquietud, mientras participan de las viandas. Véanse las notas sobre II Ped. 2:13. *Nubes sin agua... etc.;* véase II Ped. 2:17, con notas, donde el apóstol emplea la misma figura. *Arboles marchitos como en otoño, sin fruto... etc.;* nótense las cinco cosas atribuídas a estos árboles, la suma de las cuales presenta un cuadro de extrema inutilidad: *marchitos, otoñales, sin fruto, muertos, desarraigados.* Nótese también cierto aumento de intensidad en los epítetos, desde *marchitos* hasta *desarraigados.* El árbol *desarraigado* jamás llevará fruto; tales, según la metáfora, son los falsos maestros de referencia. Al autor le faltan palabras para expresar su concepto de ellos.

Vs. 13. *Fieras ondas de la mar, que espuman... etc.;* sigue el apóstol añadiendo metáfora a metáfora en sus esfuerzos por exteriorizar su profunda convicción del carácter ruin de los hermanos falsos. El comentador en *The Century Bible* titula esta figura del escritor, una reminiscencia de Isa. 57:20: "Mas los impíos son como la mar en tempestad, que no puede estarse quieta, y sus

14 De los cuales también profetizó Enoc, séptimo desde Adam, diciendo: He aquí el Señor es venido con sus santos millares.

15 A hacer juicio contra todos, y a convencer a todos los impíos de entre ellos tocante a todas sus obras de impiedad que han hecho impíamente, y a todas las cosas duras que los pecadores impíos han hablado contra él.

---

aguas arrojan cieno y lodo." Compárese también Isa. 3:9: "Como Sodoma predican su pecado, no lo disimulan;" y Fil. 3:19: "Cuyo Dios es el vientre, y su gloria es en confusión." *Estrellas erráticas, a las cuales es reservada ... etc.;* referencia tal vez a los cometas que aparecen y luego desaparecen en el espacio de los cielos. Hay que tener presente que, no siendo la Biblia un libro de ciencia, sus escritores, al tratar de cosas de la naturaleza, como las estrellas, hablan en términos comunes e inteligibles a los lectores de su tiempo, describiéndolas como ellas *parecen* ser. En los tiempos de Judas, el mundo no sabía que los cometas tenían sus órbitas, y que, por lo tanto, volverían a aparecer a tiempo fijo; así es que habla el autor de las *estrellas erráticas* como de cuerpos que jamás volverían a aparecer. En otras palabras, los escritores bíblicos no emplean lenguaje científico, sino el que fuera inteligible a los lectores de aquel entonces y representativo de los conocimientos científicos de su tiempo.

Vrs. 14, 15. Estos dos versículos no dejan de presentar alguna dificultad, por la cita que contienen del *Libro de Enoc,* libro apócrifo y apocalíptico, escrito tal vez entre 95 a. de C. y 70 d. de C., y conocido a varios de los Padres de la iglesia de los primeros siglos—Orígenes, Tertuliano, Jerónimo y otros. Judas se refiere a este libro como si fuera canónico, y en esto consiste la dificultad; pero, como ha sugerido algún comentador, el canon del Antiguo Testamento fue fijado por la iglesia cristiana, después de la fecha en que Judas escribió; de modo que se da el caso de que algunos escritos existentes en el pri-

16 Estos son murmuradores, querellosos, andando según
sus deseos; y su boca habla cosas soberbias, teniendo en
admiración las personas por causa del provecho.

mer siglo que pretendían poseer inspiración divina, no
alcanzaron el honor de formar parte del canon del Antiguo Testamento. *De los cuales también profetizó Enoc...
etc.;* este llamado profeta se asumió la personalidad de
Enoc, *séptimo de Adam,* a fin de dar a su escrito mayor
influencia. Es bien sabido que escritos apócrifos de esta
clase abundaban en los primeros siglos del cristianismo.
El Señor es venido con sus santos millares; aserción basada probablemente en Deut. 33:2—"Jehová vino de Sinaí...
y vino con diez mil santos..." Compárense las palabras
del apóstol Pablo: "... para la venida de nuestro Señor
Jesucristo con todos sus santos" (I Tes. 3:13). La palabra
santos aquí se refiere a los ángeles. *A hacer juicio contra
todos ... etc.;* todo el resto de esta cita tiene referencia
al juicio que se efectuará cuando venga el Señor. Es
de notarse que consta cuatro veces en este versículo la
idea de *totalidad,* indicada por la repetición de la palabra
todo; y cuatro veces también la palabra *impiedad,* indicada, por la repetición, en distintas formas, de esta palabra.

Vs. 16. *Estos son murmuradores, querellosos;* la palabra
estos se refiere a los "impíos del versículo 15, a quienes
el autor identifica con los malhechores de los cuales
viene él tratando. Sólo aquí constan en el Nuevo Testamento las palabras traducidas *murmuradores* y *querellosos,* que significan: la primera, su actitud para con
Dios; la segunda, su actitud para con los hombres. *Que
andan según sus deseos;* es decir, sus malos deseos, o sean,
sus concupiscencias. *Su boca habla cosas soberbias;* véase
II Ped. 2:18, con notas, donde tenemos una expresión
casi igual. *Teniendo en admiración las personas por
causa del provecho;* cosa prohibida por Santiago (Sant.
2:1, 9), y por Moisés, en las palabras: "No tengáis respeto
de personas en juicio" (Deut. 1:17). Véase también Hch.

17 Mas vosotros, amados, tened memoria de las palabras que antes han sido dichas por los apóstoles de nuestro Señor Jesucristo.

18 Como os decían: Que en el postrer tiempo habría burladores, que andarían según sus malvados deseos.

19 Estos son los que hacen divisiones, sensuales, no teniendo el Espíritu.

10:34. Es significativa la frase: *por causa de provecho*, que revela el motivo de su conducta, a saber, la esperanza de algún beneficio personal.

IV. Exhortaciones Fervorosas a sus Lectores—Vrs. 17-23.

Vrs. 17, 18. *Tened memoria de las palabras... dichas por los apóstoles... etc.;* en esto también el autor sigue más o menos la exhortación de Pedro (II Ped. 3:2), con la notable diferencia de que éste se clasifica con los mismos apóstoles, mientras las palabras de Judas parecen indicar que él no pertenece a este grupo. *Como os decían;* esto indica que algunos de los apóstoles habían predicado la palabra entre los lectores, o cuando menos, que había habido contacto entre éstos y aquéllos. La forma del verbo *decían* en el original indica que el acto representado por el verbo era un acto continuo, acostumbrado, y no instantáneo. *Que en el postrer tiempo;* expresión muy usada en el Nuevo Testamento refiriéndose al período desde la primera hasta la segunda venida de Cristo, la que los escritores esperaban de día en día. Véanse I Jn. 2:18; Heb. 1:2; I Ped. 4:7; Sant. 5:3, 7, etc. *Habría burladores que andarían según . . . etc.;* esta afirmación parece ser la sustancia de las enseñanzas de los apóstoles sobre este asunto, más bien que una cita de sus palabras. Véanse Hch. 20:29; I Tim. 4:1; II Tim. 3:1, 2, etc. En vez de *sus malvados deseos*, léase: *sus propias concupiscencias.*

Vs. 19. *Estos son los que hacen divisiones;* los "burladores" del versículo 18, identificados, con los "impíos" del versículo 15, y también con los falsos maestros de la

20 Mas vosotros, oh amados, edificándoos sobre vuestra santísima fe orando por el Espíritu Santo.

21 Conservaos en el amor de Dios, esperando la misericordia de nuestro Señor Jesucristo, para vida eterna.

---

epístola, son, por costumbre la clase de personas que causan *divisiones* entre los hermanos, pues no se interesan en el bien de la causa, sino en su propio bien. *Sensuales;* gobernados por las pasiones naturales. *No teniendo el Espíritu;* careciendo por completo de la influencia del Espíritu Santo, que es la fuerza dominante en la vida de los creyentes verdaderos. Esta es la primera mención del *Espíritu* en la carta; hay otra en el versículo 20. Vienen ahora al caso las palabras de Pablo: "Si alguno no tiene el Espíritu de Cristo, el tal no es de él" (Rom. 8:9); y también las de Cheavens, en su comentario sobre las de Pablo: "La posesión del Espíritu de Cristo es la piedra de toque que sirve para distinguir al cristiano del mundano."

Vrs. 20, 21. *Mas vosotros, oh amados;* habiendo terminado su triste descripción de los malvados que se habían metido dentro del grupo de los fieles, amenazando con su presencia la paz de las iglesias, el autor llega a la exhortación que se puede llamar el corazón mismo de su carta, empleando por segunda vez el epíteto de *amados*. *Edificándoos sobre vuestra santísima fe;* la *fe* ha de ser el fundamento de su carácter cristiano, como en II Ped. 1:5, donde el apóstol también presenta la fe como base de las demás virtudes cristianas. (Véase Col. 2:7). *Orando por el Espíritu Santo;* en el desarrollo de la vida cristiana, la oración ha de tener un lugar prominente; y esta actividad piadosa ha de ser efectuada dentro de la esfera y bajo la influencia del Espíritu Santo. Compárense las palabras de Pablo: "Orando en todo tiempo con toda deprecación y súplica en el Espíritu" (Efes. 6:18). El autor ha dicho en el versículo 19 que los hombres contra quienes amonesta a los fieles, no tienen al Espíritu, mientras ellos, los fieles, han de estar completamente bajo su influencia,

22 Y recibid a los unos en piedad, discerniendo:
23 Mas haced salvos a los otros por temor, arrebatándolos del fuego; aborreciendo aun la ropa que es contaminada de la carne.

en el ejercicio de su más alto privilegio: la oración. *Conservaos en el amor de Dios;* las dos exhortaciones del versículo 20 preparan el camino para ésta: "edificándose sobre la fe" y "orando por el Espíritu" son los mejores medios para su conservación *en el amor de Dios;* y el *amor de Dios* es su mejor refugio contra la malévola influencia de los falsos hermanos. Además este bendito ambiente les favorecerá en su trato con estos incrédulos, cosa recomendada en los versículos 22, 23. *Esperando la misericordia de nuestro Señor Jesucristo . . . etc.;* he aquí una franca confesión, de parte del autor, que la salvación viene, no por nuestros esfuerzos, sino por *la misericordia de nuestro Señor Jesucristo.* "Porque por gracia sois salvos por la fe; y esto no de vosotros, pues es don de Dios" (Efes. 2:8). Después de toda nuestra "edificación sobre la fe," nuestra "oración por el Espíritu," y nuestra "conservación en el amor de Dios," es por la misericordia divina que alcanzamos la *vida eterna.*

Es interesante notar el vasto alcance de los cuatro verbos de estos dos versículos: *edificar, orar, conservar, esperar;* y también de que tenemos mención del Padre, del Hijo y del Espíritu Santo.

Vrs. 22, 23. Estos versículos presentan una dificultad de traducción y otra de interpretación; debida la primera a las diferencias que existen en los manuscritos, y la segunda, en parte, cuando menos, a la misma causa. La siguiente traducción, que es algo distinta de todas las demás que se han hecho de este pasaje, tal vez ayudará en su interpretación: *De algunos que están en duda, tened compasión; pero a otros, salvadlos con temor, arrebatándolos del fuego, aborreciendo aún la túnica amancillada de la carne.*

De algunos que están en duda; es decir, los que todavía

están vacilando entre el camino recto y las enseñanzas de los falsos maestros. *Tened compasión;* respetando sus dudas, perdonándolos, tratándoles con la debida consideración. *Pero a otros;* a los más resueltos y obstinados. *Salvadlos con temor;* la explicación de esto la tenemos en las palabras que siguen: *Arrebatándolos del fuego;* indicación del gran peligro en que se encuentran. La obra de salvarlos ha de ser obra de momento; de otra manera se perdería la oportunidad. Esta expresión tendrá relación con las palabras de Dios a Satán, en Zac. 3:2—"¿No es este tizón arrebatado del incendio?" *Aborreciendo aún la túnica mancillada de la carne;* otra razón por qué obrar sin pérdida de tiempo. La figura empleada es interesante: una ropa usada por un leproso, por ejemplo, es capaz de comunicar los gérmenes de esta enfermedad. De la misma manera hay que evitar y hasta huir de los pecados de los que tratamos de *arrebatar del fuego.* Como alguien ha dicho: "Hay que amar y salvar al pecador, pero aborrecer su pecado."

Débese advertir otra vez que estos dos versículos, por motivo de diferencias en los documentos originales, son capaces de distintas traducciones y, por lo tanto, de distintas interpretaciones.

V. Doxología—Vrs. 24-25.

La traducción de la Versión Hispano-Americana es la mejor que tenemos de esta solemne y reverente alabanza, siguiendo, como lo hace, más de cerca los mejores manuscritos; entre los cuales hay algunas variaciones. Hela aquí:—

Y a aquel que es poderoso para guardaros de todo tropiezo, y presentaros delante de su gloria sin mancha, con suma alegría, al solo Dios nuestro Salvador, sea por Jesucristo, nuestro Señor, gloria, magnificencia, imperio y potestad antes de todo siglo y ahora y por todos los siglos. Amén.

Como se notará, la mayor diferencia entre esta versión y la nuestra (Madrid) consiste en el hecho de que la una

24 A aquel, pues, que es poderoso para guardaros sin caída, y presentaros delante de su gloria irreprensibles, con grande alegría,

25 Al Dios solo sabio, nuestro Salvador, sea gloria y magnificencia, imperio y potencia, ahora y en todos los siglos. Amén.

---

atribuye la alabanza a *Dios, por Jesucristo,* mientras la otra la atribuye toda a Jesucristo; es decir, la una divide el pensamiento entre el Padre y el Hijo, mientras la otra dirige toda la atención al Hijo.

Vs. 24. *A aquel que es poderoso, etc.;* en los versículos anteriores, el autor ha venido amonestando a sus lectores en contra de las malas influencias de los falsos maestros; y ahora les dirige la atención a la fuente del único poder capaz de evitar tal contaminación y de asegurar el completo éxito de su final presentación ante el Padre Celestial.

Vs. 25. *Al solo Dios nuestro Salvador;* el Padre es reconocido aquí como autor de nuestra salvación; pero la *gloria, magnificencia, imperio y potestad* que atribuye al Padre, han de venir *por Jesucristo nuestro Señor,* siendo éste así igual participante con el Padre en la redención. *Antes de todo siglo;* en esta frase reconoce el escritor la pre-existencia del Hijo, como lo hace Juan en las palabras: "Este era en el principio con Dios." (Jn. 1:2). *Ahora y por todos los siglos;* esto completa el alcance eternal de la alabanza: el pasado, el presente y el futuro; todo queda abarcado en El.

Esta doxología, que es muy parecida a la de Pablo, en Rom. 16:25-27, es una de las más hermosas del Nuevo Testamento, cerrando con broche de oro esta breve, pero interesante epístola.